Les secrets
de la communication

RICHARD BANDLER
JOHN GRINDER

Les secrets de la communication

Les techniques de la PNL

Traduit de l'anglais (États-Unis)
par Luc-Bernard Lalanne

Collection dirigée
par Ahmed Djouder

Titre original :
FROGS INTO PRINCES
Publié par Real People Press

© 1981, Actualisation idh inc.

Pour l'édition française:
© Les Éditions de l'Homme, une division du Groupe Sogides inc.,2005
(1re édition : © 1982, Le Jour, éditeur)

Préface

Il y a plus de vingt ans, je faisais des études avancées avec Abraham Maslow ; et depuis, j'ai étudié un nombre considérable de méthodes d'éducation, d'approches thérapeutiques, d'expériences de croissance et une foule d'autres approches de développement personnel. Il y a une dizaine d'années, j'ai fait la connaissance de Fritz Pens et j'ai adopté la Gestalt qui était alors, à mon avis, l'approche thérapeutique la plus efficace. Au fond, toutes les méthodes peuvent aider *un certain nombre* de personnes à résoudre leurs problèmes. Habituellement, les méthodes promettent des résultats qu'elles ne peuvent pas donner et il n'y a à peu près aucun lien entre la théorie énoncée et la méthode présentée.

La première fois que j'ai entendu parler de la programmation neurolinguistique (PNL), je fus à la fois fasciné et *très* sceptique. J'avais appris et accepté que les êtres humains changeaient lentement en faisant une démarche très souvent difficile et douloureuse. J'ai fait l'expérience de cette nouvelle approche, et pourtant, j'ai encore aujourd'hui de la difficulté à croire que je peux en moins d'une heure me défaire sans peine d'une phobie ou me guérir d'un autre malaise bien ancré. Tout ce qui se trouve dans cet ouvrage est clair et vous pouvez le vérifier par votre propre expérience. Il n'y a aucune forme de magie et les auteurs ne vous demandent jamais d'adopter de nouvelles croyances. On vous demande tout simplement de mettre en veilleuse vos propres croyances juste le temps qu'il faut pour passer les concepts et les procédés de la PNL au crible de votre propre expérience sensorielle. Ce ne sera pas long ; on peut vérifier la plupart des énoncés et des procédés contenus dans ce livre en quelques minutes ou en quelques heures. Si vous êtes sceptique comme je l'étais, vous devez vous mettre à l'épreuve et vérifier la véracité des affirmations audacieuses contenues dans ce volume.

La programmation neurolinguistique est une approche puissante et claire de l'expérience humaine et de la communication. En employant les principes de la PNL, il est possible de décrire *toute* activité humaine d'une façon détaillée qui vous permette de réaliser rapidement et facilement plusieurs changements profonds et durables.

Voici *quelques* exemples de ce que vous pouvez retirer de cette méthode : 1) apprendre à éliminer des phobies et autres réactions émotives désagréables en moins d'une heure ; 2) apprendre à aider les enfants et les adultes aux prises avec des difficultés d'apprentissage (problèmes de lecture, d'épellation, etc.) à dépasser ces limites, souvent en moins d'une heure ; 3) apprendre, en quelques séances de consultation, à enrayer à peu près n'importe quelle habitude indésirable : fumer, consommer de l'alcool, manger à l'excès, souffrir d'insomnie, etc. ; 4) apprendre à modifier les interactions au sein d'un couple, d'une famille, d'une équipe de travail pour que les personnes concernées puissent opérer d'une façon plus satisfaisante et plus productive ; 5) apprendre, en quelques séances de consultation, à aider les gens à se guérir de nombreux malaises physiques, non seulement des maladies qu'on dit « psychosomatiques », mais également d'autres qui ne sont pas reconnues comme telles.

Ces déclarations sont vraiment fortes. Les praticiens expérimentés en programmation neurolinguistique peuvent vous donner des preuves à l'appui ; ils obtiennent des résultats durables et observables. Aujourd'hui, la PNL nous permet d'accomplir une foule de choses, mais pas toutes, bien entendu.

« ... si vous voulez employer les procédés dont nous vous avons fait la démonstration, il vaudrait sûrement la peine que vous preniez le temps d'apprendre à les appliquer. Il y a encore une foule de choses que nous ne pouvons pas faire. Par contre, si vous pouvez vous programmer à rechercher des procédés qui pourraient vous être utiles et à apprendre à les employer au lieu de tenter d'identifier les points faibles des approches que nous vous présentons, vous découvrirez quand même un jour ces points faibles, je vous le garantis ! Ceux qui s'en serviront de façon trop stricte découvriront une foule de problèmes que nos procédés ne peuvent aider à résoudre. Et lorsqu'ils ne vous donneront rien, je vous suggère de passer à autre chose. »

La PNL existe depuis 1975 seulement. Et bon nombre des procédés les plus efficaces ont été élaborés au cours des dernières années.

« Nous avons à peine commencé à identifier les usages que nous pourrions faire de ces procédés. Et nous sommes sérieux lorsque nous disons cela. Actuellement, nous faisons une chose en priorité : de la recherche sur les usages que nous pourrions retirer de ces informations. Nous n'avons pas réussi à épuiser la liste des procédés qu'on pourrait créer à partir de ces données, et nous ne connaissons aucune limite. Durant ce stage, nous vous avons parlé de douzaines de façons d'exploiter ces données et nous avons procédé à de nombreuses démonstrations. C'est là la structure de l'expérience. Un point, c'est tout. Lorsqu'on se sert systématiquement de ces informations, on a une stratégie complète d'intervention qui permet d'obtenir tous les résultats désirés au niveau du comportement des individus. »

En fait, la PNL peut vous permettre de faire *une foule de choses*, et d'aller au-delà des interventions thérapeutiques que nous avons déjà mentionnées. À l'aide des mêmes principes, on pourrait observer ces personnes qui ont plus de talents que la moyenne, définir la structure de leurs talents et enseigner ensuite celle-ci à d'autres individus afin de les amener à développer à leur tour ces talents. Une telle intervention provoque des changements *productifs*, c'est-à-dire qu'elle nous permet d'apprendre à inventer et à créer de nouveaux talents et de nouveaux comportements à notre propre profit et à celui des autres. Un tel changement engendré a un effet secondaire intéressant : les comportements qui suscitaient initialement des problèmes et qu'on aurait examinés un à un en thérapie s'estompent tout naturellement.

En fait, la PNL nous aide à faire des choses que nous savions déjà faire : il y a toujours eu des « guérisons spontanées », des « miracles » et des modifications de comportement soudaines et surprenantes ; il y a toujours eu des gens qui apprenaient à exploiter des façons très inhabituelles de développer leurs aptitudes personnelles.

Par contre, la PNL nous permet d'analyser systématiquement ces personnes exceptionnelles et leurs expériences de telle sorte que des milliers et des milliers d'autres êtres humains puissent aussi les vivre. Et la PNL peut nous aider à éliminer nombre de difficultés et de dangers qui font jusqu'à maintenant partie de notre expérience ; elle peut rendre les processus d'apprentissage de même que les modifications du comportement beaucoup plus faciles, plus productifs et plus stimulants. Nous sommes à l'orée d'une ère où l'humanité pourrait faire un pas de géant dans son évolution.

On raconte une histoire très ancienne au sujet d'un chaudronnier. On l'avait embauché pour qu'il répare le système de chaudières d'un énorme navire à vapeur. Il écouta l'ingénieur lui décrire les problèmes, lui posa quelques questions, puis il se rendit à la chambre des chaudières. Il jeta un coup d'œil sur l'amoncellement de tuyaux ; il écouta le cognement de la chaudière et les sifflements de la machine à vapeur pendant quelques minutes, puis il passa les mains sur quelques tuyaux. Il se mit à chantonner tout doucement, mit la main dans sa poche et en sortit un petit marteau ; il frappa un seul coup sur une valve rouge vif et tout le système de chaudières commença à fonctionner à la perfection. Le chaudronnier retourna chez lui. Lorsqu'il reçut une facture l'enjoignant de verser 1 000 $ au chaudronnier, le capitaine du navire se mit en colère et se plaignit que le chaudronnier avait passé au plus une quinzaine de minutes dans la chambre des chaudières. Il demanda donc au chaudronnier de lui envoyer un compte détaillé. Ce que fit le chaudronnier :

Donner un coup de marteau	0,50 $
Déterminer l'endroit où frapper	999,50 $
Total	1 000,00 $

La PNL nous offre un nouvel élément ; elle nous permet de savoir ce que nous devrions faire et comment le faire. Ce livre est très stimulant, autant que l'est l'époque où nous vivons.

John O. Stevens

Un défi lancé aux lecteurs

Dans les romans d'espionnage et les romans à suspense, l'auteur donne des indices aux lecteurs, des descriptions incomplètes d'événements qui se sont produits. Lorsque les lecteurs rassemblent ces fragments, ils ont une représentation assez complète des événements antérieurs et ils peuvent même comprendre les gestes et les motifs des personnages ; ils peuvent à tout le moins découvrir la conclusion que l'auteur leur présentera à la fin du roman. Les lecteurs insouciants lisent ces romans pour se détendre, les comprennent à leur façon et tirent des conclusions dont ils sont ou non conscients. Les auteurs de romans d'espionnage et de romans à suspense se doivent de donner un nombre suffisant d'indices qui permettent aux lecteurs de comprendre la suite des événements, sans pour autant rendre tout évident.

Dans cet ouvrage, nous vous présentons aussi le compte rendu d'un suspense d'un certain type. Il y a cependant plusieurs différences entre ce volume et les romans à suspense traditionnels. Nous vous offrons le compte rendu écrit d'une histoire qui a été racontée de vive voix ; ce n'est pas la même chose de raconter des histoires et d'en écrire. Le conteur doit tenir compte des réactions de ses auditeurs pour déterminer la quantité d'indices qu'il leur donnera. Parmi celles-ci il en ressort de deux types : 1) les réactions verbales, intentionnelles et conscientes, c'est-à-dire les signaux dont les auditeurs sont conscients lorsqu'ils les donnent au conteur, et 2) les réactions non verbales, spontanées et inconscientes : les regards fugitifs, les sursauts, les indices d'une réflexion laborieuse, bref les signaux que les auditeurs donnent inconsciemment au conteur.

Il est important que le conteur perfectionne son art et apprenne à se servir des réactions inconscientes de façon à ne donner que le nombre suffisant d'indices qui permettront aux auditeurs de découvrir inconsciemment la solution du mystère avant qu'ils ne puissent l'exprimer consciemment. Cet art lui permet de faire vivre ces expériences d'étonnement et d'enchantement, à ses auditeurs de découvrir qu'ils en savent beaucoup plus qu'ils ne le pensent.

Nous nous délectons à la création de telles expériences durant nos stages de formation. Et bien que durant le stage les participants aient pu percevoir tous les indices dont ils avaient besoin, seul le lecteur avisé pourra reconstituer les événements antérieurs en lisant ce compte rendu. Tel que nous le mentionnerons explicitement dans ce volume, les éléments verbaux de la communication sont les moins intéressants et les moins influents. Et pourtant, c'est tout ce que nous offrons ici aux lecteurs.

La boucle de la réaction est l'élément fondamental de l'analyse de la communication en face à face. Si on vous demandait par exemple de décrire une interaction entre un chat et un chien, vous mentionneriez probablement les données suivantes : « Le chat siffle ; le chien montre les dents ; le chat s'arrondit le dos ; le chien jappe ; le chat... » L'*ordre* des comportements est à tout le moins aussi important que les comportements eux-mêmes. Et, jusqu'à un certain point, on ne peut comprendre le comportement du chat qu'en fonction du comportement du chien. Et si pour une raison ou une autre, vous aviez seulement des données sur le comportement du chat, vous devriez relever un défi et tenter d'identifier les autres composantes de l'interaction. Il est beaucoup plus difficile d'évaluer le comportement du chat et de le comprendre lorsqu'on l'examine hors contexte.

Nous voudrions rassurer le lecteur en lui disant que les illogismes, les diversions étonnantes, les modifications inattendues du contenu, de l'humeur et de l'orientation qu'il pourra observer en lisant ce compte rendu étaient tout à fait logiques dans le contexte du stage. Si nous situions l'enchaînement de ces échanges dans le contexte approprié, cette logique ferait rapidement surface. Vous devez donc relever ce défi : Êtes-vous vraiment perspicace et pourrez-vous reconstituer le contexte, ou vous contenterez-vous de prendre ce compte rendu comme un divertissement et d'en tirer des conclusions inconscientes reliées de façon plus immédiate à vos besoins ?

John GRINDER
Richard BANDLER

Remarque

La programmation neurolinguistique (PNL) est une toute nouvelle conception de la communication et du comportement chez les êtres humains développée au cours des quatre dernières années par Richard Bandler, John Grinder, Leslie Cameron-Bandler et Judith DeLozier. Cette approche a tout d'abord été mise au point grâce à un processus d'observation systématique de Virginia Satir, Milton H. Erickson, Fritz Perls et d'autres grands maîtres de la thérapie.

Cet ouvrage est le compte rendu établi à partir d'enregistrements d'un stage de formation d'introduction à la PNL animé par Richard Bandler et John Grinder. Ce volume consiste essentiellement en un rapport de deux journées d'ateliers auxquelles nous avons ajouté quelques parties d'autres ateliers.

Nous vous le présentons sous la forme d'un stage d'une durée de trois jours ; la formule demeure celle d'un exposé enregistré en direct. Pour rendre la lecture du texte simple et facile, nous n'avons pas identifié les interventions de Bandler et de Grinder. Pour plus de clarté et de rythme dans la présentation, nous avons inséré des titres de chapitres, des sous-titres de sujets et placé les questions de l'auditoire en italique.

PREMIÈRE PARTIE

OBSERVER

« Capter » :
le vécu sensoriel par les systèmes
de représentation

Chapitre I

SECRETS RÉCEMMENT DÉCOUVERTS

Pratique et théorie

Nos ateliers diffèrent radicalement des autres ateliers de communication ou de psychothérapie, et ce, à plusieurs points de vue. Lorsque nous avons commencé à travailler dans ce domaine, nous avons tout d'abord observé des gens très intelligents qui accomplissaient des choses intéressantes. Après avoir fait ces choses, ils exprimaient toutes sortes de métaphores qu'ils appelaient leurs principes théoriques. Ils nous racontaient des histoires au sujet d'un million de trous ou ils nous parlaient de tuyauterie : ils nous expliquaient que l'être humain est un assemblage de tuyaux et qu'il suffit d'employer un bon détergent pour les nettoyer, ou une histoire du même genre. Bon nombre de ces métaphores ne nous aidaient aucunement à comprendre quoi faire ni comment.

Certaines gens animent les ateliers pratiques. Les participants sont invités à regarder et à écouter une personne assez compétente dans plusieurs ou presque tous les domaines de ce qu'on appelle la « communication professionnelle ». À l'aide de ses propres comportements, cette personne démontre qu'elle sait très bien accomplir certaines tâches. Et si vous avez de la veine, si vos sens demeurent réceptifs, vous apprenez à accomplir certaines des tâches que cette personne réalise.

Il y a aussi le groupe des théoriciens. Ils vous expliquent leurs « convictions personnelles » au sujet de la nature humaine et vous décrivent l'*idéal* de la personne « transparente, équilibrée, sincère, authentique, etc. » sans jamais vous faire une démonstration des *procédés* à employer pour atteindre cet idéal.

Dans le domaine de la psychologie, on mélange deux types de connaissances : ce qu'on appelle la « démonstration » et ce qu'on appelle dans le langage traditionnel la « théorie » et que nous appelons à notre tour la « théologie ». On confond la description de ce que les gens *font* et la description de la *réalité*. Mêlez ensemble l'expérience et la théorie et vous obtiendrez une « psychothéologie ». Les professionnels de la psychologie ont développé divers systèmes de croyances religieuses et de nombreux prédicateurs très influents ont répandu ces diverses orientations.

Le domaine de la psychologie présente une autre caractéristique très intéressante. Certaines personnes « font de la recherche » et elles refusent de collaborer avec les praticiens ! Il s'est effectué une division au sein de l'univers de la psychologie et les chercheurs ne donnent plus d'informations aux psychologues cliniciens ni ne répondent à leurs questions. Il en va tout autrement en médecine. Dans ce domaine, les professionnels qui font de la recherche tentent de découvrir de nouvelles données que les médecins pourront utiliser. Et les médecins communiquent avec les chercheurs, leur expliquent ce dont ils ont besoin et ce qu'ils voudraient savoir ou mieux comprendre.

Contenu et démarche

J'ajouterai que lorsqu'ils commencent à faire de la consultation, les thérapeutes ont déjà acquis un ensemble de tendances dont ils ne sont pas conscients ; par conséquent, ils risquent fort d'échouer dans leur entreprise. Au début, les thérapeutes tentent d'identifier les problèmes au niveau du contenu de façon à pouvoir aider leurs clients à trouver des solutions. Il en va de même de tous les thérapeutes, qu'ils aient reçu une formation officielle ou informelle, que cette formation ait été acquise dans des salles de cours à l'université ou dans des pièces quelconques assis sur des coussins.

Les thérapeutes qui affirment qu'ils tiennent surtout compte de la « démarche personnelle » de leurs clients ou du processus sont eux aussi inconscients de leurs tendances. Une petite voix leur répète sans cesse : « *La démarche. Identifie la démarche de ton client.* » Et ils disent : « En consultation, je m'attache essentiellement à la démarche de mon client. Je travaille à partir du processus. » D'une façon ou d'une autre, la démarche est devenue un événement, un objet indépendant et complet en soi.

De l'intuition à la formation

Il y a un autre paradoxe dans le domaine de la psychologie. La grande majorité des thérapeutes soutiennent que le « bon thérapeute » travaille intuitivement, c'est-à-dire qu'il donne libre cours à son « inconscient » qui fera le travail à sa place. Ceux-ci ne décriraient cependant pas leur approche en ces termes parce qu'ils n'aiment pas le mot « inconscient » ; pourtant, ils accomplissent leurs tâches sans même en comprendre le processus. Ils se fient à leurs « tripes » : c'est là un autre nom qu'ils donnent à leur inconscient. À mon avis, il est très utile de procéder inconsciemment ; c'est une bonne façon de faire les choses. D'un autre côté, ces mêmes thérapeutes *disent* qu'à long terme la thérapie devrait amener un client à se comprendre, à *prendre conscience* de ses problèmes personnels. Les thérapeutes agissent donc sans comprendre le processus en cours, et ils soutiennent d'un autre côté que pour vraiment avancer dans la vie, on doit comprendre consciemment le fonctionnement des choses.

Lorsque j'ai commencé à former des gens à la psychothérapie, je demandais à chaque praticien de m'expliquer l'objectif qu'il désirait atteindre lorsqu'il posait tel ou tel geste, quand il tendait la main pour toucher quelqu'un, ou quand son ton de voix changeait. Et la personne en question me répondait : « Euh, je ne sais pas. » Je répliquais alors : « Parfait ! Voudriez-vous examiner la situation avec moi et découvrir ce qui s'est vraiment passé ? » Et elle me répondait : « Non. Absolument pas ! » En effet, ces praticiens m'expliquaient que s'ils avaient posé un geste précis pour obtenir un résultat prédéterminé, ils auraient « manipulé » quelqu'un et ils auraient par conséquent commis une faute.

Nous sommes des formateurs, au sens littéral : nous produisons une forme. En fait, nous tenons très peu compte de ce que les gens nous *disent* de leurs pratiques ; nous examinons de très près ce qu'ils font. Nous ne sommes pas psychologues, et nous ne sommes ni théologiens ni théoriciens. Nous ne connaissons pas la « vraie » nature des choses, et nous ne cherchons pas à découvrir la « vérité ». La « formation » vise à nous permettre de faire des descriptions qui soient *utiles*. Si vous vous rendez compte que nous disons quelque chose qui est faux du point de vue scientifique ou statistique, rappelez-vous que nous vous présentons ici une expérience qui se situe à un tout autre niveau. Nous ne vous offrons pas la vérité, mais bel et bien des informations utiles.

Nous savons que notre approche de formation produit les résultats escomptés lorsque nous pouvons systématiquement amener quelques personnes à adopter le même comportement que la personne dont nous avons fait le portrait. Et lorsque nous pouvons enseigner à quelqu'un d'autre à obtenir les mêmes résultats d'une façon systématique, nous tenons une preuve encore plus évidente de l'efficacité de notre approche.

Au-delà des méthodes

Lors de mes débuts dans le domaine de la communication, j'ai assisté à un congrès de grande envergure ; six cent cinquante participants étaient réunis dans un auditorium. Un homme de grande réputation s'est levé et nous a dit : « Il y a une chose que vous avez tous besoin de comprendre ; en thérapie et en communication, vous devez tout d'abord entrer en contact avec l'être humain qui est assis devant vous et avec lequel vous voulez communiquer en sa qualité d'être humain. » J'avais l'impression que tout cela était bien évident.

Et tous les autres participants se sont exclamés en chœur : « Oui c'est ça. Entrer en contact. Nous savons tous déjà comment c'est important. » Puis il nous a parlé six heures durant et il ne nous a pas dit un seul mot sur la façon de le faire. Il n'a mentionné aucun *procédé* bien défini dont les participants auraient pu se servir pour en arriver à mieux comprendre leurs clients ou tout au moins à leur donner l'illusion qu'ils les comprennent.

J'ai ensuite participé à un atelier intitulé : « L'écoute active ». Pratiquer l'écoute active, c'est reformuler ce que chacun dit, et c'est par conséquent défigurer ce qu'on vous dit.

L'observation des grands maîtres

Nous avons ensuite commencé à observer ce que les « grands sorciers », les gens vraiment à part, faisaient en réalité. Lorsque vous regardez Virginia Satir et Milton Erickson faire de la thérapie et que vous les écoutez, vous avez *l'impression* que ce sont les deux thérapeutes les plus différents au monde. Disons, en un mot, que je n'aurais pas pu suggérer un seul moyen pour qu'ils nous donnent l'impression de n'être pas si différents l'un de l'autre.

Les gens disent aussi que les expériences qu'ils vivent avec chacun de ces deux thérapeutes sont profondément différentes. Par contre, lorsque vous examinez bien leurs comportements, leurs tendances et la logique de leurs gestes, vous vous rendez compte qu'ils se ressemblent beaucoup. Les formes d'intervention qu'ils emploient pour produire les résultats étonnants auxquels ils parviennent se ressemblent beaucoup, du moins à notre point de vue. Ils réalisent la même chose. L'*emballage*, la présentation, leur façon de s'exprimer reste très différente.

Et il en va de même pour Fritz Perls. Il employait un nombre plus limité de formes d'intervention que Satir et Erickson. Par contre, lorsqu'il faisait ses interventions que je qualifierais de très puissantes et très efficaces, il recourait aux mêmes types de comportements que Satir et Erickson. Fritz Perls ne prédéterminait pas les résultats à obtenir. Lorsqu'un client lui disait par exemple : « Ma jambe gauche paralyse pour des raisons psychosomatiques », il ne s'en préoccupait pas directement. Il réussissait parfois à guérir son client, et parfois il n'y arrivait pas. Milton Erickson et Virginia Satir sont enclins à tenter d'obtenir des résultats prédéterminés, et je respecte leur approche.

La compétence inconsciente

Lorsque j'ai voulu apprendre à faire de la thérapie, j'ai participé à un stage de formation d'une durée d'un mois ; nous étions isolés dans une île et nous vivions jour après jour le même type d'expériences dans l'espoir que nous les assimilerions d'une façon ou d'une autre. Le moniteur avait plusieurs années d'expérience et il pouvait faire des *choses* qu'aucun membre du groupe ne pouvait faire. Lorsqu'il nous en *parlait*, personne n'arrivait à apprendre à les faire. Au niveau intuitif, ou à ce que nous appelons le niveau inconscient, il procédait de façon systématique ; il ne comprenait cependant pas consciemment son *approche* systématique. Sa grande souplesse et son aptitude à identifier ce qui produisait des résultats méritaient nos compliments.

Vous comprenez par exemple très peu votre façon d'employer le langage. Lorsque vous parlez, vous pouvez créer d'une façon ou d'une autre des phrases complexes sans recourir consciemment à la syntaxe ; et je sais que vous ne prenez pas ces décisions consciemment. Vous ne vous dites pas : « Ah, je vais maintenant parler. Au début de ma phrase, il y aura un nom, suivi d'un adjectif et d'un verbe, et je pourrais ajouter un adverbe pour la terminer ; ce serait charmant, n'est-ce pas ? » Pourtant, lorsque vous parlez, vous respectez des règles de grammaire et de syntaxe, des règles aussi rigoureuses et déterminées que les principes de mathématiques. Des gens qu'on appelle linguistes transformationalistes ont réussi à obtenir des subventions gouvernementales pour travailler à identifier ces règles et à les définir, et on les respecte dans le domaine scientifique. Ils n'ont pas encore découvert l'usage qu'ils pourraient tirer de ces règles et cela leur importe peu. La réalité de tous les jours les intéresse plus ou moins. Et comme j'ai vécu de nombreuses années dans le monde réel, je peux comprendre leur manque d'intérêt.

Nous employons tous le langage de la même façon ; nous avons tous le même montage. Quelle que soit la langue qu'ils parlent, les êtres humains comprennent intuitivement à peu près les mêmes types de phénomènes. Admettons que je vous dise : « Vous cette écoutez comprendre idée pouvez », vous ne comprendriez pas intuitivement la même chose que si je vous disais : « Écoutez, vous pouvez comprendre cette idée. » Et pourtant, je vous répéterais deux fois les mêmes mots. Au niveau inconscient, quelque chose vous dit qu'une phrase est correctement formulée alors que l'autre ne l'est pas. Notre rôle de « formateurs » consiste à faire la même chose dans des domaines plus pratiques. Notre tâche consiste à identifier ce que les thérapeutes compétents font intuitivement, ou inconsciemment, et à énoncer des règles qu'on pourrait enseigner à des individus intéressés.

Lorsque vous participez à un séminaire, vous entendez presque toujours le moniteur vous dire : « Pour communiquer aussi bien que moi, il vous suffit de faire une chose : écouter vos tripes. » Et il a bien raison. *À une condition cependant* : que vos tripes vous donnent des informations aussi claires que celles que le moniteur reçoit lorsqu'il écoute les siennes. Et j'ai l'impression que tel n'est pas le cas. Ces informations existent *peut-être*, mais vous n'en êtes fort probablement pas conscient. Et je suis convaincu que pour fonctionner intuitivement à la manière d'un Erickson, d'une Satir ou d'un Perls, vous aurez besoin d'une période de formation au cours de laquelle vous apprendrez à avoir de l'intuition. Après une période de formation consciente, vous pourrez faire de la thérapie aussi inconsciemment et aussi systématiquement que vous employez le langage.

Déterminer ce qui donne des résultats

Observez Virginia Satir à l'œuvre, écoutez-la et vous acquerrez une somme incroyable d'informations : ses mouvements, le ton de sa voix, sa façon de toucher quelqu'un, les personnes à qui elle s'adresse, les indices sensoriels dont elle se sert pour choisir le membre de la famille auquel elle prêtera ensuite attention, etc. Tenter d'identifier ce qui devient un indice, sa façon de réagir à chaque indice et les réactions qu'elle provoque chez ses clients est une tâche extrêmement difficile.

En fait, nous ignorons ce que Virginia Satir fait *vraiment* avec les membres des familles qui viennent la consulter. Nous pouvons par contre décrire son comportement et ses gestes de façon à pouvoir vous donner les informations et vous dire : « Voici. Faites cela dans l'ordre donné. Répétez cette démarche jusqu'à ce qu'elle fasse systématiquement partie de votre conduite inconsciente et vous pourrez alors susciter les mêmes réactions que Virginia Satir. » Nous n'évaluons pas la véracité de notre description finale et nous ne la comparons pas à des données neurologiques ni à des analyses statistiques de ce qui devrait se produire. Pour déterminer si notre description reflète adéquatement ce que nous désirons faire ou non, il suffit de nous assurer que la démarche décrite produit les résultats escomptés : pouvez-vous adopter les mêmes enchaînements de comportements que Virginia Satir et obtenir les mêmes résultats qu'elle ? Nous ferons peut-être des affirmations qui n'ont rien à voir avec la « vérité » ou avec ce qui « se passe vraiment ». Par contre, nous savons que nous obtenons de bons résultats lorsque nous appliquons notre description de son comportement en thérapie. Après nous avoir regardés employer les formes d'intervention de Virginia Satir et après s'être exercés à appliquer les descriptions que nous leur en faisons, les gens modifient vraiment leurs comportements et ils obtiennent des résultats du même type que les siens ; et pourtant, chacun garde un style d'intervention unique. Si vous apprenez à parler une langue étrangère, vous continuerez de vous exprimer d'une façon qui vous sera personnelle.

Vous pouvez décider consciemment de développer une nouvelle aptitude qui pourrait à votre avis vous être utile dans le contexte de votre profession et de votre développement personnel. Vous pouvez exploiter cette aptitude à l'aide de nos formes d'intervention. Lorsque vous vous serez consciemment exercé à l'exploiter, vous pourrez lui permettre d'opérer au niveau inconscient. Vous pouvez parcourir des centaines de kilomètres en voiture tout en demeurant inconscient de votre trajet, sauf si vous devez à un moment ou à un autre faire face à une situation inhabituelle qui requiert toute votre attention.

S'adapter au mode de pensée de l'autre

Milton Erickson, Virginia Satir et de nombreux thérapeutes cherchent systématiquement entre autres choses à saisir inconsciemment le mode de pensée d'un client, et pour cela se servent de leurs informations de multiples façons. Admettons que je sois le client de Virginia Satir et que je lui dise :

« Écoutez, Virginia, vous comprenez, je suis euh… Sapristi ! Tout, je vous le dis, tout est si compliqué, voyez-vous. Écoutez, voyez-vous, ma femme a été… ma femme est entrée en collision avec un escargot et elle est morte sur-le-champ… voyez-vous, j'ai quatre enfants, dont deux sont des bandits, et j'ai l'impression que j'ai commis une grave erreur à un moment donné et je me demande encore : "Qu'est-ce que j'ai fait ? Quelle a été mon erreur ?" »

J'ignore si vous avez déjà vu Virginia Satir à l'œuvre ; ses interventions sont vraiment magnifiques ; de la pure magie. Et pourtant, je crois que la magie a une structure et que vous pourriez tous apprendre à en faire. Je sais entre autres qu'elle accepterait la conception de la vie de ce client et elle lui répondrait par exemple :

« Je comprends que vous ayez la sensation d'avoir un lourd fardeau sur les épaules et vous ne vouliez pas éprouver ces sensations dans votre corps pour le reste de vos jours. Vous comptez mener une existence différente. »

Au fond, peu importe ce qu'elle lui dise pourvu qu'elle emploie un vocabulaire semblable à celui de son client et qu'elle ait le même registre d'intonations que lui. Si ce même client allait consulter un autre thérapeute, leur dialogue ressemblerait peut-être au suivant :

« Euh, voyez-vous, Dr Bandler, tout me semble si lourd. J'ai l'impression que je m'en sortirai jamais, vous comprenez…

— Je vois, je vois monsieur Grinder.

— J'ai l'impression que j'ai commis une grave erreur et que j'ai été un très mauvais père. Mais je ne comprends pas. Je croyais que vous pourriez m'aider à trouver mon erreur, vous comprenez ?

— Certainement. Je comprends ce que vous voulez dire. Concentrons notre attention sur une dimension particulière. Essayez de me décrire votre conception quant à votre situation actuelle.

— Euh, vous savez, je… euh… je me… j'ai l'impression que la réalité m'échappe.

— Je vois bien cela. Votre description est évidemment très intéressante. À mon avis, ce qui importe, c'est que nous nous entendions bien au sujet du bout de chemin que nous allons faire ensemble.

— Je vous dis depuis tantôt que ma vie ressemble à un chemin très cahoteux, voyez-vous. Je voudrais trouver un moyen de…

— Somme toute, votre description m'indique que tout est fragmenté. Les couleurs manquent de vie, n'est-ce pas ? »

Vous riez ! Nos « exagérations » ne donneront pourtant jamais un portrait assez fidèle des situations réelles dont nous avons été témoins. Nous en avons entendu de belles ! Nous avons consacré une quantité énorme de temps à visiter des cliniques psychiatriques et à observer des professionnels de la communication à l'œuvre. La situation est déconcertante ! Et nous avons rencontré des thérapeutes qui harmonisent très mal leurs interventions aux messages de leurs clients.

En Californie où nous habitons, il existe beaucoup d'entreprises de fabrication d'appareils électroniques. On y trouve une foule de gens qu'on appelle des « ingénieurs » et, à un moment ou à un autre, tous ces ingénieurs vont en thérapie. C'est la loi ! J'ignore la raison d'être de ce phénomène, mais il n'en demeure pas moins que ces gens viennent un beau jour et nous disent tous la même chose :

« Euh, voyez-vous, avec le temps j'ai gravi tous les échelons de l'entreprise et j'ai réussi, et soudain, vous comprenez, le jour où j'ai atteint les échelons supérieurs, je me suis retourné, j'ai jeté un coup d'œil sur ma vie et j'ai aperçu un vide. Vous comprenez ? Je veux dire, pouvez-vous vous imaginer ce qu'un homme de mon âge peut voir à ce moment-là ?

— Oh, je commence à saisir l'essence des sentiments que vous voulez changer.

— Un instant, ce que j'essaie de faire, c'est de vous illustrer ma conception de la vie. Et vous savez…

— J'ai l'impression que c'est très important.

— Je sais qu'une foule de gens ont un paquet de problèmes ; d'un autre côté, je veux vous donner une description très précise de ma conception du problème, vous savez, pour que vous puissiez me montrer étape par étape ce que j'ai besoin de savoir pour trouver le sentier à suivre parce qu'à franchement parler, je pourrais me sentir extrêmement abattu à cause de cette situation difficile. Je veux dire, pouvez-vous vous imaginer ce que cela pourrait bien être ?

— J'ai l'impression que c'est très important. Vous avez soulevé certaines questions que nous avons besoin de bien saisir à mon avis. Et il s'agit maintenant de choisir un point de départ et de commencer à travailler pour résoudre ce problème efficacement sans que vous vous sentiez incommodé.

— En fait, je voudrais avoir votre opinion.

— Ma foi, je ne veux pas que vous fuyiez ces sentiments. Allez, permettez-leur de faire surface et détruisez cette terrible image que vous avez.

— Euh, j'ai l'impression que tout cela ne nous mène à rien.

— J'ai l'impression que notre relation se trouve devant un obstacle. Voudriez-vous parler de votre résistance ? »

Avez-vous remarqué une tendance quelconque dans ce dialogue ? Nous avons observé des thérapeutes employer cette forme deux ou trois jours durant et nous nous sommes rendu compte que Virginia Satir procédait tout à fait à l'inverse d'eux : *elle reflète harmonieusement les messages de son client.* Ce que la grande majorité des thérapeutes ne font pas !

Savoir changer ses méthodes

Nous avons observé les êtres humains et nous leur avons découvert une caractéristique étrange. Lorsqu'ils se rendent compte qu'ils font quelque chose qui ne leur rapporte rien, ils continuent *quand même* de le faire. F. Skinner enseignait à un groupe d'étudiants qui avaient longtemps fait de la recherche sur des rats dans des labyrinthes. Un jour, un étudiant lui a demandé : « Quelle est la véritable différence entre les rats et les humains ? » Parce qu'ils ne savent pas très bien faire de l'observation, les behavioristes ont décidé que pour répondre à cette question ils avaient besoin de faire des expériences. Ils ont construit un énorme labyrinthe à l'échelle humaine. Puis ils ont enseigné à plusieurs rats, leur groupe témoin, à traverser le petit labyrinthe pour aller trouver un morceau de fromage. Ils ont ensuite trouvé des êtres humains prêts à collaborer et leur ont enseigné à traverser le grand labyrinthe pour aller trouver un billet de banque. Et ils n'ont découvert aucune différence significative entre les rats et les humains. Les données recueillies leur ont permis de découvrir qu'à un niveau de probabilité de 95 %, il y avait une différence significative dans les nombres d'essais ou quelque chose du genre. Les humains apprenaient un peu plus facilement et un peu plus rapidement que les rats.

Les calculs statistiques les plus intéressants avaient cependant trait à leur expérience de renversement de l'apprentissage. Ils ont éliminé le billet de banque et le fromage. Après un certain nombre d'essais, les rats ont cessé de traverser le labyrinthe…, tandis que les humains ne se sont jamais arrêtés ! Ils sont encore au laboratoire ! La nuit venue, ils se glissent à l'intérieur du laboratoire sans que personne les voie.

Pour évoluer et continuer de se développer à un rythme rapide dans la grande majorité des domaines de la connaissance, on doit employer des modes d'opération dont le suivant : lorsque ce qu'on fait ne donne pas de résultat satisfaisant, *on fait autre chose*. Admettons que vous soyez ingénieur ; vous construisez une fusée, vous pressez le bouton et la fusée ne décolle pas. Que faites-vous ? Vous changez votre comportement de façon à pouvoir identifier les modifications à opérer pour vaincre le principe de la gravité.

En psychothérapie par contre, lorsque la fusée ne décolle pas, on tire une conclusion bien particulière : on dit qu'on fait face à un client qui « résiste ». Vous vous rendez compte que vos interventions ne produisent pas les résultats escomptés et vous rejetez le blâme sur le client. Et vous n'avez par conséquent pas besoin d'assumer la responsabilité de modifier votre comportement. Ou si vous êtes un peu plus humaniste, vous acceptez de « partager la responsabilité de l'échec » avec votre client, ou vous dites que votre client « n'est pas prêt ».

Profiter des connaissances acquises

Il y a un autre problème dans le domaine de la psychothérapie : on s'entête à faire, à refaire et à refaire encore les mêmes choses. On avait déjà fait ce que Fritz Perls a décidé de faire, et on a déjà fait ce que Virginia Satir fait maintenant. Freud avait déjà énoncé les concepts de l'analyse transactionnelle, la « redécision » par exemple. Phénomène intéressant en psychologie, les gens ne se communiquent pas leurs connaissances.

Lorsque les êtres humains ont appris à lire et à écrire, à communiquer les uns avec les autres jusqu'à un certain point, leurs nouvelles connaissances ont accéléré le rythme de développement de la race humaine. Lorsque nous enseignons les principes d'électronique à quelqu'un, nous lui communiquons toutes les connaissances déjà acquises de façon qu'il puisse ensuite faire de *nouvelles* découvertes.

En psychothérapie par contre, on envoie les étudiants à l'école. Lorsqu'ils ont terminé leurs études, ils *commencent* à apprendre à faire de la thérapie. Non seulement ils doivent alors apprendre à pratiquer la thérapie, mais ils doivent faire face à un autre problème : il n'existe *aucun moyen* d'apprendre à faire de la thérapie. Il n'y a donc qu'une seule chose à faire : nous leur donnons des clients pour qu'ils puissent faire de la « consultation privée », c'est-à-dire pratiquer « en privé ».

Chapitre II

LES FORMES CACHÉES DU LANGAGE

Créer la réalité par les mots

En linguistique, il y a un phénomène qu'on appelle la « nominalisation », qui consiste à définir un processus comme s'il s'agissait d'un événement ou d'une chose. Lorsque vous faites cette opération, vous confondez les gens autour de vous et vous vous confondez vous-même, sauf si vous vous rappelez que le résultat est une représentation et non votre expérience elle-même. Cette opération peut parfois vous être utile. Si vous étiez au gouvernement, vous pourriez vous servir de cette opération pour parler de la « sécurité nationale » et amener les gens à s'inquiéter à cause de ces deux mots. Le président des États-Unis est allé récemment en visite officielle en Égypte ; au lieu de dire qu'il fallait faire telle chose, il a dit que cette chose était souhaitable ; et l'Égypte est maintenant une nation amie ! Il a tout simplement changé un mot. C'est la magie des mots !

Le mot « résistance » est aussi le résultat de cette opération. C'est un nom que vous donnez à un processus comme s'il s'agissait d'une chose et vous *oubliez* alors le processus lui-même, son *fonctionnement*.

Au sujet de notre dernier dialogue, le thérapeute consciencieux et authentique dirait que son client était dur, insensible, qu'il était si inconscient de ses sentiments qu'il ne pouvait pas communiquer avec lui. Ce client était vraiment « résistant ».

Et le client partirait à la recherche d'un autre thérapeute parce que ce dernier avait besoin de lunettes. Il ne savait pas percevoir la perspective. Il ne pouvait pas regarder les choses sous le même jour que son client.

Et ils auraient évidemment *tous les deux* raison.

Le langage et les formes de pensée

Y a-t-il un participant qui n'a pas encore identifié la tendance dont nous voulons parler ? Tout compte fait, c'est bien de cela que nous voulions parler au point de départ.

Une participante : Oh, dans le dernier dialogue, le client employait des mots qui avaient trait au visuel : voir, regarder, montrer, perspective. Et le thérapeute employait des mots qui avaient trait aux sensations : saisir, se sentir, doux, rude.

Exact. Et il y a les gens qui emploient surtout des mots qui ont trait à la dimension auditive : « J'entends ce que vous me dites », « J'ai déjà entendu cela », « C'est un son de cloche que j'ai déjà entendu », etc. Bref, nous avons remarqué que différentes personnes pensent vraiment de différentes façons et que ces différences touchent aux trois principaux sens : la vue, l'ouïe et les sensations proprioceptives que nous appelons kinesthésiques.

Lorsque vous établissez votre premier rapport avec quelqu'un, cette personne pense fort probablement à l'aide de l'un de ces trois principaux *systèmes de représentation*. Dans son for intérieur, elle se fabrique des images visuelles, elle a des sensations, dialogue avec elle-même ou entend des sons. Pour identifier son système de représentation, vous prêtez attention aux mots qu'elle emploie pour décrire son expérience (les prédicats : verbes, adverbes et adjectifs). Si vous prêtez attention à ces informations, vous pourrez adapter votre comportement de façon à obtenir la réaction désirée. Pour établir un bon rapport avec elle, vous pouvez employer le même type de prédicats qu'elle. Pour vous aliéner cette personne, vous pouvez délibérément employer d'autres types de prédicats ; c'est ce que nous avons fait durant notre dernier dialogue entre le thérapeute et son client.

La fonction du langage

Je voudrais maintenant discuter de la fonction du langage. Si je vous regardais et vous demandais : « Vous sentez-vous à l'aise ? » vous pourriez me répondre. Je présumerais donc que vous comprenez les mots que j'ai prononcés et que vous pouvez me répondre de façon adéquate. Savez-vous par exemple comment vous faites pour comprendre l'expression « à l'aise » ?

Une participante : Physiquement

Vous la comprenez physiquement. Vous êtes consciente d'un changement au niveau de votre corps, d'un état distinct. Cette modification d'état sensoriel est distincte de votre changement d'état lorsque vous entendez le mot « effrayée ». Cette réaction est différente.

Sa démarche de compréhension de l'expression « à l'aise » provoque un changement qu'elle peut sentir dans son corps. Quelqu'un d'autre a-t-il remarqué comment il comprenait cette expression ? Vous vous êtes peut-être vu assis ou étendu bien confortablement quelque part, dans un hamac ou dans l'herbe en plein soleil. Ou vous avez peut-être entendu des sons que vous associez à votre confort, le doux murmure d'une source, le vent qui souffle dans une forêt de pins.

Pour comprendre ce que je vous dis, vous devez examiner les mots, qui ne sont en fait que des étiquettes choisies arbitrairement pour décrire les éléments de notre histoire personnelle, et en découvrir la signification, c'est-à-dire identifier les images, les sensations et les sentiments, les sons qu'ils évoquent et qui représentent votre propre définition de l'expression « à l'aise ». C'est là une conception simple de la fonction du langage et nous appelons ce procédé : *la recherche transdérivationnelle*. Les mots sont des stimuli qui ont tendance à vous inciter à prendre conscience de certains éléments de votre expérience personnelle plutôt que de certains autres.

Pour parler de la neige, les Inuits ont un vocabulaire de soixante-dix mots. Est-ce dire pour autant que ces gens qui vivent dans les régions nordiques sont physiologiquement différents de nous ? Non. Je crois au contraire que le langage est la sagesse acquise par un groupe de personnes. Les humains peuvent vivre un nombre infini d'expériences sensorielles et les gens qui créent une langue se servent des mots pour décrire les éléments répétitifs de leurs expériences, les éléments auxquels ils ont jugé bon de prêter consciemment attention. Lorsqu'on pense au milieu de vie des Inuits et aux tâches qu'ils doivent accomplir, on peut facilement comprendre qu'ils aient un vocabulaire de soixante-dix mots pour décrire la neige. Leur survie même est étroitement liée à la neige ; ils doivent donc faire des distinctions très précises. Les skieurs emploient eux aussi plusieurs mots différents pour identifier différents types de neige.

Comme l'expliquait Aldous Huxley dans son ouvrage intitulé *Les Portes de la perception*, lorsque vous apprenez une langue, vous héritez aussi de la sagesse des gens qui vous ont précédé. Et, d'une certaine façon, vous êtes *une victime* : dans cet éventail infini d'expériences que vous auriez pu vivre, certaines ont déjà un nom, une étiquette, une définition ; elles sont plus évidentes que les autres et elles attirent votre attention. Et, fait tout aussi plausible, et peut-être même plus important à observer, vous ne prenez habituellement pas conscience des expériences sensorielles qui ne portent pas encore d'étiquette.

Il y a toujours un décalage entre la représentation première et la représentation secondaire. Il y a une différence entre l'expérience même et votre interprétation de cette expérience. Et le langage est l'un des moyens les moins directs de vous représenter vos expériences personnelles. Si je vous disais par exemple : « Sur cette table qui est ici devant moi, il y a un verre qui contient un peu d'eau », je vous présenterais une chaîne de mots, de symboles arbitraires. Nous pourrions accepter ou réfuter cette affirmation parce que je fais directement appel à vos perceptions sensorielles.

Si j'employais des mots qui n'avaient aucun lien avec les perceptions sensorielles, pour les comprendre, vous devriez absolument les relier à une expérience personnelle passée, sauf si vous aviez déjà développé un enchaînement de comportements qui vous amènerait à me demander de vous faire une description en termes relatifs à l'expérience sensorielle.

Votre vécu personnel et le mien correspondent au point où nous avons une culture commune, au point où nous partageons certains types d'expériences passées. Vous devez employer des mots adaptés à l'univers de la personne à laquelle vous adressez la parole. Une personne qui vit dans un ghetto, une personne de la classe moyenne et un membre de l'une des cent familles les plus riches du pays ont chacun une conception bien particulière du mot « relation » et ces trois conceptions sont très différentes les unes des autres. Les gens ont l'illusion de se comprendre mutuellement parce qu'ils emploient les mêmes mots. Par contre, parce qu'un mot fait appel à des expériences différentes, comme il doit en être, tout mot aura toujours une signification propre à chaque être humain.

Il y a un décalage entre l'expérience et le mot, de la même façon qu'il y a un décalage entre mon expérience reliée à un mot et la vôtre reliée à ce même mot. Et je crois extrêmement utile que vos façons d'agir donnent à vos clients l'illusion que vous comprenez ce qu'ils vous communiquent verbalement. Je crois cependant qu'il vaudrait mieux que vous ne croyiez pas que le contraire puisse être vrai.

Les perceptions intuitives

Vous avez sans doute des perceptions intuitives de vos clients quand vous les rencontrez pour la première fois. Lorsque vous regardez certains clients au moment où ils entrent dans votre cabinet de consultation, vous savez avant même qu'ils ne vous adressent la parole que vous aurez à traiter un problème difficile, vraiment difficile. Vous savez qu'il s'agira d'une tâche fastidieuse et que vous devrez travailler longtemps pour aider ces clients à obtenir ce qu'ils désirent, même si vous ne savez pas encore ce qu'ils veulent. Et lorsque vous jetez un premier coup d'œil sur certains autres clients, vous savez que votre travail sera intéressant et que vous vous plairez vraiment à le faire. Il y aura une étincelle, un élément stimulant ; vous aurez la sensation de partir à l'aventure lorsque vous aiderez ces clients à se définir une nouvelle ligne de conduite qui leur permettra d'obtenir ce qu'ils voulaient au moment où ils ont décidé de venir vous consulter. Qui a de telles perceptions intuitives ? Est-ce qu'un volontaire voudrait bien venir m'aider ? Est-ce que vous vous rendez compte que vous éprouvez ces perceptions intuitives au moment où elles se manifestent ?

Une participante : Oui.

Comment pourrions-nous définir cette expérience ?

Nous allons vous donner un coup de main. Écoutez tout d'abord attentivement la question. Je voudrais que vous appreniez à poser la question que je vous pose. La question est la suivante : « *Comment faites-vous pour savoir* que vous avez une perception intuitive ? » (Elle lève les yeux et tourne la tête à gauche.) Oui, c'est à ce moment-là que vous le savez.

Elle n'a rien *dit* ; c'est là le phénomène intéressant. Elle a fait une démarche et a répondu non verbalement à une question. Et elle fait la même démarche lorsqu'elle a l'intuition de quelque chose. Nous avons donc trouvé la réponse à ma question.

Si vous faisiez une seule découverte durant ce stage de formation, je voudrais que ce soit la suivante : *vous obtiendrez toujours réponse à vos questions si votre dispositif sensoriel est sain et s'il vous permet de percevoir les réponses.* Et le message verbal ou l'élément conscient du message sera rarement pertinent.

Revenons un peu en arrière et procédons à une autre démonstration. Comment faites-vous pour savoir que vous avez l'intuition de quelque chose ?

Une participante : Euh, je voudrais me servir d'une partie de notre dialogue... Je tentais de donner une forme à ma réponse. Et pour moi, il s'agissait d'un symbole de...

Quel genre de symbole ? Quelque chose que vous voyiez, que vous entendiez ou que vous ressentiez ?

Je l'ai vu dans ma tête, c'était...

Très bien. Vous le voyiez dans votre tête. C'était une image.

Observer les réactions non verbales

Ceux et celles qui ont pu observer les réactions non verbales de cette femme lorsque nous avons posé notre première question n'ont pas besoin des informations qu'elle vient de nous communiquer ; ces réponses verbales sont redondantes. Ce qu'elle a exprimé verbalement il y a quelques secondes, elle nous l'avait déjà communiqué non verbalement de façon beaucoup plus pure. Si vous affinez vos sens et si vous êtes attentif aux messages sensoriels, vous percevrez toujours une réponse non verbale lorsque vous ferez une affirmation ou poserez une question à quelqu'un, que cette personne les exprime consciemment ou non.

Par une foule d'indices différents les gens communiquent des informations au sujet de leurs systèmes de représentation. Le moyen le plus facile d'affiner vos sens est le suivant : vous observez les mouvements des yeux des gens parce que ces simples indices vous dévoilent le système de représentation qu'ils utilisent alors. Lorsque quelqu'un entre dans votre cabinet de consultation, il pense à ce qu'il a l'intention de faire. Soit qu'il le visualise, soit qu'il entretienne un monologue intérieur au sujet de ce qu'il veut faire, soit qu'il prenne conscience des sentiments et sensations dont il veut vous parler. Pour faire cela, il se retire dans son for intérieur et il a accès à ces informations ; il fait alors des gestes très typiques que vous connaissez tous inconsciemment. Et pourtant, depuis les tout premiers développements de la psychologie, personne n'a décrit explicitement ces gestes.

Je vous en donnerai maintenant un exemple classique. Vous posez une question à quelqu'un et cette personne vous répond : « Examinons la question. » Elle lève les yeux, puis regarde à sa gauche ; elle penche ensuite la tête de ce côté. La personne qui lève les yeux se représente des images mentales.

Me croyez-vous ? C'est une fausse affirmation, vous savez. Toute généralisation est une tromperie. Puisque nous ne pouvons prétendre à la vérité, nous vous mentirons constamment durant ce stage. Il n'y a que deux différences entre nous et les autres gens qui enseignent : contrairement aux autres, nous vous informons dès le point de départ que tout ce que nous vous dirons sera faux. Les autres croient habituellement en leurs propres mensonges. Ils ne se rendent pas compte que ce qu'ils disent est inventé de toutes pièces. Et l'autre différence est la suivante : bon nombre de nos mensonges produisent d'excellents résultats lorsque l'on s'en sert comme s'ils exprimaient la pure vérité.

Nous sommes des formateurs et nous nous soucions peu de la vérité. Peu nous importe que ce que nous vous présentons soit vrai ou non, exact ou non, valable du point de vue neurologique ou non ; peu nous importe qu'il s'agisse d'une conception exacte de l'univers ou non. Nous sommes tout simplement à la recherche d'approches *qui produisent les résultats désirés*.

Le mouvement des yeux (démonstration)

Est-ce que trois volontaires voudraient bien s'approcher ? Je poserai maintenant quelques questions à Françoise, Hervé et Suzanne. Je vous invite, vous les observateurs, à libérer vos sens. Vous pouvez demeurer assis à votre place et vous faire une image de ce qui vous vient à l'esprit lorsque vous entendez certains mots ; vous pouvez dialoguer avec vous-même sur ce qui vous vient à l'esprit ou tout simplement éprouver les sentiments et les sensations suscités par ce qui se passe ici. Je vous propose par contre d'adopter l'approche d'apprentissage suivante durant les quelques minutes qui viennent : libérez-vous de toutes vos expériences intérieures. Faites taire votre dialogue intérieur, assurez-vous que votre corps est bien détendu de façon que vous puissiez l'oublier pendant quelques minutes et éliminez toutes vos images mentales. Identifiez les liens que vos sens perçoivent entre les questions que je pose à ces trois personnes et leurs réponses non verbales. Je vous invite à être tout particulièrement attentifs aux mouvements de leurs yeux et aux autres changements. Un peu plus tard, nous discuterons d'une foule d'autres informations utiles que de telles questions peuvent nous procurer. Pour le moment, je vous invite tout simplement à prêter attention à cet élément de leurs réponses non verbales.

Je vous poserai très simplement quelques questions, à vous trois. Je voudrais que vous *trouviez* les réponses à ces questions ; abstenez-vous par contre de les dire à haute voix. Lorsque vous croirez que vous avez trouvé une bonne réponse et que vous vous sentirez satisfaits, ou lorsque vous aurez décidé que vous ne pouvez pas trouver la bonne réponse, vous ferez une pause. Vous n'avez pas besoin de communiquer verbalement avec moi ; ne donnez pas vos réponses.

Vous connaissez le phénomène intéressant qu'on appelle les « feux de circulation ». Les couleurs des feux de circulation forment une colonne ; est-ce que l'élément supérieur est rouge ou vert ? En venant ici ce matin, combien de feux de circulation avez-vous vus à partir du moment où vous êtes montés à bord de votre voiture jusqu'au moment où vous êtes arrivés à destination ? De quelle couleur sont les yeux de votre mère ? De combien de couleurs différentes étaient les tapis dans votre dernière résidence ? (Françoise regarde droit devant elle à la suite de chaque question. Hervé lève les yeux puis regarde sur la gauche. Suzanne lève les yeux puis regarde sur la droite ; elle regarde parfois droit devant elle.)

Les avez-vous vus bouger les yeux ? Les mouvements de leurs yeux étaient-ils systématiques ? Très bien. Emmagasinez ces informations. Ces êtres humains sont complexes et ils donnent de multiples réponses. Observez les éléments *communs* des réponses qu'ils ont données à mes questions.

Je modifierai un peu mes questions et je vous invite à examiner à quel point leurs réponses sont systématiquement différentes des précédentes.

Pensez à votre morceau de musique préféré. Quelle lettre précède la lettre « r » dans l'alphabet ? Pouvez-vous entendre la voix de votre mère ? (Françoise et Hervé baissent les yeux et regardent à leur gauche à la suite de chaque question. Suzanne baisse les yeux et regarde à droite.)

Leurs réponses à ces questions étaient vraiment différentes des réponses qu'ils ont données un peu plus tôt à mes autres questions.

Je modifierai mes questions encore une fois.

Connaissez-vous la sensation que vous procure l'eau qui glisse sur votre corps lorsque vous nagez ? Que se passe-t-il en hiver lorsque vous passez de la chaleur et du confort de votre belle maison à l'air froid de l'extérieur ? (Pendant qu'ils identifient leurs réponses à ces questions, Françoise et Hervé baissent les yeux et regardent à droite ; Suzanne, elle, baisse les yeux et regarde à gauche.)

Pouvez-vous établir des liens entre les ensembles de questions que j'ai posées et les types de mouvements que vous avez observés ? Qu'avez-vous détecté au niveau de votre vécu sensoriel pendant que je posais les questions ?

Un participant : J'ai surtout remarqué que Suzanne semblait lever les yeux lorsqu'elle avait une image en tête. Et elle regardait parfois droit devant elle.

Très bien. Je suis d'accord. Comment se fait-il que vous saviez qu'elle avait une image en tête ? En fait, vous le présumiez. Parmi les questions que j'ai posées, lesquelles ont suscité ces mouvements, ces réactions ?

Le même participant : Les questions sur la couleur des yeux, sur le nombre de feux de circulation ; on aurait dit qu'elle voyait les carrefours.

Au point de départ, les questions que je posais faisaient appel à des données visuelles. Et vous avez alors observé que leur réaction était très souvent de lever les yeux. Est-ce que vous avez remarqué qu'ils préféraient un côté plutôt que l'autre ?

Une participante : Suzanne regardait à droite. Elle regardait à droite parce qu'elle est gauchère.

Parce que Suzanne est gauchère, elle regardait à droite ? Elle ne regarde pas toujours de ce côté. Observez bien ceci.

Suzanne, savez-vous quelle serait votre apparence si vous aviez les cheveux noirs ? Savez-vous quelle serait votre apparence si vous aviez une barbe ? Savez-vous quelle est votre apparence alors que vous êtes assise ici ? (Elle lève les yeux et regarde à gauche.) De quel côté a-t-elle tourné les yeux ? Distinguez bien sa droite et sa gauche. Vous avez tout d'abord dit qu'elle levait habituellement les yeux et regardait ensuite à gauche lorsque je posais des questions concernant des données visuelles. Quels mouvements des yeux avez-vous pu observer cette fois-ci pendant qu'elle répondait à mes questions ? Cette fois-ci, ses yeux se dilataient ; elle levait les yeux, regardait à gauche puis regardait droit devant elle. Elle ne regarde donc pas toujours sur la droite après avoir levé les yeux. Mes dernières questions différaient systématiquement des précédentes qui avaient une portée visuelle. Pourriez-vous me décrire cette différence ?

Une participante : Les premières questions concernaient des expériences passées dont elle se rappelait et les autres questions l'invitaient à tenter de visualiser quelque chose dont elle n'avait pas encore fait l'expérience.

Excellente réponse. Nous appelons le premier type d'images les images *remémorées* ou *évoquées*, et le deuxième type d'images les images *fabriquées*. Elle ne s'est jamais vue assise sur cette chaise dans cette pièce. Elle n'a jamais vécu cette expérience visuelle directe ; elle doit donc *se fabriquer* une image pour se voir elle-même dans cette situation.

Droitiers et gauchers

La grande majorité des droitiers « normalement structurés » ont des réactions *contraires* à celles de Suzanne. Suzanne est gauchère et ses « signaux d'accès » visuels sont inversés, de gauche à droite. La plupart des gens lèvent les yeux et regardent ensuite sur la gauche lorsqu'ils évoquent des images visuelles.

Par contre, un grand nombre de droitiers normalement structurés lèvent les yeux et regardent sur la droite lorsqu'ils répondent à des questions faisant appel à la mémoire visuelle. Dans notre auditoire par exemple, Barbara a levé les yeux et elle a regardé sur la droite lorsqu'elle tentait de se rappeler quelque chose un peu plus tôt.

Est-ce que vous vous rappelez ce que vous avez vu là-haut ?

Barbara : Non.

Vous rappelez-vous une maison où vous avez habité lorsque vous étiez enfant ?

Elle a levé les yeux et elle a regardé sur la droite encore une fois.

Qu'avez-vous vu, Barbara ? Nommez-moi une chose que vous avez vue.

Barbara : J'ai vu la salle de séjour.

Je peux prétendre que cette salle de séjour était spéciale pour une raison ou une autre. Je voudrais que vous m'écoutiez et que vous me disiez si ce que j'affirme est juste ou non. La salle de séjour que vous avez vue était suspendue dans le vide. Elle n'était pas limitée comme l'image limitée que vous en auriez si vous étiez dans cette salle de séjour. Vous n'aviez jamais vu cette image auparavant parce qu'elle ne représente qu'une partie d'un ensemble d'images que vous aviez vues à plusieurs reprises par le passé. Vous n'aviez jusqu'à maintenant jamais perçu ces indices visuels comme tel. Ces indices ont été littéralement extraits ; il s'agit d'une portion d'une image extraite d'une partie de votre expérience personnelle et mise en vedette indépendamment. Est-ce juste ?

Barbara : Oui.

Lorsque vous posez des questions qui font appel à la mémoire visuelle et que votre interlocuteur lève les yeux et regarde ensuite sur la droite, vous ne pouvez pas conclure qu'il est gaucher ni conclure que ses signaux d'accès sont inversés. Vous pouvez uniquement conclure qu'il a levé les yeux et regardé sur la droite. Et si vous désirez examiner la situation de plus près, vous pouvez vous servir des deux hypothèses suivantes. Comme Suzanne, il pourrait avoir une structure cérébrale inversée. Ou comme Barbara, il pourrait se fabriquer des images du passé. Ces images n'offrent cependant ni la couleur, ni les indices de contexte des images remémorées ou évoquées ; elles ne sont pas aussi détaillées que ces dernières et n'ont pas le même soutien visuel. Et ces différences sont très importantes.

Lorsque Barbara évoque des images du passé, elle les retire de leur contexte ; ceci est une caractéristique des images fabriquées. Et ajoutons qu'elle se dispute souvent avec les autres au sujet du passé, surtout avec des gens qui en ont des images évoquées.

Sylvie : J'ai vu Françoise regarder droit devant elle. Elle n'a ni baissé ni levé les yeux.

D'accord. Y avait-il une différence marquée entre sa façon de me regarder avant que je pose ma question et sa façon de continuer à regarder droit devant elle une fois la question posée ? Avez-vous observé un changement quelconque ?

Sylvie : Oui. Elle avait l'air plus pensive à ce moment-là.

« Pensive. » Pourriez-vous nous décrire ce que vous entendez par « elle avait l'air plus pensive » ? Ma conception d'un air pensif pourrait être basée sur des expériences diamétralement opposées aux vôtres. Le mot « pensif » est un jugement complexe au sujet d'une expérience ; il ne s'agit pas d'une expérience sensorielle comme telle. Je suis convaincu que vous avez une conception pertinente du mot « pensif » et que vous pourriez facilement le lier à des expériences sensorielles. Je vous invite donc à nous décrire ce que vous avez vu, de façon que nous puissions vous manifester notre accord ou notre désaccord, au lieu de porter un jugement et de dire qu'elle avait l'air « pensive ».

Comme nous l'avons déjà dit un peu plus tôt, votre interlocuteur a trouvé réponse à ces questions avant même qu'il les verbalise. Lorsque vous observez une personne avec laquelle nous communiquons directement, vous pouvez découvrir ses réponses avant qu'elle ne les exprime verbalement. J'ai demandé à Sylvie de nous décrire quelque chose et elle nous a fait une démonstration non verbale de ce qu'elle avait observé. Ses mouvements ont reflété ce que Françoise avait fait précédemment.

Sylvie, vous rappelez-vous ce que vous avez ressenti pendant que vous posiez ces gestes ?

Sylvie : J'ai quelque peu fermé les yeux.

Vous avez légèrement baissé les paupières. Avez-vous pu détecter autre chose lorsque vous avez senti vos yeux se fermer ou que vous vous rappeliez ce que Françoise avait fait ?

Avez-vous déjà eu l'impression d'être seuls durant une conversation alors que, pourtant, votre interlocuteur avait toujours les yeux rivés sur vous ? Étiez-vous tous vraiment seuls ? C'est ce qui se passe ici. Dans ces deux situations, les pupilles des yeux se sont dilatées et les muscles du visage se sont détendus.

Lorsque vous avez de la difficulté à voir des pupilles se dilater, cela n'a rien à voir, je crois, avec la dilatation même des pupilles ; c'est plutôt votre programme de perception qui est en cause. Et je ne parle pas de la force de votre vision ni de votre besoin de porter des verres correcteurs. Vous avez appris à percevoir et vous pourriez apprendre à mieux percevoir ce qui se passe autour de vous. La majorité des gens se servent de leurs sens comme s'il s'agissait de réceptacles passifs dans lesquels l'univers verse une foule d'informations. L'univers vous offre un nombre incalculable d'informations, à tel point que vous ne pouvez vous en représenter qu'une infime portion. Vous apprenez activement à choisir certaines informations de façon qu'elles vous soient utiles.

S'ouvrir à une nouvelle perception

Dans quelques minutes, nous vous inviterons à modifier votre programme perceptif pour que vous puissiez déterminer : 1) si les tendances dont nous parlons existent ou non, et 2) à quel point celles-ci peuvent vous être utiles. Nous procéderons étape par étape. Le rapport que nous aurons établi avec vous nous servira de point de référence lorsque viendra le moment de vous proposer des activités qui vous permettront d'employer vos propres sens pour vérifier si ce dont nous vous parlons existe vraiment. Nous discuterons ensuite de l'usage que nous pourrions en faire parce qu'en fait, c'est ce qui compte vraiment. Et la question fondamentale demeure : « Vaut-il la peine ou non de faire cette démarche ? »

Permettez-moi de vous rassurer : ceux et celles qui ont des modes de communication qui leur permettent déjà de fonctionner efficacement en thérapie, en éducation ou en affaires pourront continuer de les employer à la suite de ce stage de formation. Je peux vous le garantir. Ce que nous ferons ici ne vise aucunement à éliminer ces choix. Nous voudrions cependant vous proposer d'examiner une nouvelle approche. Je crois que certains participants savent déjà communiquer efficacement en thérapie et qu'ils sont vraiment compétents. Vous obtenez des résultats et vous en êtes satisfait ; vous relevez le défi et vous aimez votre travail, parfois du moins. Par contre, même si vous réussissez très bien, à merveille même, vous vous ennuyez sûrement de temps à autre. Vous avez tendance à réitérer les mêmes séquences d'interventions dont vous avez fait l'expérience auparavant, celles qui ont produit de bons résultats, parce que vous espérez obtenir encore une fois des résultats aussi bons. À mon avis, réussir est l'une des expériences les plus dangereuses que les humains puissent vivre, surtout si la réussite intervient au tout début de votre carrière professionnelle, parce que vous risquez alors de devenir superstitieux et routinier. C'est le billet de banque qui se trouve à l'autre extrémité du labyrinthe.

Prenons un exemple. Admettons que vous ayez proposé à un client de s'imaginer que sa mère était assise devant lui et de lui adresser la parole, et que cette méthode l'ait fait changer radicalement. Vous pourriez alors décider que tous les thérapeutes auraient grand avantage à adopter votre approche ; et au fond, c'est là un des mille et un moyens de produire les mêmes résultats.

Je voudrais inviter les sceptiques, ceux qui mettent ma théorie en question (et il est dans votre intérêt de mettre en question tous les mensonges que nous vous raconterons), à accepter temporairement notre mensonge, pour la durée de notre prochaine activité, jusqu'à ce que nous vous ayons donné une description de ce qui existe à notre avis. Alors, à partir de votre propre expérience sensorielle et non des messages verbaux insensés que nous vous transmettons, vous pourrez décider si vous pouvez ou non observer les éléments du comportement de votre interlocuteur que nous vous décrirons maintenant.

Voir pour la première fois

Nous soutenons maintenant que vous n'avez jamais observé un phénomène des plus évidents. Nous affirmons que toutes les personnes auxquelles vous avez adressé la parole depuis le début de votre vie vous ont répondu ceci : « Ma foi, j'ai l'impression que... (et elles ont levé les yeux et regardé à gauche)... Je me suis toujours dit que... (et elles ont baissé les yeux et regardé à gauche)... il me semble vraiment que... (et elles ont baissé les yeux et regardé à droite). » Et nous soutenons que vous n'avez jamais consciemment observé ces réactions. En cent ans de psychologie moderne et de théorie de la communication, les gens ont systématiquement donné ces réponses et vous avez été victime d'un ensemble de modes de communication culturels qui vous ont empêché d'observer ces indices et de réagir à eux directement et efficacement.

Accès au vécu d'après le mouvement des yeux (expérience)

Choisissez-vous un partenaire, quelqu'un que vous ne connaissez pas ou que vous connaissez peu. Le partenaire et vous serez A et B, indifféremment. A posera tout d'abord des questions à B. Pour vous rendre cette tâche relativement simple, divisez vos questions en groupes comme je l'ai fait plus tôt.

1. Posez tout d'abord des questions faisant appel à des images évoquées : De quelle couleur est le tapis dans votre voiture ? De quelle couleur sont les yeux de votre mère ? Quelle est la forme des lettres sur l'enseigne qui est à la porte d'entrée de l'édifice ? Toutes ces questions concernent quelque chose que vous avez déjà vu.

2. Posez ensuite à votre partenaire des questions au sujet de choses qu'il n'a jamais vues et qu'il devra tenter de s'imaginer : De quoi auriez-vous l'air si vous vous asseyiez à ma place et si vous vous regardiez ? De quoi auriez-vous l'air si vous aviez les cheveux mauves ?

3. Posez-lui ensuite des questions d'ordre auditif : Quel genre de musique préférez-vous écouter ? Quelle porte fait le plus de bruit chez vous lorsque vous la claquez ? Pourriez-vous entendre un proche prononcer votre nom d'une façon particulièrement agréable ? Pourriez-vous vous entendre chanter *Au clair de la lune* ?

Toutes ces questions peuvent vous aider à avoir accès à votre expérience auditive. Tous les signaux non verbaux donnés par votre partenaire différeront systématiquement des signaux qu'il vous aura donnés en réponse aux questions de l'ensemble précédent.

4. Posez-lui ensuite des questions d'ordre proprioceptif : Que ressentez-vous tôt le matin ? Quelle sensation le pelage d'un chat vous procure-t-il ?

Schéma des voies d'accès à l'expérience d'après le mouvement des yeux

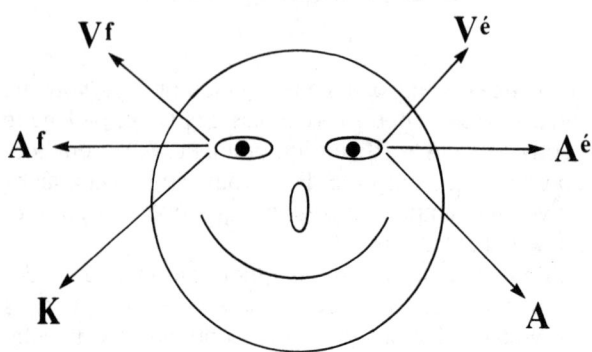

V^f Images visuelles fabriquées.
(Lorsque les yeux ne fixent rien ou ne bougent pas, vous avez aussi un signal de voie d'accès visuel.)
Af Sons et mots fabriqués auditivement.
K Sensations kinesthésiques (incluent l'odorat et le goût).
V^é Images visuelles évoquées, remémorées.
A^é Sons et mots évoqués auditivement.
A Sons et mots auditifs.

Une participante : Lorsqu'on tente de s'imaginer un son, est-ce qu'on fait des mouvements des yeux différents de ceux que l'on fait lorsqu'on se rappelle des sons qu'on a déjà entendus ?

Lorsque vous dites : « Imagine », vous faites nécessairement référence à des images, ou à des représentations visuelles. Demandez à votre partenaire de créer un son nouveau. Vous verrez, il y aura une différence. Faites-en vous-même la découverte.

Interpréter le mouvement des yeux

Je voudrais cependant vous signaler qu'il existe deux pièges. Vous croyez peut-être que *penser* est un processus de représentation visuelle. Faux. Les mots « penser, comprendre, être conscient de, croire, sentir, savoir » ne sont pas *caractérisés*. Ne les employez pas, car ils suscitent des réactions de nature très variée.

Vous obtiendrez également des réponses déroutantes si vous posez la question suivante à quelqu'un : « Vous rappelez-vous ce que vous avez senti la dernière fois que vous avez nagé ? » Vous demanderez par le fait même à votre interlocuteur de faire deux choses à la fois. Vous lui demanderez de *se rappeler* quelque chose et de *ressentir* quelque chose. Il en aura peut-être un souvenir visuel ; en d'autres mots, il cherchera ou sondera peut-être des yeux, ou se rappellera des éléments auditifs, ou encore répondra à cette question du point de vue purement proprioceptif. Quelle que soit sa façon de répondre, il fera une démarche en deux étapes : il tentera tout d'abord de se rappeler l'événement selon vos directives, et il tentera ensuite de se remémorer ce qu'il a ressenti pendant qu'il nageait.

Si vous obtenez des réponses que vous ne comprenez pas, demandez à votre interlocuteur de vous expliquer sa démarche intérieure. Votre tâche consiste alors à mettre en corrélation ce que vous pouvez observer avec les questions que vous posez. Reliez le type d'informations que vous cherchez à obtenir aux mouvements des yeux que votre partenaire fait en réaction à vos questions. Si vous ne saisissez pas le lien, posez la question suivante à votre partenaire : « J'ai pu observer ceci. À quels éléments de votre démarche intérieure est-ce que cela correspond ? » S'il ne peut pas vous répondre, vous lui demanderez de faire une supposition.

Si votre partenaire ne fait pas les mouvements des yeux dont nous vous avons parlé, posez-lui des questions plus complexes : « De quelle couleur étaient les chaussures que votre mère portait lorsque vous l'avez vue la dernière fois ? » Si vous lui demandez : « De quelle couleur sont les yeux de votre mère ? » et s'il ne bouge pas les yeux, ajoutez un élément de complexité à votre question. « Vous avez aussi les yeux bleus. Est-ce que vos yeux sont plus foncés que ceux de votre mère ? » Parce qu'elle comporte un élément de comparaison, cette question est plus complexe que la première. Pour y répondre, votre partenaire devra s'imaginer la couleur de ses yeux, celle des yeux de sa mère et comparer les deux visuellement.

Après avoir posé ces types de questions à votre partenaire pendant quatre ou cinq minutes, vous devez pouvoir tirer des conclusions au sujet des mouvements des yeux que vous avez pu observer et qui vous indiquent sans équivoque le type de représentations que votre partenaire se fait intérieurement à un moment précis. Vous inverserez ensuite les rôles de façon que vous ayez tous les deux l'occasion de poser des questions et d'observer les réponses de votre partenaire. Faites-nous signe lorsque vous remarquerez que vous ne pouvez pas comprendre ce qui se passe. Nous circulerons dans la pièce durant l'activité. Nous viendrons vous aider à comprendre ces éléments de votre expérience. Nous vous communiquons des généralisations ; et disons-le en passant, toute généralisation que vous avez entendue s'avérera fausse à un moment ou à un autre. Les généralisations sont des astuces (nous en userons très souvent durant ce stage) dont on se sert pour vous inciter à prêter attention à vos expériences de vie, pour vous amener à prendre conscience d'une dimension de votre vécu sensoriel que vous avez appris à ignorer. Lorsque vous en prenez conscience, cette dimension devient une source précieuse d'informations sur vos processus inconscients.

Vous rencontrerez des gens dont l'organisation cérébrale est singulière. Toutefois, chez ces individus, cette organisation fonctionne de façon systématique ; leurs mouvements des yeux seront systématiques suivant leur façon propre. Même la personne qui regarde droit devant elle chaque fois qu'elle éprouve un sentiment et qui baisse les yeux chaque fois qu'elle évoque une image agit toujours de façon cohérente. Il est en fait important que vous viviez une expérience sensorielle pour que vous puissiez identifier les réactions de chaque individu. Allez-y et découvrez les tendances que vous pouvez découvrir, s'il en existe.

Intégration de l'expérience

Très bien. Est-ce que tout s'est bien passé ? Plusieurs personnes font signe que oui. Quelqu'un a-t-il eu de la difficulté ? Voudriez-vous nous poser des questions ? Vous sentez-vous perplexe face à certains phénomènes que vous avez pu observer ? Parlons-en ; ces phénomènes sont plus intéressants que les autres.

Une participante : Nous nous sommes rendu compte que nous pouvions en apprendre autant en observant la personne qui posait les questions qu'en observant la personne qui répondait aux questions posées. Nous pouvions prédire le type de questions qu'elle allait poser.

Un participant : Lorsque j'ai posé une question d'ordre auditif à Christiane, ma partenaire, elle a levé les yeux et elle a visualisé des images.

Vous rappelez-vous la question que vous lui avez alors posée ?

Le même participant : Quelles sont les quatre premières notes de la cinquième symphonie de Beethoven ?

D'accord. D'autres participants ont-ils vécu une expérience semblable ? Lorsque vous avez posé une question d'ordre auditif ou proprioceptif à votre partenaire, l'avez-vous tout d'abord vu évoquer des images pour ensuite vous transmettre des informations d'ordre auditif ou proprioceptif ? Comprenez-vous ce qui s'est alors produit ? Christiane, qu'avez-vous fait ? Avez-vous vu un tourne-disque ou un microsillon ?

Christiane : J'ai entendu la musique.

Vous l'avez entendue. Très bien. Avez-vous remarqué que vous voyiez tout d'abord une image quelconque ? Attention, les autres participants, si vous observez attentivement, vous serez témoins d'un exemple parfait des intéressantes divergences qui existent entre ses messages conscients et ses messages non verbaux.

Christiane, connaissez-vous les quatre notes suivantes de la cinquième symphonie de Beethoven ? Parfait, vous les connaissez.

Une participante : Ah ! Son expérience est peut-être spatiale.

Pourriez-vous nous donner une description sensorielle du mot « spatiale » ? Lorsque vous emploierez des expressions telles « l'air pensive » ou « expérience spatiale », nous vous demanderons de nous donner des mots qui décrivent ce que vous percevez avant de porter un jugement ou après l'avoir porté parce que chacun comprend de telles expressions à sa façon. Nous vous demanderons de nous dire ce que vous avez vu, entendu ou ressenti de façon que nous puissions manifester notre accord ou notre désaccord.

La même participante : Ma foi, lorsque je l'ai fait, j'ai perçu les intervalles spatiaux. Ta, ta, ta, TAM. Je ne voyais pas les mots.

Vérifiez avec votre partenaire s'il a vécu ce type d'expérience. Je suis convaincu qu'il a vécu les phénomènes suivants. Votre partenaire a cherché une image visuelle qui représentait d'une certaine manière l'expérience qu'il tentait d'identifier et en a trouvé une. Il a ensuite tout simplement copié cette image ou s'est plongé au sein de l'expérience et a par conséquent eu accès aux sentiments ou aux sons associés à son expérience visuelle.

Systèmes d'orientation, de représentation et de référence

Nous devrons maintenant établir une certaine distinction. Lorsque les prédicats, c'est-à-dire les mots qu'une personne choisit d'employer pour décrire une expérience, véhiculent des informations au sujet des systèmes de représentation, ils permettent de découvrir des éléments dont cette personne est consciente. Les prédicats nous donnent des informations au sujet du processus cognitif interne dont celle-ci prend conscience. Les signaux visuels de voies d'accès, les mouvements des yeux d'une personne qui cherche quelque chose décrivent précisément toutes les *étapes* de sa démarche d'accès, et c'est ce que nous appelons une *stratégie*. Dans notre vocabulaire, le *système d'orientation* est le système que vous employez pour obtenir des informations. Le *système de représentation* correspond aux éléments dont vous êtes conscient et que vous communiquez verbalement à l'aide de prédicats. Le *système de référence* est le système qui vous permet de décider si ce que vous savez maintenant, ce que vous avez déjà défini et ce dont vous êtes conscient est vrai, ou si tout cela est faux. Prenons un exemple. Votre prénom s'il vous plaît.

Un participant : Édouard.

Édouard ? Comment se fait-il que vous sachiez cela ?

Il m'a déjà répondu, de façon non verbale. Cette question est absurde. Édouard le sait ; il a toutefois répondu à ma question.

Savez-vous ce qui vous permet de le savoir ? Vous êtes ici maintenant, assis sur une chaise dans cette pièce ; et si je vous appelais « Jacques », vous ne me répondriez pas. Lorsque je dis « Édouard », vous me répondez. Cette réponse est kinesthésique. Si je ne vous offrais aucun stimulus extérieur et si je vous posais tout bonnement la question suivante : « Savez-vous quel est votre nom ? », pourriez-vous me répondre ?

Édouard : Oui, j'ai une réponse.

Savez-vous ce que vous allez dire avant même de le dire ?

Édouard : Non, je ne le sais pas.

Est-ce à dire que vous ne sauriez pas votre nom si je vous demandais : « Comment vous appelez-vous ? », et que vous ne me répondriez pas ?

Édouard : Je sais que je m'appelle Édouard parce que j'éprouve un sentiment bien précis lorsque quelqu'un s'exclame : « Édouard ! » Je lui réponds parce que c'est moi.

Lorsque je vous pose cette question, répétez-vous « Édouard » intérieurement et éprouvez-vous ce sentiment pour vérifier quelque chose ?

Édouard : Oui.

Vous avez donc acquis une stratégie qui vous permet de trouver la réponse pertinente à une question lorsque vous captez un stimulus extérieur ; est-ce juste ? Vous réagissez lorsque vous entendez « Édouard » et non pas lorsque quelqu'un vous appelle « Robert ». Par contre, lorsque je vous pose la question : « Comment vous appelez-vous ? », qu'est-ce qui vous permet de savoir ce que vous devriez me dire ?

Édouard : Je n'y pense pas.

Vous n'êtes donc pas conscient de la démarche que vous faites à ce moment-là ? D'accord.

Quelqu'un a-t-il observé un signal qui lui révélerait la réponse d'Édouard à la question posée même s'il ne peut pas offrir une réponse consciente à cette question ? Chaque fois que nous lui avons posé cette question, il a baissé les yeux, il a regardé sur la gauche et il a ensuite relevé les yeux. Il a entendu son nom. J'ignore qui l'a prononcé et sur quel ton il ou elle l'a prononcé ; de toute façon, il a entendu quelqu'un dire son nom. Il sait que le nom « Édouard » est juste parce qu'il sent que ce nom lui convient. Son système d'orientation est donc auditif : c'est la voie qu'il emprunte pour obtenir des informations bien qu'il soit inconscient de sa démarche. Il prend conscience de son nom auditivement ; en ce moment, son système de représentation est également son système d'orientation. Son système de référence est kinesthésique. Lorsqu'il entend le nom « Édouard » de l'intérieur ou de l'extérieur, il sent que ce nom lui convient.

Images du dialogue intérieur

Parfois, lorsque vous posez une question à quelqu'un, votre interlocuteur la répète mot à mot dans son for intérieur. Bon nombre de personnes ici présentes le font. Je dis : « Bon nombre de gens répètent les mots », et ils se retirent dans leur for intérieur et se disent : « Oui, les gens répètent les mots. »

Avez-vous déjà été en présence d'une personne dont la langue seconde était votre langue maternelle ? Lorsqu'elle entend un mot, cette personne fait habituellement le même mouvement des yeux : elle traduit ce mot intérieurement et vous pouvez observer ce même signal auditif qu'Édouard nous a donné.

Certaines gens mettent une éternité pour répondre à une question, et ce, habituellement parce qu'elles ont une stratégie *consciente* complexe. Je connais un homme qui avait une stratégie fascinante. Je lui ai demandé : « Quand avez-vous fait la connaissance de Jean ? » Il s'est retiré dans son for intérieur et il m'a dit : « Quand ai-je fait la connaissance de Jean ? Hum, voyons un peu. » Il a levé les yeux et il s'est fabriqué une image de Jean. Il a ensuite regardé à gauche et il a rapidement visualisé tous les endroits qu'il pouvait se rappeler, jusqu'à ce qu'il en ait trouvé un qui lui semblait familier. Il a nommé cet endroit auditivement, puis il s'est vu me communiquer le nom de cet endroit et il s'est imaginé son allure pendant qu'il me parlait. Il se sentait suffisamment en sécurité pour passer à l'action et le faire ; et il s'est dit : « Vas-y, dis-le. »

Nous avons un ensemble de procédés plus sophistiqués que nous appelons : l'épuration. Vous pouvez vous en servir pour examiner la structure d'une stratégie et l'épurer, c'est-à-dire éliminer les étapes superflues ou redondantes. Vous examinez une stratégie, en identifiez les méandres, les éléments limitatifs et les problèmes, vous l'épurez ; vous en faites un programme efficace qui vous procure les résultats que vous désirez.

Prenons un exemple en situation de thérapie. Un client vient vous consulter. Il vous parle de son problème : il est très jaloux. Il vous dit : « Je... je suis... (il lève les yeux et regarde sur la droite), euh, je suis (il baisse les yeux et regarde sur la gauche), je me répète que c'est insensé, que je n'ai aucune raison d'être jaloux ; mais c'est un fait, je suis jaloux. » Il commence à chercher des renseignements visuellement ; il se fabrique une image de son épouse qui adopte un comportement désagréable à son égard, et qui fait quelque chose d'agréable avec quelqu'un d'autre que lui. Il éprouve alors ce qu'il éprouverait si cet incident se produisait dans cette pièce à ce moment-là. Il éprouve les sentiments qu'il éprouverait s'il était à l'endroit où se trouve son épouse. Ce sont là tous les éléments dont il est habituellement conscient. Il appelle ces sensations « jalousie ». C'est son système de représentation kinesthésique. Il s'oriente visuellement, se fait une représentation kinesthésique et son système de référence auditif l'incite à conclure qu'il n'a pas raison d'éprouver ces sensations. Il se sert donc des trois systèmes de différentes façons.

Établir une relation d'après la représentation

Une participante : Sous-entendez-vous que si vous vouliez aider ce client à résoudre son problème, vous établiriez des liens entre son système de sentiments et son système de représentation ?

Tout dépend des résultats que vous voudriez obtenir. Nous soutenons que dans le domaine de la communication les erreurs n'existent pas ; il n'y a que des résultats produits. Pour répondre à votre question, nous devrons tout d'abord vous demander de nous décrire les résultats que vous voudriez obtenir. Si vous désirez créer une relation avec votre client, vous aurez avantage à lui refléter son système de représentation que ses prédicats vous décrivent. Admettons qu'un client entre dans votre cabinet de travail et vous dise : « Je suis vraiment jaloux, oui monsieur, vous me comprenez ; ça m'embête et je ne sais vraiment que faire. » Vous pourriez lui répondre : « Je tenterai de vous aider à reprendre la situation en mains ; je pense que vous y avez droit. Examinons la situation de très près et mettons-y du cœur de façon que nous arrivions à bien comprendre ce qui se passe. » Vous auriez alors franchi la première étape du processus ; vous seriez entré en relation avec votre client. Par contre, vous ne créeriez pas une relation consciente avec votre client si vous lui adressiez ces mots : « J'essaierai de vous aider à acquérir une meilleure perspective de vos sentiments. » Vous créeriez peut-être une relation *inconsciente*, qui est en fait la plus importante.

Si vous pouviez observer chez ce client les signaux de voies d'accès à son expérience lorsqu'il vous parle de son problème de jalousie, vous auriez toutes les informations nécessaires pour comprendre sa démarche. Pourtant, bien que les gens comprennent que ce type de phénomènes se produisent vraiment, ils ne vous enseignent pas de *nouvelles* façons de procéder. Le thérapeute qui essaie de vous aider à rendre vos images plus justes s'en tient au contenu et votre fonctionnement demeure intact. Bien peu de gens essaient de modifier la structure du processus. Ils essaient tout simplement de rendre le contenu « plus juste » ou « plus malléable ». Autrement dit, tout va bien tant et aussi longtemps que le contenu analysé demeure le même ; qu'un contenu différent fasse cependant surface et voilà ces clients de nouveau troublés.

Votre mode de motivation personnelle peut être structuré de la même manière que votre expérience de la jalousie : vous vous faites une image de ce que vous désirez et de ce qui vous est agréable et vous vous trouvez des moyens de concrétiser cette image. Ainsi, vous continuerez de cette façon même si elle est très désagréable jusqu'au jour où vous vous formulerez un nouveau mode de fonctionnement. Même la stratégie la plus moche vaut mieux que l'absence totale de stratégie.

Information exacte et renseignements utiles

Un participant : Quelle différence y a-t-il entre les deux hémisphères du cerveau en ce qui a trait à la main dominante et à l'œil dominant ?

Chaque fois que nous animons un stage de formation, un participant nous pose cette question. Autant que je sache, personne n'a prouvé à la suite de recherches que nous avons un œil dominant. Vous ne trouverez aucun compte rendu de recherche solide ou valable qui aille dans ce sens. Et même si on avait réussi à prouver cette hypothèse, j'ignore à quel point ces données pourraient être pertinentes en matière de communication personnelle ; et je ne trouve pas cette question particulièrement intéressante. Vos yeux sont divisés en deux parties et les deux moitiés de chaque œil sont reliées chacune à un hémisphère différent du cerveau. À la suite de calculs statistiques, on a établi qu'il existe une tendance prononcée à employer un œil plus que l'autre lorsqu'on se sert d'un microscope ; cependant, j'ignore toujours *l'usage* que nous pourrions faire de ces données actuellement.

Le même participant : Que se passe-t-il lorsque quelqu'un voit nettement mieux d'un œil que de l'autre ? Par exemple, quelqu'un qui est presque aveugle d'un œil et qui voit très bien de l'autre ? Existe-t-il une corrélation entre ce phénomène et la main dominante ?

Je l'ignore. Je n'en sais vraiment rien. Je n'ai jamais encore remarqué que ce principe structurel était utile en matière de communication. Si vous aviez des informations à ce sujet, j'aimerais que vous m'en fassiez part.

Le même participant : À votre avis, à quel âge un être humain a-t-il vraiment une main dominante ?

Je l'ignore. Je n'ai aucune hypothèse à ce sujet. Les linguistes soutiennent que l'être humain a une main dominante à quatre ans et demi. Je n'ai aucune information qui me permette de démontrer le bien-fondé de cette hypothèse. Je sais que cette dimension de l'expérience humaine existe dans l'univers. Je n'ai jamais pu la relier de façon utile au processus de la communication. Dans cette pièce, il y a un nombre infini de stimuli sensoriels à votre disposition. Et nous choisissons constamment parmi ceux-ci sans nous en rendre compte ; nos choix sont inconscients. Si nous ne choisissions pas de cette façon, nous serions tous de « stupides savants » qui ne pourraient rien oublier, qui ne pourraient pas *ne pas* savoir quelque chose. Lorsque vous posez une question à de tels types, ils se sentent obligés de vous communiquer toutes les informations qu'ils ont recueillies à ce sujet depuis le début de leur vie.

L'ensemble des approches thérapeutiques repose sur un postulat : lorsque vous comprenez comment les choses se sont passées, lorsque vous découvrez les racines du problème à résoudre, vous avez un point de départ et vous pouvez commencer à changer la situation. À mon avis, ce postulat est juste ; il est aussi limitatif. En effet, c'est là une façon de procéder pour changer ; il existe en fait *un nombre infini de moyens* de comprendre le comportement d'un individu, et celui-ci en est un parmi tant d'autres. Autant que je sache, l'âge auquel un être humain a définitivement une main dominante n'a aucune signification au niveau du processus de la communication ou de la thérapie, sauf si vous vouliez vraiment amener un enfant à changer de main dominante.

Je me suis servi du concept de la main dominante une seule fois : dans un cas de bégaiement. Je voulais alors aider un enfant à disposer d'un plus grand nombre de possibilités. J'avais tout simplement remarqué qu'il pouvait exécuter une tâche et me la décrire ensuite lorsque je lui demandais de l'accomplir avec une seule main, peu importait la main que je choisissais, et lorsqu'il n'avait pas besoin de parler en travaillant. Lorsqu'il devait parler tout en exécutant la tâche, ou lorsqu'il devait se servir de ses deux mains, ce qui requérait un inversement au niveau des hémisphères du cerveau, il éprouvait de la difficulté à travailler.

Épeler à l'oreille ou à l'œil

Même en très bas âge, les enfants ont des signaux d'accès à leur expérience ; et il est utile d'observer les enfants et d'enregistrer ces informations. Depuis quelques années, on donne très souvent à des enfants l'étiquette de « difficultés d'apprentissage ». Bon nombre de ces difficultés d'apprentissage reflètent en réalité des problèmes qui existent au sein du système d'éducation. Prenons un exemple : on m'a un jour confié un groupe d'enfants dont on disait qu'ils souffraient d'un « croisement d'hémisphères cérébraux ». On m'a alors expliqué que ce phénomène existait vraiment. On voulait que je détermine si ces enfants avaient des signaux de voies d'accès différents de ceux de l'ensemble de la population enfantine, et le reste. J'ai découvert que tous ces enfants tentaient d'épeler auditivement. Lorsque je leur demandais par exemple : « Épelez-moi le mot "chat", ils se retiraient dans leur for intérieur, baissaient les yeux et regardaient sur la gauche. Je leur ai demandé de m'expliquer ce qu'ils faisaient et ils m'ont répondu : "J'écoute les sons." Ils avaient appris à épeler "phonétiquement". Et vous ne pouvez même pas épeler le mot "phonétique" phonétiquement !

Quelqu'un sait-il très bien épeler ? Qui avait l'habitude de gagner les concours d'épellation ? Comment épelez-vous le mot « phénomène » ?

Une participante : Je l'ai vu.

Elle le voit, elle le lit, quelle que soit votre façon d'expliquer son processus. D'accord. Lorsque vous avez visualisé le mot « phénomène », vous savez que l'épellation en était juste. Effacez le « ph » et remplacez-le par un « f » et décrivez-moi ce qui change au niveau de votre expérience lorsque vous voyez un « f » au lieu du « ph ».

La même participante : Ça n'est plus un mot.

Ça n'est plus un mot. Qu'est-ce qui vous amène à dire que ça n'est plus un mot ? Décrivez-moi votre expérience.

La même participante : Ce changement amène le reste du mot à se désintégrer au niveau visuel...

Les lettres se désintègrent littéralement ?

La même participante : Oui, elles se dissolvent et disparaissent.

L'épellation d'un mot s'opère en deux étapes. On doit tout d'abord pouvoir visualiser le mot et disposer d'un système d'évaluation qui permette de vérifier ensuite l'exactitude de l'épellation du mot. Faisons une expérience si vous le voulez bien. Pouvez-vous visualiser le mot « dater » ? Ça va. Gardez-le bien en vue, et mettez un « u » à la place du « a ». Décrivez-moi ce qui se passe.

La même participante : Le mot est devenu « durer » et l'épellation a changé.

Un voisin a-t-il observé ses réactions ? Qu'a-t-elle fait ?

Une participante : Elle a fait la grimace.

Je lui ai dit de mettre un « u » et elle a penché les épaules vers l'avant et renversé la tête vers l'arrière, puis elle a fait la grimace. Ses sensations ont changé, ici, au milieu du torse.

Quelle que soit la langue que nous ayons employée, quels que soient les pays que nous ayons visités, quelle que soit la nature du langage, les gens qui savent bien épeler emploient cette stratégie. Ils évoquent une image passée, visualisent une image déjà vue du mot qu'ils désirent épeler, et ils savent alors que l'épellation qu'ils voient est juste ou erronée ; ils font cette vérification à l'aide d'un système kinesthésique qui se situe au milieu du torse. Toutes les personnes qui disent avoir de la difficulté à épeler n'utilisent pas cette stratégie. Certaines personnes qui ont de la difficulté à épeler des mots en évoquent des images passées pour ensuite vérifier l'épellation auditivement. D'autres se fabriquent des images visuelles des mots et les épellent de façon créatrice.

Enseigner à bien épeler

Nous pourrions donc maintenant nous poser la question suivante : « Comment se fait-il que certains enfants apprennent à épeler visuellement et emploient un mode de vérification kinesthésique, alors que d'autres apprennent à épeler de façons différentes ? » À mon avis, cette question n'est pas aussi intéressante que la suivante : « Comment peut-on enseigner à un enfant qui a de la difficulté en épellation à employer la même stratégie que ceux qui savent très bien épeler ? » Si vous faisiez cela, vous n'auriez jamais besoin d'enseigner à un enfant à épeler. Tout enfant apprendrait automatiquement à épeler correctement si vous lui transmettiez un procédé approprié au lieu de tenter de lui enseigner un contenu.

Un participant : Et les adultes ? Peut-on enseigner ce procédé aux adultes ?

Non. C'est un cas désespéré. (Rires.) Bien sûr, vous pourriez le faire. Permettez-moi de répondre à cette question d'une autre façon. Combien de participants savent qu'ils fonctionnent visuellement ? Qui peut le visualiser ? Combien de participants croient qu'ils fonctionnent vraiment à l'aide d'un processus kinesthésique ? Combien croient qu'ils fonctionnent auditivement ? En réalité, vous faites *tous tout* ce dont nous parlons en ce moment, et *en tout temps*. La seule question que nous devrions nous poser est la suivante : de quel pourcentage de notre complexe processus intérieur prenons-nous conscience ? Tous nos sens captent constamment des informations ; nous ne sommes par contre conscients que d'une portion de ces informations.

Chapitre III

CAPTER L'AUTRE

Introspection et extrospection

Durant la pause, les gens qui participent à ce type de stage de formation tentent de déterminer qui ils « sont » (comme s'ils étaient une seule chose), pour ainsi définir très précisément leur pathologie. Ils essaient de « se définir » au lieu de se servir des informations reçues pour comprendre qu'ils disposent d'autres options. Certains participants viennent me voir en disant : « Je suis vraiment confus quand je réfléchis à cette théorie de la représentation parce que je me vois fonctionner au niveau des *sentiments*. » Lorsque vous y pensez bien, vous savez que cette affirmation est très sérieuse. Je l'ai sans doute entendue au moins cent cinquante fois. Qui a déjà entendu une telle affirmation ce matin ? Au lieu de vous imaginer que vous fonctionnez visuellement, ou kinesthésiquement, ou auditivement, dites-vous que ce que vous faites le mieux correspond au système que vous avez déjà développé et affiné. Et rendez-vous bien compte que vous pourriez consacrer temps et énergie à développer vos autres systèmes, à les affiner tout autant, à les rendre aussi nets et aussi créateurs que le système que vous avez jusqu'ici affiné le mieux. Les étiquettes sont des pièges ; et vous pourriez stabiliser une partie de votre comportement qui entre dans la catégorie X pour vous permettre de commencer à développer vos aptitudes dans les catégories Y et Z.

Je voudrais maintenant vous prévenir d'un autre danger. En psychothérapie, la majorité des thérapeutes du comportement s'entêtent à se servir inconsciemment d'un phénomène que Freud a rendu très populaire ; on appelle ce phénomène l'introspection. L'introspection, c'est la démarche de l'individu qui apprend quelque chose au sujet du comportement humain et l'applique à sa propre situation. Je voudrais vous demander de ne pas faire de l'introspection à partir des informations que nous vous communiquerons parce qu'alors vous tourneriez tout simplement en rond. Prenons un exemple : parmi ceux qui peuvent facilement visualiser quelque chose, quels sont ceux qui savent ce dont ils auraient l'air s'ils ne visualisaient pas ?

Si vous faisiez cela, vous auriez la sensation de tournoyer. Durant l'activité, quels sont ceux qui ont prêté attention aux sensations que leurs yeux leur procuraient lorsqu'ils les levaient ou les baissaient ? Cette prise de conscience est un parfait exemple d'introspection, une démarche qu'il est inutile de faire dans notre contexte. Nos outils de travail servent surtout à faire de l'*extrospection,* à vivre des expériences sensorielles. Nous pouvons observer certains phénomènes chez les autres. Si vous les appliquiez à votre propre cas, vous seriez tout simplement plus confus.

Phénomène culturel ou universel ?

Un participant : Est-ce que ce phénomène des signaux de voies d'accès s'avère aussi valable dans d'autres cultures ?

Nous connaissons un seul groupe qui soit structuré différemment d'une façon caractéristique : les Basques qui vivent dans les Pyrénées au nord de l'Espagne. Ils ont des processus très inhabituels et ce phénomène semble être génétique et non pas culturel. En Amérique du Nord et en Amérique du Sud, en Amérique centrale, en Europe, en Europe de l'Est, en Afrique, sur tous les continents que nous avons visités, l'ensemble de la population manifeste le même processus. Il s'agit peut-être d'une déformation neurologique intégrée au système nerveux de la race humaine.

Une participante : Les personnes ambidextres présentent-elles des processus différents ?

Elles présentent plus de variantes des processus d'ensemble que ce que nous vous avons décrit. Certains ambidextres ont par exemple une visualisation inversée alors que leurs processus auditifs et kinesthésiques *ne* le sont *pas*, ou vice versa.

Un phénomène me fascine beaucoup. Dans notre culture, les « génies » gauchers ou ambidextres sont proportionnellement plus nombreux que les « génies » droitiers. Les personnes dont le fonctionnement cérébral est différent de celui de l'ensemble de la population offrent nécessairement un rendement plus innovateur et différent. Parce qu'elles ont un fonctionnement cérébral différent, elles ont des aptitudes naturelles que les droitiers « normalement structurés » n'ont pas automatiquement.

Une participante : Un peu plus tôt, vous avez parlé des enfants qui avaient de la difficulté en épellation parce qu'ils essayaient d'épeler auditivement, et vous avez alors souligné qu'on pourrait leur enseigner à épeler visuellement. Et vous nous dites maintenant que la personne ambidextre ou celle qui fonctionne auditivement a des aptitudes particulières qui la rendent unique. Je voudrais donc savoir s'il vaut vraiment la peine de consacrer temps et énergie à amener ces enfants à faire plus facilement la même chose que tout le monde puisque ce faisant, j'accaparerais leur temps et je les empêcherais de faire ce qu'ils savent bien faire.

Élargir son répertoire

Lorsque j'enseigne à un enfant à épeler facilement, je ne lui enlève rien. Différentes options ne s'excluent pas les unes les autres. Bien des gens ferment les yeux pour prendre conscience des sentiments qu'ils éprouvent ; c'est là une simple constatation de leur mode de fonctionnement. Nous ne sommes pas tous obligés de fonctionner de cette façon. Je peux garder les yeux ouverts et éprouver toutes sortes de sentiments. Et je peux offrir des options *supplémentaires* à une personne ambidextre ou gauchère dont le fonctionnement est différent sans détruire les options dont elle dispose déjà. C'est la caractéristique de notre rôle de formateurs. Nous présumons que vous êtes tous compétents et que vous avez déjà réussi jusqu'à un certain point puisque vous êtes ici et que vous avez payé d'avance vos frais de scolarité. Nous respectons toutes les options qui existent et toutes les aptitudes. Nous nous disons ceci : « Parfait ! Tentons maintenant d'ajouter des options à celles dont vous disposez déjà, de façon que vous ayez un répertoire plus vaste. » Les mécaniciens n'ont-ils pas un coffre d'outils bien garni ?

Nous soutenons que vous vous servez de *tous les systèmes en tout temps*. Dans un contexte déterminé, vous êtes plus conscients d'un système que des autres. Je présume que lorsque vous faites du sport ou lorsque vous faites l'amour, vous êtes conscients d'une foule de sensations kinesthésiques. Et lorsque vous allez au cinéma ou lisez le journal, vous êtes conscients d'une foule de stimuli visuels. Et vous pouvez passer d'un système à l'autre. Il y a des indices propres au contexte qui vous permettent de passer d'une stratégie à une autre, d'en modifier l'ordre. Il n'y a aucune règle universelle obligatoire.

Il y a même des stratégies de créativité puisque vous pouvez créer de différentes façons. Une agence de publicité a fait appel à nos services il y a quelque temps. Nous avons « copié » la psychologie des employés les plus créateurs. Nous avons identifié la stratégie de création d'une réclame publicitaire utilisée par une personne vraiment créatrice et nous avons enseigné aux autres employés de l'agence à l'employer au niveau inconscient. Ceux-ci ont alors préparé des réclames publicitaires innovatrices du même type ; le contenu de chacune était par contre tout à fait unique. Et pendant que nous leur enseignions cette stratégie, un participant a proposé une modification qui l'a rendue encore plus efficace.

La grande majorité des gens disposent d'un nombre limité de stratégies pour leurs activités. Ils emploient les mêmes stratégies, peu importe ce qu'ils font ; ils sont donc compétents dans certains domaines, et incompétents dans d'autres. Nous avons découvert que la grande majorité des gens appliquent trois ou quatre stratégies fondamentales. Une personne vraiment polyvalente en applique peut-être une douzaine. Et croyez-nous, même si nous limitions le nombre d'étapes d'une stratégie à quatre, il existerait plus de mille options !

Nous affirmons que vous pouvez faire tout ce dont un être humain est capable. Il suffit pour cela de demander les services d'un formateur compétent dans le domaine des expériences sensorielles. Celui-ci observera ce que la personne talentueuse fait, et non ce qu'elle dit qu'elle fait, et formulera sa démarche de façon qu'elle puisse l'assimiler.

Choix conscients et inconscients

Un participant : J'ai finalement saisi que votre objectif thérapeutique consiste à présenter à un client un nouvel enchaînement de réactions qu'il peut choisir d'appliquer, au lieu de l'amener à faire des prises de conscience.

Je suis d'accord avec vous à la condition que vous vouliez aussi parler des choix inconscients. Notre travail repose sur plusieurs présuppositions. La suivante s'avère en ce moment pertinente : choisir vaut mieux que de ne pas choisir. Et lorsque je parle de choix, j'entends choix conscients et choix inconscients. J'imagine que vous savez tous ce qu'est un choix conscient. Les choix inconscients sont constitués par la souplesse de mon comportement, c'est-à-dire que toutes les variantes me permettent d'obtenir ce que je veux. Si je faisais face à la même situation à plusieurs reprises, je pourrais m'apercevoir que ma réaction varie d'une fois à l'autre et me rendre compte que chaque réaction me permet d'obtenir ce que je recherche ; et je pourrais conclure que je fais des choix inconscients.

Par contre, si vous réagissez de la même façon chaque fois que vous êtes dans le même contexte, et si vous n'aimez pas votre réaction, cela signifie que vous ne choisissez probablement pas du tout. À mon avis, il importe que vous vous posiez une question : quelle structure, et il en existe une foule, vous amène à vivre cet état dans lequel vous ne choisissez pas ? Quelles étapes devriez-vous franchir pour modifier cette structure ? Nous vous présenterons plusieurs façons différentes de procéder.

Nous vous offrons des types d'informations universelles pour notre espèce, dont certaines personnes sont inconscientes. Vous avez besoin de ces outils de travail parce qu'ils ont trait aux processus inconscients et aux composantes de la personne dont vous devez tenir compte pour aider vos clients à changer efficacement. Les composantes conscientes de la personne travaillent déjà de leur mieux. Elles sont utiles et nous aident à nous tenir debout ; par contre vous avez maintenant besoin de vous intéresser aux autres composantes de la personne.

Ne vous laissez pas absorber par les termes « conscient » et « inconscient ». (Ils ne sont pas réels.) Ils nous servent tout simplement pour décrire des événements ; cette démarche nous est utile dans le contexte de ce que nous appelons le changement thérapeutique. Le mot « conscient » qualifie ce dont vous prenez conscience à un moment précis. Et le mot « inconscient » qualifie tout le reste.

Vous pouvez naturellement faire des distinctions plus subtiles. Il y a des types d'informations inconscientes dont vous pouvez facilement prendre conscience. Je vous demande par exemple : « Comment se porte votre oreille gauche ? » Jusqu'à ce que vous m'ayez entendu vous poser cette question, vous n'étiez pas conscient de votre oreille gauche. Lorsque vous avez entendu la question, vous avez pu prendre conscience des sensations proprioceptives que vous éprouviez dans votre oreille gauche, informations dont vous étiez auparavant inconscient. Je vous dis : « De quelle couleur étaient les chaussures de la jardinière d'enfants lorsque vous êtes allé à la maternelle pour la première fois ? » Vous avez emmagasiné ces informations quelque part. Pour en reprendre conscience par contre, vous devrez y mettre plus de temps et d'énergie que lorsque vous avez tenté de répondre à la question précédente. Il y a donc différents niveaux d'accès aux informations inconscientes.

Un client entre dans votre cabinet de travail et vous dit : « Aidez-moi. Je veux effectuer un changement maintenant. J'ai mal. J'ai un problème. Je veux être différent. » Vous pourriez présumer que cette personne a déjà tenté de changer, qu'elle a épuisé les ressources dont elle peut prendre conscience et qu'elle a échoué sur toute la ligne. Pour intervenir efficacement, vous devrez disposer de procédés de communication qui vous permettront d'établir un bon rapport avec ses ressources inconscientes ; vous avez besoin de ce rapport pour l'aider à effectuer des changements. Si vous vous limitez aux ressources conscientes de cette personne qui vient vous consulter, vous entreprendrez une démarche interminable, fastidieuse et fort probablement inefficace.

Apprendre par l'inconscient

Incidemment, durant ce stage, vous ne pourrez absolument pas entendre consciemment tout ce que nous dirons puisque nous verbaliserons à un rythme assez rapide. Nous cherchons volontairement et systématiquement à surcharger vos ressources conscientes. Nous savons que les apprentissages et les changements s'opèrent au niveau inconscient ; nous voulons donc nous adresser à votre inconscient. L'élément de votre fonctionnement qui est responsable de quatre-vingt-quinze pour cent de vos apprentissages et de vos habiletés est ce que nous appelons votre inconscient. Celui-ci représente tout ce dont vous n'êtes pas conscient à un moment déterminé. Je veux m'adresser directement à cette composante et lui demander de prendre en note tout ce qui se passe ici, surtout ce que nous n'expliquerons pas consciemment et qu'il lui paraîtrait utile de retenir pour vous, en particulier ce qui est en rapport avec votre travail de professionnel de la communication. Vous pouvez aussi, bien entendu, vous détendre au niveau conscient et jouir de votre expérience durant ce stage.

« Et puis quoi ? » suis-je tenté de commenter. Vous avez tous déjà identifié des signaux de voies d'accès et des systèmes de représentation. À quoi vous serviront ces informations ?

L'effet des gestes sur la représentation mentale

Je peux me servir de ces informations pour m'adresser à vous au niveau inconscient sans que vous preniez conscience de quoi que ce soit. Je peux employer des termes vagues : « comprendre » et « croire » par exemple, choisir une voie sensorielle que j'emprunterai pour que vous « compreniez » et vous transmettre mon choix de façon non verbale. Je pourrais par exemple vous dire : « Je veux m'assurer que vous *comprenez* bien (il baisse le bras et le pointe sur la gauche de l'auditoire) ce que nous avons fait jusqu'à maintenant. » Mon geste vous suggère au niveau inconscient que je désire que vous compreniez auditivement.

Vous pouvez aussi vous servir de ces informations pour interrompre le processus d'accès d'un individu. Fabriquez-vous tous une image visuelle ; identifiez ce qui se produit à la suite de mon intervention. (Il fait un arc au-dessus de sa tête avec ses deux bras.) Mon geste efface toutes les images, n'est-ce pas ?

À des milliers de reprises durant votre vie, vous dites quelque chose à quelqu'un ou vous lui posez une question et il vous répond : « Hum, attendez un peu » ; il se retire dans son for intérieur et se fabrique une image visuelle. Lorsque quelqu'un se retire dans son for intérieur de cette façon, il ne peut pas prêter attention aux stimuli extérieurs. Admettons par exemple que vous et moi participions à une conférence ou à une réunion administrative et que nous soyons d'opinions diamétralement opposées sur une question donnée. Je parle le premier et je tente fermement de faire valoir mon point de vue dans l'espoir que vous me comprendrez. Lorsque je vous ai présenté une certaine quantité d'informations, commence à prendre forme votre compréhension intérieure de ce qui se passe. Vous levez les yeux et commencez à percevoir des images, ou vous baissez les yeux et entreprenez un dialogue intérieur, ou vous prenez conscience de vos sensations et de vos sentiments. Quel que soit l'état intérieur que vous choisissiez, il est important que je fasse une pause et que je vous permette d'examiner ces informations. Si mon débit est trop rapide et que je continue de parler à ce moment-là, je risque de vous confondre et de vous irriter.

Lorsque je me rends compte que vous ne me regardez plus, je me dis habituellement que vous ne m'écoutez pas ou que vous me fuyez. Et habituellement, en situation de stress durant une réunion, j'accélère, je parle plus vite et plus fort pour vous forcer à me prêter attention et à comprendre mon opinion. Vous avez l'impression d'être attaqué et vous réagissez parce que je ne vous donne pas le temps de saisir le contenu de ma communication. Lorsque je joue le rôle de « facilitateur » durant une réunion, je peux toujours identifier le moment où la personne qui écoute se retire dans son for intérieur pour avoir accès à son expérience et je peux alors interrompre l'émetteur ou le distraire. Le récepteur a alors le temps d'examiner la situation et de comprendre ce qui se passe comme il a besoin de le faire, et de décider qu'il est d'accord avec l'émetteur ou qu'il ne l'est pas.

Prenons un autre exemple : si vous pouvez identifier le système d'orientation et le système de représentation d'une personne, vous pouvez lui présenter les informations d'une façon qui les lui rendra irrésistibles. Imaginez-vous que vous effectuez ce changement. Pendant que vous vous voyez faire cette démarche, éprouvez-vous ces sentiments de réalisation personnelle et de réussite ? Vous dites-vous : « Ah, ce sera une vraie réussite » ? Si votre fonctionnement habituel reflète cet enchaînement : images fabriquées, sentiments, commentaires auditifs, vous trouverez exacte ma description.

S'adapter à la conception de l'autre

J'ai déjà enseigné les mathématiques à l'université ; mes étudiants étaient très peu informés en la matière. Et tout compte fait, je leur ai enseigné les mathématiques comme s'il s'agissait d'une langue seconde. Ces étudiants du département de linguistique comprenaient très bien le fonctionnement d'un système linguistique ; par contre, ils ne comprenaient pas le système mathématique. Au fond, ces deux types de systèmes comportent un niveau d'analyse commun. Je n'ai donc pas enseigné à mes étudiants à réfléchir aux concepts mathématiques ni à y réfléchir à la façon d'un mathématicien. J'ai plutôt exploité une notion qui leur était plus familière, celle de syntagmatique, et je leur ai enseigné que les symboles mathématiques équivalaient tout simplement à des mots. De même que certains enchaînements de mots forment des phrases bien structurées en linguistique, de même en mathématiques certains enchaînements de symboles forment des ensembles bien structurés. J'ai fait en sorte que mon approche reflète leur conception du monde au lieu d'exiger qu'ils soient flexibles et acceptent la mienne. Il s'agit là d'une façon de procéder.

Flexibilité d'approches

Lorsque vous employez cette approche, vous rendez évidemment service à vos interlocuteurs puisque vous leur présentez des informations d'une manière qui les aide à les saisir. Cependant, vous leur rendez également un mauvais service parce que vous renforcez leurs modes d'apprentissage rigides. Vous avez tout avantage à comprendre les résultats des différentes approches que vous pouvez choisir d'employer pour transmettre des informations. Si vous désirez rendre véritablement service à vos interlocuteurs et les stimuler à évoluer davantage, il vaut mieux que vous vous serviez de leur mode de fonctionnement et que vous leur enseigniez à faire se chevaucher deux modes différents, de façon à développer une démarche d'apprentissage plus flexible. Si vous êtes sensible à ces données et si vous avez cette aptitude, vous serez un enseignant exceptionnel. Si vous pouvez aider vos « étudiants » à vivre une telle expérience, ils acquerront deux stratégies d'apprentissage. Ils pourront ensuite aller travailler avec un autre professeur qui ne sera pas sensible à ces dimensions de la communication et s'adapter à son style d'enseignement parce qu'ils seront plus flexibles.

Une foule d'enfants ont des difficultés d'apprentissage à l'école pour la simple et unique raison que leur système de représentation primaire ne correspond pas à celui de l'enseignant. Et lorsque ni l'enfant ni l'enseignant n'est souple et ne peut s'adapter, l'enfant n'apprend rien. Grâce aux informations dont vous disposez maintenant au sujet des systèmes de représentation, vous pouvez comprendre pourquoi les enfants peuvent avoir des « problèmes pédagogiques » une année et très bien réussir l'année suivante parce qu'ils sont dans la classe d'un autre enseignant. Vous pouvez aussi comprendre pourquoi un enfant qui réussit très bien en dictée et en mathématiques peut avoir beaucoup de difficulté en littérature et en histoire.

Correspondance des systèmes de représentation dans un couple

Vous pouvez aussi aider deux conjoints à comprendre leurs systèmes de représentation respectifs. Admettons par exemple que le mari ait un système de représentation kinesthésique. Lorsqu'il rentre chez lui à la fin d'une journée de dur labeur, il veut être à l'aise. Il s'assoit dans la salle de séjour, d'un coup de pied enlève ses bottes ; il se sert un verre et prend son journal, il s'affale dans son fauteuil et allonge les jambes. Son épouse qui a un système de représentation visuel entre dans la pièce. Elle a travaillé ferme toute la journée durant et elle a nettoyé la maison pour la rendre accueillante et pour montrer à son mari qu'elle le respecte vraiment. Lorsqu'elle aperçoit le désordre qu'il a créé, elle se fâche. Il se plaint et soupire : « Elle me suit partout et je ne peux jamais m'installer à mon aise. C'est mon chez-moi ! Je veux me détendre. » Et elle lui dit : « Ce que tu es négligent ! Tu crées un tel désordre. Un vrai capharnaüm. Lorsque j'aperçois un tel désordre, je sais que tu ne me respectes pas. »

En consultation, Virginia Satir tente parfois de trouver la contrepartie kinesthésique de récriminations à teneur visuelle, et vice versa. Vous pourriez donc regarder le mari et lui dire.

Traduire dans le langage de l'autre

« Vous ne comprenez pas ce qu'elle dit, n'est-ce pas ? Vous ne savez vraiment pas ce qu'elle vit. S'est-elle déjà mise au lit avant vous pour regarder une émission de télévision tout en mangeant des croustilles ? À votre tour, vous vous êtes mis au lit pour vous rendre tout à coup compte que vous étiez couvert de miettes de croustilles. Saviez-vous que c'est exactement ce qu'elle vit lorsqu'elle entre dans la salle de séjour et aperçoit toutes les choses que vous avez éparpillées un peu partout ? »

Personne n'a tort ; personne ne blâme qui que ce soit. Vous ne dites pas à votre client : « Vous avez tort » ni « Vous êtes stupide » ; rien de tel. Vous lui dites : « Voici la contrepartie que vous pouvez comprendre à l'aide de votre système de représentation. »

Il s'exclame : « Écoutez, en public, lorsque je veux lui montrer mon affection, elle fige toujours sur place, puis elle me repousse. » Elle ajoute : « Il exagère toujours lorsque nous sommes en public. Il me tripote sans arrêt ! » Il veut tout simplement être affectueux. Elle a besoin de *voir* ce qui se passe. Il se plaint qu'elle recule et qu'il tombe alors à plat ventre. Il lui tend la main, et puis rien. Vous trouvez une contrepartie et vous dites à son épouse : « Avez-vous déjà eu besoin d'aide ? Avez-vous déjà voulu qu'on vous aide, éprouvé le besoin d'avoir quelqu'un à vos côtés, quelqu'un qui puisse vous donner un coup de main, alors qu'au fond vous aviez vraiment l'impression d'être en plein désert parce que vous ne pouviez voir personne, nulle part ? Vous n'aperceviez personne et vous étiez complètement seule. Saviez-vous que c'est ce qu'il ressent lorsqu'il s'approche de vous, vous tend la main pour vous voir reculer ? »

Peu importe que ces exemples soient tout à fait exacts. Contentons-nous de dire que vous pouvez appliquer ce principe, en identifiant les systèmes de représentation des individus et en les faisant chevaucher pour trouver des contreparties. Même les compagnies d'assurances les plus importantes ont adopté un principe qui découle de cette approche : la politique de la non-culpabilité. Les thérapeutes qui font de la consultation familiale ou conjugale devraient de toute évidence adopter ce principe et savoir l'appliquer concrètement.

Je me recule et je permets à l'épouse de visualiser ce que je lui ai dit ; je m'approche du mari et j'établis un bon contact physique avec lui. Au métaniveau inconscient, la démonstration est la suivante : *chez elle, je peux provoquer les réactions qu'il aimerait provoquer ; et chez lui, je peux provoquer les réactions qu'elle adorerait provoquer.* Nous n'en parlons jamais ; tout cela se passe au niveau inconscient. Je modèle leur comportement et ils adopteront par la suite les types de comportements dont je leur ai fait la démonstration et qui leur permettront de communiquer efficacement. C'est là une autre façon d'entrer en contact avec un individu et d'établir un rapport pour ensuite faire se chevaucher les systèmes de représentation et enseigner aux personnes impliquées à communiquer plus efficacement.

Stratégie de prise de décision

Les systèmes de référence sont également importants. Admettons qu'un client vienne vous voir et vous dise : « Je ne sais pas ce que je veux. » Il vous dit en fait qu'il n'a pas de système de référence. Tout récemment, durant un stage de formation, une participante nous a dit qu'elle avait beaucoup de difficulté à choisir ce qu'elle allait manger lorsqu'elle lisait un menu dans un restaurant. Elle n'avait aucune base sur laquelle prendre une décision. Elle nous a expliqué qu'il en était toujours ainsi ; elle ne réussissait jamais à prendre une décision et elle se sentait toujours insatisfaite. Nous avons donc préparé une stratégie de prise de décision à son intention. Nous lui avons dit : « Très bien. Lorsque vous voudrez prendre une décision, retirez-vous dans votre for intérieur et expliquez-vous la décision que vous devez prendre, quelle qu'elle soit. Admettons que vous soyez au restaurant ; vous vous diriez alors : "Tu dois prendre une décision au sujet de ce que tu mangeras." Prenez ensuite conscience de votre vécu sensoriel et identifiez vos choix. Autrement dit, lisez le menu. Lorsque vous lisez "croque-monsieur" sur le menu, fabriquez-vous une image d'un croque-monsieur, imaginez-vous-en le goût et décidez si ce mets vous plaît ou non à ce moment-là. Lisez ensuite "omelette au fromage", fabriquez-vous une image d'une omelette au fromage, imaginez-vous-en le goût et décidez si ce mets vous plaît ou non à ce moment-là. » Après que cette femme eut effectué cette démarche à quelques reprises, elle s'est retrouvée avec un procédé de prise de décision ; elle commença à prendre toutes sortes de décisions plus rapidement qu'avant, et ce, inconsciemment.

Elle put prendre des décisions facilement comme quelqu'un qui conduit sa voiture « tout naturellement ». La démarche devient inconsciente. Au niveau conscient, nous nous soucions de ce que nous ne savons pas très bien faire. Lorsque nous savons très bien faire quelque chose, nous le faisons mécaniquement.

Accès aux expériences olfactives

Un participant : Nous nous posions des questions sur les voies d'accès aux odeurs. Nous avons fait quelques expériences et nous avons découvert que les gens perçoivent les odeurs tout d'abord au niveau visuel ; ils voient une image de l'objet et ils prennent ensuite conscience de leurs odeurs.

Il n'en va pas toujours ainsi. Vous avez fait la démarche que vous nous avez décrite. Vous nous avez dit : « Nous avons découvert que les gens... » et vous nous avez ensuite décrit votre vécu. De nos jours, une foule de thérapeutes ont cette tendance à mon avis. Thomas Szasz disait : « Toute la psychologie est biographique ou autobiographique. » La grande majorité des gens sont leur propre thérapeute ; ils ne sont pas en thérapie avec quelqu'un d'autre. Maintenant, en réponse à votre intervention, j'ajouterai que nous pouvons avoir accès à nos expériences olfactives de plusieurs façons. Vous observerez par contre que lorsque nous « accédons » aux odeurs, nous nous ouvrons les narines. Il s'agit là d'un signal essentiellement sensoriel, au même titre que les mouvements des yeux dont nous avons parlé, et ces signaux vous informent de l'expérience de quelqu'un. Nous prenons peut-être accès tout d'abord visuellement, kinesthésiquement ou auditivement, mais nous nous ouvrons toujours les narines.

Tournez-vous vers un voisin ; un partenaire sera A et l'autre sera B. Je demanderai à A d'observer B pendant qu'il répondra à la question que je poserai. Les partenaires A, dégagez vos voies sensorielles et regardez le nez de votre partenaire. Les partenaires B, vous rappelez-vous la dernière bonne bouffée d'ammoniaque que vous avez inspirée ?… En doutez-vous toujours ? C'est une réaction involontaire. Habituellement, lorsque nous nous ouvrons les narines, nous inspirons.

Permettez-moi de vous proposer une autre expérience de ce genre à titre de démonstration. Lorsque vous étiez enfant, vous avez vécu une foule d'expériences. Votre grand-mère vivait peut-être dans sa propre maison qui dégageait des odeurs particulières : un mets qu'elle apprêtait si bien, une couverture, un petit animal en peluche tant chéri, quelque chose que vous affectionniez. Choisissez un objet que vous aimiez lorsque vous étiez enfant et touchez-le, ou parlez-vous de cet objet intérieurement, ou imaginez-vous que vous l'avez dans les mains et que vous le regardez. Lorsque vous le percevrez à l'aide de l'un ou l'autre de ces systèmes, respirez profondément et allez au gré de vos perceptions, où qu'elles vous mènent. Faites cette expérience pendant une minute. C'est là une façon de retrouver des odeurs.

Usage du rêve éveillé guidé

Vous pouvez vous servir de ces informations d'autant de façons que vous saurez en imaginer. Ceux qui adoptent l'approche du rêve éveillé guidé pour aider leurs clients savent sûrement que certaines personnes rêvent automatiquement et bénéficient de cette démarche, et ils savent qu'ils ne songeraient jamais à proposer cette approche à certaines autres personnes. À partir de quels critères prenez-vous cette décision ?

Le savez-vous ? Vous proposez l'approche du rêve visuel éveillé guidé aux clients qui peuvent facilement visualiser. Exact ? Je vous suggère maintenant de faire *le contraire*. Les gens qui visualisent rarement au niveau conscient vivront une expérience bouleversante lorsque vous leur proposerez de faire un rêve visuel éveillé guidé ; cette expérience provoquera des changements importants. Les gens qui visualisent constamment bénéficient beaucoup moins de cette approche. Pour permettre aux personnes qui visualisent *rarement* d'en tirer parti, il vous suffit d'identifier le système qu'elles emploient habituellement, quel qu'il soit, c'est-à-dire le sens dont elles sont habituellement conscientes, d'établir un rapport avec elles et de créer lentement un *chevauchement* de façon à les amener à emprunter le système que vous voulez employer durant le rêve éveillé guidé. Cette expérience sera très intense et beaucoup plus efficace que celle que vivraient les personnes qui visualisent déjà très souvent.

Le chevauchement de plusieurs sens

Lorsque vous pouvez identifier une partie d'une expérience, vous pouvez recréer toute l'expérience. Permettez-moi de vous proposer cette autre expérience : roulez les épaules vers l'avant, fermez-vous les yeux et imaginez-vous que quelque chose ou quelqu'un vous pèse sur les épaules. Identifiez ce que vous éprouvez. Puis, exagérez ces sensations et regardez les images qu'elles suscitent. Qu'est-ce qui fait partie de ces images ? Qui voyez-vous ? Lorsque vous percevrez bien votre image, j'aimerais que vous trouviez un élément de l'image qui est associé à un son quelconque que vous pourriez entendre si cette situation se déroulait vraiment sous vos yeux. Entendez maintenant ce son.

Nous avons appliqué le principe du *chevauchement*. Vous pouvez toujours déterminer l'état de conscience d'une personne à l'aide de ses assertions, faire ensuite se chevaucher cet état et quelque autre dimension du vécu et former cette personne à faire toutes ces choses.

J'en sais quelque chose. Je l'ai fait. Il y a quatre ans, je ne pouvais jamais voir une image. Je ne savais même pas que les gens voyaient des images. J'étais convaincu que les gens se faisaient accroire des choses lorsqu'ils faisaient des rêves visuels éveillés guidés. Je ne savais pas qu'ils voyaient vraiment des images. Et lorsque j'ai compris le processus, je me suis rendu compte qu'il y avait des différences entre les gens. Puis j'ai commencé à tenter de me fabriquer des images. Bien sûr, au début, j'ai essayé de me fabriquer des images à partir de mon dialogue intérieur et de mes sentiments. Les gens qui ont de la difficulté à se créer des images procèdent habituellement de cette façon au tout début. Ils se disent : « Je devrais regarder plus fort », et ils se sentent frustrés. Bien sûr, plus j'entretenais mon dialogue intérieur, plus j'éprouvais des sentiments, et moins je pouvais voir d'images. J'ai dû apprendre à le faire en appliquant le principe du chevauchement : j'ai pris conscience d'un sentiment ou d'un son et je lui ai donné une dimension visuelle.

Vous pouvez vous servir du principe du chevauchement pour enseigner à un client à se servir de tous ses systèmes. C'est d'ailleurs, à mon avis, une aptitude que tout être humain aurait grand avantage à développer. Vous pouvez aussi identifier les systèmes de représentation que vous employez de façon perfectionnée et sophistiquée, et ceux qui vous posent un problème. Vous appliqueriez ensuite le principe du chevauchement pour vous entraîner et pour apprendre à vous servir de tous les systèmes aussi habilement que vous vous servez de celui que vous avez développé davantage.

Admettons par exemple que vous soyez très habile au niveau kinesthésique et que vous ayez de la difficulté à visualiser : admettons que vous puissiez sentir votre bras se tendre, vos doigts toucher à l'écorce de l'arbre. Vous explorez cet objet avec vos mains jusqu'à ce que vous ayez une hallucination kinesthésique. Vous pourrez ensuite voir votre main, puis regarder un peu plus loin que votre main avec votre troisième œil et *voir* l'arbre, son apparence, à l'aide de vos sensations : vous pourrez sentir la rugosité de l'écorce, sa texture, sa température. Si vous visualisez facilement et désirez développer vos aptitudes auditives, vous pouvez visualiser une voiture qui tourne un coin sur deux roues et entendre ensuite le bruit perçant des pneus.

Ton de la voix

Un participant : Un thérapeute né aveugle aurait-il des problèmes particuliers ?

Les signaux visuels d'accès à son vécu représentent un moyen parmi tant d'autres d'obtenir ces informations. Il existe d'autres phénomènes tout aussi intéressants, d'autres processus qui peuvent vous permettre d'obtenir les mêmes informations, et d'autres informations aussi. Le ton de la voix reliée à la voie d'accès visuelle est plus aigu que celui qui accompagne la voie d'accès kinesthésique. Le rythme d'accès visuel accélère graduellement et celui d'accès kinesthésique ralentit. La respiration se situe au niveau des poumons durant l'accès visuel, et au niveau de l'abdomen durant l'accès kinesthésique. Il existe une foule d'indices. Nous n'en donnons qu'un petit nombre à la fois. Vous pouvez prendre conscience de six, sept ou huit types d'informations au maximum à un moment déterminé. Au fond, nous vous disons ceci : « Vous prêtez habituellement attention à certaines dimensions de votre expérience personnelle. Voici un autre type d'expériences et nous vous invitons à en prendre conscience. Et observez les usages très efficaces que vous pouvez en faire. »

Si j'observe le ton de la voix de quelqu'un, les variations de son rythme respiratoire, la modification de la couleur de sa peau sur le dessus de ses mains, je peux obtenir les mêmes informations. Un aveugle peut lui aussi obtenir ces types d'informations de différentes façons. Nous avons découvert que le moyen le plus simple d'apprendre à avoir accès à ces informations sur ce que nous appelons les systèmes de représentation consiste à observer les mouvements des yeux. Nous pouvons facilement enseigner d'autres dimensions du vécu à ceux qui ont développé cette aptitude.

Compenser un handicap

Vous croyez peut-être que le thérapeute aveugle a nécessairement plus de difficulté que les voyants. Soulignons alors que nous sommes tous aveugles à divers degrés. L'individu qui ne peut vraiment rien voir a l'avantage sur la grande majorité des gens qui communiquent : il sait qu'il est aveugle et qu'il doit développer ses autres aptitudes sensorielles pour compenser ce handicap. Il y a quelques semaines par exemple, un homme totalement aveugle participait à notre stage de formation. Un an plus tôt, je lui avais enseigné d'autres moyens de détecter les systèmes de représentation. Il pouvait non seulement les détecter, mais il pouvait également le faire aussi habilement que tous les autres participants qui avaient, eux, l'usage de leurs yeux. La grande majorité des gens que je rencontre sont handicapés du point de vue sensoriel. Une foule d'éléments de leurs expériences leur échappent parce que leur fonctionnement s'effectue en dehors d'un élément qui est à mon avis beaucoup plus important que le laissent croire les « idées préconçues ». Ils fonctionnent en effet indépendamment de leur univers intérieur véritable et essaient tant bien que mal de trouver les éléments extérieurs qui pourraient y correspondre.

Je crois que c'est là un excellent moyen de se créer des déceptions. Voici une excellente recette à l'intention de ceux et celles qui veulent être souvent déçus dans la vie : fabriquez-vous une image de votre univers idéal et tentez ensuite de changer le monde de façon qu'il ressemble à votre image. Vous serez déçus à coup sûr tant et aussi longtemps que le monde ne reflétera pas trait pour trait votre image. Autant que je sache, c'est là une des façons les plus efficaces pour baigner dans une atmosphère de constante déception parce que vous ne réussirez jamais à tout changer pour que le monde soit à votre image.

Observer les gestes

Pour obtenir une foule d'informations au sujet des processus, vous pouvez également observer les programmes moteurs auxquels un individu recourt lorsqu'il réfléchit à une activité quelconque. Prenons un exemple. Anne, pourriez-vous décroiser les jambes et vous asseoir « normalement » ? Merci beaucoup. Je voudrais maintenant vous poser une question pour vous préparer : Conduisez-vous une voiture ? « Oui. » Conduisez-vous habituellement la même voiture ? « Oui. » D'accord. Je voudrais que vous ne verbalisiez pas votre réponse à ma prochaine question. Écoutez la question et recherchez la réponse dans votre for intérieur. La transmission est-elle manuelle ou automatique ? Quelqu'un d'autre a-t-il observé la réponse ? Voudriez-vous essayer de deviner la réponse et vérifier si vous avez raison ou non ?

Un participant : Manuelle.

Comment faites-vous pour le savoir ?

Le même participant : Elle a passé les vitesses. J'ai vu sa main bouger.

Est-ce que ce mouvement vous permet de savoir si la transmission de sa voiture est manuelle ou automatique ?

Le même participant : Manuelle.

Anne, a-t-il raison ? « Non. » Non ; automatique. Quelqu'un d'autre le savait-il ?

Une participante : Moi. J'ai cru que, parce qu'elle est petite, elle ne voudrait pas conduire une voiture à transmission manuelle.

D'accord. Quelqu'un a-t-il trouvé la réponse à l'aide de *données sensorielles* ? Je répondrai moi-même à cette question. Si vous aviez observé ses pieds, vous auriez obtenu réponse à la question. Une des différences qui existent entre un moteur à transmission automatique et un autre à transmission manuelle est que le deuxième comporte une pédale d'embrayage sur laquelle il faut appuyer. Si vous aviez regardé ses jambes, vous auriez vu que les muscles de la jambe droite étaient contractés alors que ceux de la jambe gauche ne l'étaient pas, et vous auriez alors pu répondre à ma question.

Lorsque vous posez une question à quelqu'un au sujet d'un programme moteur, vous pouvez observer les parties du corps dont cette personne devra se servir pour avoir accès aux informations demandées. Les informations que les humains veulent obtenir ne tombent pas des nues ; pour obtenir celles qui sont nécessaires pour pouvoir répondre à une question, ils doivent en prendre la voie d'accès par une représentation quelconque. Et même s'ils emploient consciemment un seul système, ils puisent inconsciemment à tous les systèmes pour recueillir toutes les informations désirées.

Anne : Nous avons deux voitures, une voiture à transmission automatique et une autre à transmission manuelle. Et je conduis les deux. Vous m'avez demandé : « Laquelle conduisez-vous habituellement ? » Si vous m'aviez demandé : « Avez-vous deux voitures différentes ? », et si vous m'aviez ensuite posé une question au sujet d'une voiture en particulier, est-ce que mon programme moteur aurait été différent ? Si j'avais pensé à l'autre voiture, est-ce que mes jambes auraient bougé d'une autre façon ?

Oui. Vous vous servez de votre jambe gauche lorsqu'il y a une pédale d'embrayage. Pensez à ce que vous répondriez à cette autre question. Il y a une porte d'entrée chez vous, à votre appartement ou à votre maison ; peu importe qu'il s'agisse d'une maison où vous demeurerez de nombreuses années ou d'un appartement que vous louez. Lorsque vous voulez entrer chez vous, ouvrez-vous la porte de la main droite ou de la main gauche ? Quelle réponse me donneriez-vous ? Toutes les mains bougent.

Je vous poserai une autre question. Lorsque vous entrez chez vous le soir et que la porte de votre maison est fermée à clé, de quelle main vous servez-vous pour l'ouvrir ? Observez les mains.

Contenu et processus du langage corporel

Jusqu'à aujourd'hui, on a toujours tenté de donner une signification, un contenu au langage corporel. Reculer la tête *signi-*

fierait par exemple que vous êtes réticent, vous asseoir les jambes croisées *signifierait* que vous êtes fermé, etc. Le langage corporel n'a pas une signification du même type que le langage oral ; le langage corporel nous offre un autre type d'informations. Les mouvements des yeux et les mouvements du corps vous donnent des informations au sujet du *processus*.

À notre avis, les professionnels de la communication devraient s'attarder au processus. Si vous vous en tenez au contenu, vous imposerez inévitablement vos convictions et vos valeurs personnelles à vos interlocuteurs.

Les gens ont rarement des problèmes à cause du contenu de leurs expériences personnelles. Leurs problèmes ont trait à la structure, à la forme qu'ils donnent à leurs expériences. Lorsque vous commencez à comprendre ce phénomène, la thérapie devient une tâche beaucoup plus facile à accomplir. Vous n'avez plus besoin d'écouter le contenu ; il vous suffit de chercher à comprendre le processus, et ceci est beaucoup plus facile à faire.

Options face à l'incompatibilité

Nous voudrions maintenant parler d'un procédé important. Admettons que je sois votre client et que vous me posiez la question suivante : « Est-ce que vous avez eu une bonne semaine ? » Je soupire profondément, je baisse la tête et je vous réponds d'un ton grave : « Ah ! Très bonne. Tout s'est très bien passé cette semaine. » (Il soupire et il fait un signe de tête négatif, il a un petit rire sarcastique.) « Aucun problème. » Plusieurs ont ri ; cette réaction m'indique qu'ils ont observé un étrange phénomène de communication. Nous avons choisi d'appeler ce phénomène : *l'incompatibilité*. Mon ton de voix, les mouvements de mon corps et mes mouvements de tête ne correspondent pas à mon message verbal. Lorsque vous jouez votre rôle de professionnel de la communication, comment réagissez-vous en présence de ce phénomène ? Vous pourriez réagir de plusieurs façons différentes ; quelles sont vos options ?

Une participante : Si je vous connaissais vraiment bien, je vous répondrais : « Je ne vous crois pas. » Je pourrais aussi vous dire : « Vous n'avez pas l'air très heureux de voir que tout s'est bien passé. »

Vous exagéreriez donc l'incompatibilité que vous avez détectée et vous affronteriez votre client. Quelqu'un pourrait-il nous proposer d'autres types de réactions ?

Un participant : Je tenterais de vous aider à transmettre vos deux messages et peut-être à amplifier les composantes non verbales…

D'accord. L'approche gestaltiste : développer le message non verbal jusqu'à ce que je recouvre l'expérience pertinente. C'est juste ? C'est là une deuxième option. Comprenez-vous tous très bien les options déjà mentionnées ? Notre travail consiste à les identifier. Les gens qui travaillent dans le domaine de la communication font très souvent face au phénomène de l'incompatibilité, et à ce moment-là ils doivent faire un choix. À notre avis, il est donc pertinent de vous aider à développer un répertoire de réactions, d'options, et à comprendre, au niveau inconscient plutôt qu'au niveau conscient, je l'espère, les conséquences de l'approche que vous choisirez d'adopter.

Le métacommentaire est une option ; je la juge très valable. Mais il en existe bien d'autres. Lorsque je regarde des thérapeutes communiquer et que je les écoute, je me rends très souvent compte qu'ils ont cette *seule* option au moment de réagir face au phénomène de l'incompatibilité, que les gens qui travaillent dans le domaine des choix *n'en ont pas*. Vous voudrez sûrement pouvoir choisir au moment de répondre à des messages incompatibles. Vous voudrez sûrement pouvoir choisir entre exagérer le message non verbal, dire à votre interlocuteur qu'il ment et l'attaquer, l'ignorer, ou refléter tout simplement l'incompatibilité et vous exclamer de façon contradictoire : « Comme je suis heureux ! » (en faisant un signe négatif de la tête et en adoptant un air sarcastique).

Vous pourriez aussi effectuer un « court-circuit » et opposer le message verbal au message non verbal : « C'est dommage ! » (tout en souriant et en faisant un signe affirmatif de la tête). Parce que les gens sont rarement conscients de ce qu'ils disent, les réactions de votre interlocuteur face à ce message seront très intéressantes. Soit qu'il se sente dérouté et confus, soit qu'il commence à vous expliciter son message non verbal. On dirait que les gens deviennent alors inconscients des éléments dont ils étaient précédemment conscients, et vice versa.

Vous pourriez aussi donner à votre interlocuteur une métaphore appropriée : « À propos, mon grand-père m'a un jour raconté cette anecdote. Il était irlandais, mais il me parlait de ce pays de la Baltique où il était allé lorsqu'il était beaucoup plus jeune ; il était pauvre, sans le sou, mais il vivait sa vie ! Et le duc qui était à la tête de ce petit pays, tout cela se passait avant la Seconde Guerre mondiale, alors qu'il existait encore plusieurs petits pays, le duc avait un problème. Son ministre de l'Intérieur ne pouvait absolument pas communiquer avec son ministre de l'Extérieur. Et pourtant, certains éléments que le ministre de l'Extérieur jugeait indispensables aux échanges commerciaux entre son pays et les pays voisins entraient en conflit avec les besoins du ministre de l'Intérieur… »

L'hyperactivité et les hallucinations comme réactions à l'incompatibilité

Comment apprenons-nous à émettre des messages incompatibles ? Pensez à un jeune enfant qui revient à la maison et qui remet un travail scolaire à ses parents. Ceux-ci examinent son travail et le père (qui a le visage menaçant et fait un signe négatif de la tête) dit à son enfant (d'un ton de voix brusque) : « Oh, je suis très heureux que tu aies apporté ce travail à la maison, fiston ! » Comment son fils réagit-il ? Penche-t-il le corps vers son père pour lui faire un métacommentaire ? « Ça alors, papa, je t'entends me dire que tu es heureux et je m'aperçois bien d'un autre côté que… » Non ! Pas les enfants ! À ce moment-là, certains enfants deviennent hyperactifs. Un hémisphère de leur cerveau capte les données visuelles et l'autre hémisphère capte les mots et leur signification première ; et les deux hémisphères ne s'accordent pas. Ces deux catégories de messages ne correspondent pas au point où les deux hémisphères du cerveau se chevauchent le plus, c'est-à-dire en ce qui a trait à la représentation kinesthésique. Observez un enfant hyperactif et vous verrez que c'est l'inadéquation qui engendre l'hyperactivité, tout d'abord ici, au milieu du torse ; puis cette réaction se diffuse et entache plusieurs autres niveaux du comportement de l'enfant.

Je vous invite à faire une autre expérience. Je voudrais que vous leviez la main droite... Avez-vous remarqué des réactions incompatibles ?

Un participant : Vous avez levé la main gauche.

J'ai levé la main gauche. Plusieurs participants ont aussi levé la main gauche ! D'autres ont levé la main droite. Certains n'ont pas observé que j'avais levé la main gauche. Je voulais vous démontrer qu'enfant, vous avez dû vous trouver un moyen de faire face aux messages incompatibles. Habituellement, les gens dénaturent leurs expériences de façon à les rendre compatibles. Certaines personnes ici présentes m'ont-elles entendu dire : « Je voudrais que vous leviez la main gauche » ? Plusieurs participants ont levé la main gauche. Certains ont fort probablement cru qu'ils levaient la main droite alors qu'ils levaient la gauche. Ceux qui n'ont pas remarqué l'incompatibilité ont effacé tout lien entre leur propre vécu kinesthésique et mon message verbal pour faire en sorte que leur expérience soit acceptable.

Lorsqu'on capte des messages confus, on peut résoudre le problème en effaçant littéralement une dimension de l'expérience : les données verbales, la tonalité de la voix, les mouvements corporels, les sensations procurées par les contacts, les données verbales, de son conscient. Vous pouvez prévoir que l'enfant hyperactif qui choisit de ne pas être conscient de ce qui se produit au niveau de son hémisphère droit (lequel fonctionne assurément, l'enfant en étant tout simplement inconscient) sera plus tard assailli par des images visuelles : des enfants morts qui flottent dans l'air entre deux tranches de pain au-dessus du bureau du psychiatre. L'enfant qui a étouffé les données kinesthésiques sentira plus tard des insectes lui marcher partout sur le corps et il se sentira vraiment infesté. Et il vous en parlera. Des schizophrènes ont décrit ces expériences qu'ils ont vécues. Et l'enfant qui réprime les données auditives entendra plus tard les prises électriques lui parler parce qu'il devient alors tout à fait inconscient de ce système et des informations qu'il pourrait lui offrir ; il cherche à se protéger contre cette transmission fréquente de messages incompatibles.

Lorsque nous sommes allés visiter des hôpitaux psychiatriques, nous avons découvert que presque toutes les hallucinations étaient auditives parce que, dans notre culture, les gens prêtent très peu attention à leur système auditif. Dans d'autres cultures, les hallucinations empruntent habituellement d'autres systèmes de représentation.

Chapitre IV

RÉALITÉ INTÉRIEURE ET RÉALITÉ EXTÉRIEURE

Hallucination et réalité

Une participante : Je voudrais que vous nous parliez plus longuement de ce sujet parce que j'ai fait face à ce problème ; plusieurs personnes m'ont parlé du phénomène des hallucinations.

À mon avis, vous avez vécu des expériences d'hallucination ici toute la journée durant. Il n'y a aucune différence marquée entre les hallucinations et les procédés que vous avez employés lorsque je vous ai demandé de vous rappeler ce que vous avez fait ce matin, ou lorsque j'ai prononcé le mot « ammoniaque » et que vous avez tous exprimé du dégoût. Autant que je sache, il y a quelques différences subtiles entre les gens qui sont patients dans les hôpitaux psychiatriques et ceux qui ne le sont pas. En outre, ces deux groupes ne vivent pas dans le même édifice. Et bon nombre de ces patients ne semblent pas avoir une stratégie qui leur permettrait de différencier les réalités convenues et celles qui ne le sont pas.

Qui a un animal à la maison ? Pouvez-vous le voir assis sur cette chaise ? (Oui.) Parfait. Pouvez-vous maintenant percevoir une différence entre l'animal qui est ici et la chaise sur laquelle il est assis ? Est-ce qu'un élément de votre expérience vous permet de faire la distinction entre la création d'une image visuelle de votre animal assis sur cette chaise et l'existence préalable de l'image de la chaise, avant même que vous ne choisissiez consciemment de la percevoir visuellement ? Y a-t-il une différence ? Il n'y en a peut-être pas.

Une participante. Oh oui ! Il y en a une.

D'accord. Quelle est cette différence ? Qu'est-ce qui vous permet de savoir que la chaise existe vraiment ici alors que le chien n'est pas vraiment ici ?

La même participante : Je peux vraiment voir la chaise, elle fait partie de mon expérience ici et maintenant. Je peux seulement avoir une image du chien dans ma tête, je peux le voir avec mon troisième œil…

Vous ne voyez pas le chien assis sur cette chaise, ici ?

La même participante : Euh, un chien est ici, un chien ne l'est pas.

D'accord. Maintenant, comment faites-vous pour savoir cela ?

La même participante : Je vois toujours la chaise, même lorsque je regarde droit devant moi après avoir regardé ailleurs. Par contre, lorsque je cesse de penser au chien et de l'imaginer assis sur la chaise, le chien n'est plus là.

D'accord. Vous pouvez vous parler intérieurement, exact ? Pourriez-vous vous retirer dans votre for intérieur et vous demander si une dimension inconsciente de vous peut faire en sorte qu'il y ait encore un chien assis sur la chaise lorsque vous levez les yeux après avoir regardé ailleurs ? Pourriez-vous prendre ces dispositions et constater si vous pouvez toujours identifier cette différence ou non ? Je parie que vous avez d'autres moyens de le savoir.

La même participante : L'image du chien n'est pas aussi précise.

D'accord. Voilà un moyen de faire une vérification au sujet de la réalité. Pourriez-vous vous retirer dans votre for intérieur et identifier si une dimension de vous pourrait rendre cette image aussi précise ?

La même participante : Non, pas lorsque je suis éveillée.

Je sais que votre esprit conscient ne peut pas le faire. La question que je vous pose est d'une tout autre nature. Pouvez-vous vous parler intérieurement ? Pouvez-vous vous dire dans votre for intérieur : « Bonjour Marie, comment vas-tu ? » (Oui.) Parfait. Retirez-vous dans votre for intérieur et dites-vous :

« Est-ce qu'une dimension de mon inconscient pourrait rendre l'image du chien aussi précise que celle de la chaise ? » Soyez très attentive à toutes vos réactions et réponses. Votre réponse pourrait être verbale ou visuelle ; vous pourriez aussi éprouver un sentiment ou une sensation. Pendant que cette personne fait une telle démarche, quelqu'un d'autre sait-il comment il fait pour connaître la différence ?

Un participant : Un peu plus tôt, lorsque vous avez frappé la chaise, j'ai entendu le bruit. Lorsque vous avez frappé le chien, je n'ai rien entendu.

Votre stratégie consiste donc essentiellement à vous référer à un autre système de représentation et à observer si ce système vous offre une représentation qui correspond à ce qu'un autre système vous a permis d'identifier.

Une participante : Je sais que je place le chien là.

Comment faites-vous pour savoir cela ?

La participante : Parce que je me rappelle ce que j'ai fait.

D'accord. Comment faites-vous pour vous rappeler que vous avez placé le chien là ? Est-ce un processus visuel ? Vous parlez-vous intérieurement ? D'accord. Je voudrais que vous placiez la chaise là à l'aide du même processus. Je voudrais que vous placiez la chaise ici, même si elle y est déjà. Je voudrais que vous répétiez la même démarche que vous avez faite pour placer le chien ici, et que vous placiez la chaise ici ; décrivez-moi ensuite la différence que vous percevez, s'il y en a une.

Quelqu'un comprend-il ce que nous tentons de démontrer ?

Une participante : Que nous sommes tous schizophrènes.

Schizophrénie et société

Bien sûr ! Nous sommes tous schizophrènes. En réalité, R.D. Laing est bien trop modéré lorsqu'il dit que la schizophrénie est une réaction naturelle et normale. Au niveau de l'évolution de l'espèce humaine, la prochaine étape, et nous y sommes tous déjà parvenus, c'est celle des personnalités multiples. Vous avez tous de multiples personnalités. Deux seules différences vous séparent des gens qu'on a officiellement étiquetés « personnalités multiples » : 1) vous n'êtes pas obligés d'oublier votre façon de vous comporter dans un contexte donné et vous pouvez vous en rappeler lorsque vous êtes dans un autre contexte, et 2) vous pouvez choisir vos réactions dans un contexte donné. Lorsque vous *ne pouvez pas* choisir votre façon de réagir dans un certain contexte, vous agissez en robots. Vous avez donc deux options. Vous pouvez avoir de multiples personnalités ou être un robot. Choisissez consciemment.

Nous cherchons à vous expliquer que la différence entre un individu qui ignore la réalité de ses hallucinations et vous est la suivante : vous avez développé une stratégie qui vous permet de reconnaître ce qui est une réalité partagée et ce qui n'en est pas une. Et si vous aviez des hallucinations, elles auraient trait à des idées et non à des choses.

Si un participant nous disait ici : « Oh, attendez un peu ! Il y a vraiment un chien sur la chaise ; c'est bien évident ! Vous pouvez tous le voir ! », quelqu'un d'autre le mettrait à la porte et l'amènerait ailleurs !

Un peu plus tôt, lorsque Sylvie a utilisé le mot « pensive », elle hallucinait. Elle faisait la même démarche qu'un schizophrène. Prenons un exemple. Un jour, un patient qui souffrait de problèmes mentaux nous a regardés et nous a dit : « M'avez-vous vu boire ce verre de sang ? » Il faisait très précisément la même démarche que Sylvie. Il captait des stimuli extérieurs, les associait d'une façon originale à une réaction intérieure et supposait ensuite que le tout lui venait de l'extérieur.

Il n'y a que deux différences entre toute personne ici présente et un schizophrène hospitalisé : 1) avoir ou non une bonne stratégie d'identification de la réalité, et savoir ou non faire la différence entre la réalité et le reste, et 2) avoir ou non des hallucinations socialement acceptables. Vous avez tous des hallucinations. Vous avez tous une hallucination lorsque vous pensez que quelqu'un est de bonne humeur ou de mauvaise humeur par exemple. Votre représentation des stimuli que vous recevez de l'extérieur est parfois correcte ; votre représentation est cependant conditionnée parfois par votre réaction à votre propre état intérieur.

Et lorsque vous n'avez pas de réaction, vous pouvez parfois vous en créer une. « Avez-vous un problème ? » « Qu'est-ce qui ne va pas ? » « Je ne voudrais pas que vous vous inquiétiez aujourd'hui de ce qui se passera en votre absence. »

La réalité partagée socialement

Dans notre société, on n'accepte pas que quelqu'un boive du sang. J'ai vécu avec des gens qui trouvaient ce geste tout à fait acceptable : en Afrique de l'Est, les Masais s'assoient très souvent en cercle pour boire du sang. Nul problème. Dans leur milieu, il serait étrange que quelqu'un dise : « Je me rends compte que ce que j'ai dit vous incommode. » Ces gens-là se poseraient alors de sérieuses questions à votre sujet. Dans notre culture, par contre, l'inverse est vrai.

Lorsque nous étions responsables de la formation des internes dans les hôpitaux psychiatriques, nous arrivions habituellement sur les lieux plus tôt que nos étudiants et nous allions observer les patients qui souffraient de problèmes dont nous n'avions jamais entendu parler. Nous leur demandions d'identifier les composantes de leur vécu jugées acceptables et celles jugées inacceptables. Nous avons par exemple immédiatement accepté la réalité de l'homme qui disait qu'il buvait du sang. « Oh oui ! M'en prépareriez-vous un verre, s'il vous plaît ? » Nous avons joué le jeu de sa réalité et il a commencé à avoir vraiment confiance en nous. Puis nous lui avons demandé d'identifier les composantes de son vécu que les autres patients de l'étage acceptaient. Nous ne lui avons pas dit que telle chose existait vraiment là ou que telle autre n'existait pas. Nous lui avons tout simplement demandé d'identifier les composantes de sa réalité que les autres pourraient partager avec lui. Il a alors appris, comme nous avons appris lorsque nous étions enfants, à parler des éléments de la réalité qui constituaient des hallucinations acceptables dans notre société, ou des hallucinations que les autres acceptaient aussi de voir, d'entendre et de sentir. Cette transformation était suffisante ; on pouvait lui accorder son congé. Il va très bien aujourd'hui. Il boit encore du sang, lorsqu'il est seul. La plupart des gens psychotiques n'ont tout simplement aucun moyen de faire la différence entre la réalité partagée et celle qui ne l'est pas.

Un participant : Plusieurs psychiatres ne disposent pas de tels moyens qui pourraient les aider lorsqu'ils travaillent avec leurs clients.

Autant que je sache, plusieurs psychiatres ne disposent d'aucun moyen, un point c'est tout ! Une seule différence cependant : d'autres psychiatres partagent leur réalité ; ils ont donc une réalité partagée. J'ai beaucoup blagué au sujet des échanges entre les psychologues humanistes qui se rencontrent. Ils ont développé plusieurs rites sociaux qui n'existaient pas lorsque je travaillais pour une entreprise spécialisée dans la fabrication d'appareils électroniques. Les employés ne se serraient pas la main durant cinq minutes et demie le matin tout en se regardant intensément dans les yeux ! Aujourd'hui, lorsqu'un employé de cette entreprise voit quelqu'un faire cela, il se dit : « Ouf ! Bizarre ! » Et les membres du cercle de la psychologie humaniste croient que les employés de la compagnie sont froids, insensibles et inhumains. À mon avis, ces deux réalités sont psychotiques et je me pose encore des questions à savoir laquelle est plus insensée que l'autre. Et j'ajoute que plus de gens partagent la réalité des employés de l'entreprise de fabrication d'appareils électroniques !

Vous pouvez vraiment choisir lorsque vous savez passer d'une réalité à une autre et lorsque vous savez mettre en perspective ce qui se passe. Rien de plus insensé qu'un psychologue humaniste qui, sans modifier son comportement habituel, anime un séminaire auquel participent les employés d'une entreprise commerciale. À mon avis, ne pas pouvoir s'adapter à une réalité partagée différente est signe de psychose.

Les thérapeutes sentent les lettres. Je ne crois pas pour autant qu'ils soient plus étranges que notre homme qui boit du sang. Où que j'aille, les gens me disent qu'ils se sentent bien et mal. Étrange, n'est-ce pas ? Vous demandez à quelqu'un : « Comment vas-tu ? » et il vous répond : « Pas mal. » Pensez-y un peu. C'est une déclaration très profonde. « Ça va pas mal » n'est pas une sensation ni un sentiment. « Bien » n'en est pas un non plus.

Distinguer perceptions et hallucinations

À mon avis, l'un des outils les plus efficaces dont vous puissiez vous servir, vous les professionnels de la communication, consiste à apprendre à distinguer perceptions et hallucinations. Si vous parvenez à identifier clairement les composantes de l'expérience actuelle que vous vous fabriquez intérieurement et que vous projetez devant vous, si vous réussissez à les séparer des composantes extérieures que vos sens perçoivent, vous n'hallucinerez plus lorsque vous n'aurez pas besoin de le faire. Et en réalité, vous n'avez jamais *besoin* d'avoir des hallucinations. En thérapie, quel que soit le résultat qu'on espère obtenir, on n'a jamais besoin d'hallucinations. Vous pouvez vous en tenir à votre vécu sensoriel et être très influents, très efficaces, très compétents et très créateurs.

Les trois mouvements de la communication

Pour être un professionnel de la communication vraiment sans pareil, vous avez besoin de trois choses. Rien de plus. Nous avons découvert que tous les excellents thérapeutes (administrateurs et vendeurs de soins) avec lesquels nous nous sommes entretenus ont trois formes de comportements principales. La première consiste à définir les résultats que vous désirez obtenir. La deuxième consiste à reconnaître votre besoin de demeurer souple et d'adapter constamment votre comportement. Vous avez besoin de pouvoir adopter une foule de comportements différents pour identifier les réactions que vous suscitez. Vous avez enfin besoin d'une expérience adéquate dans le domaine du vécu sensoriel pour pouvoir conclure que vous avez obtenu la réaction désirée, le cas échéant. Si vous développez ces trois aptitudes, il vous suffira de modifier votre comportement jusqu'à ce que vous obteniez les réactions ou réponses que vous recherchez.

C'est ce que nous faisons durant ce stage. Nous connaissons les résultats que nous désirons obtenir, nous nous mettons dans un état que nous appelons le temps optimal, nous baignons dans l'univers du vécu sensoriel et nous ne sommes conscients de rien. Nous ne sommes pas conscients de nos sensations ou de nos sentiments, ni des images, ni des voix, ni de quelque autre élément de notre monde intérieur. Nous entrons en relation avec vous au niveau du vécu sensoriel et nous observons vos réactions face à nous. Nous modifions notre comportement jusqu'à ce que vous manifestiez les réactions que nous désirons provoquer.

En ce moment, je suis conscient de ce que je dis parce que je m'écoute parler de l'extérieur. Grâce à vos réactions conscientes et inconscientes, je sais à quel point vous saisissez ce que je dis. Je vois vos réactions. Je ne les analyse pas intérieurement. Je les observe, les vois et j'adapte mon comportement en conséquence. J'ignore totalement ce que j'éprouve dans mon for intérieur. J'ai une conscience tactile kinesthésique de ce qui se passe. Je peux sentir ma main toucher à mon veston par exemple. C'est un état d'être modifié bien particulier. C'est un type de transe parmi tant d'autres, état d'être très utile à un animateur de groupe.

Modifier son comportement pour obtenir des résultats

Une participante : Comment vous adaptez-vous lorsque vous êtes dans le temps optimal ? Vous avez dit que vous adaptez votre comportement jusqu'à ce que vous obteniez les réactions désirées. Quelles modifications apportez-vous ? Donnez-vous de plus amples explications ? Parlez-vous plus ?...

Oh, j'adapte tous les paramètres disponibles. À mes yeux, le ton de la voix est le plus évident. Vous pouvez adapter l'expression de votre visage. Parfois, il suffit que vous répétiez les mêmes mots et que vous fronciez les sourcils, et vos interlocuteurs vous comprennent tout à coup. Vous pourriez commencer à bouger les mains. Vous pourriez aussi faire un dessin pour aider certaines personnes. Il me suffit parfois d'expliquer la même chose une deuxième fois en d'autres mots. Ce sont là quelques choix logiques disponibles parmi tant d'autres. Les choix existent par centaines.

La même participante : Et lorsque vous modifiez votre comportement, ne devez-vous pas prendre un peu conscience de ce que vous vivez intérieurement ?

Non. Je crois qu'une foule de gens tentent de le faire de façon réfléchie, c'est-à-dire en prenant conscience de ce qu'ils vivent et ressentent ; et la grande majorité des stratégies de prise de conscience réfléchie échouent. Voilà pourquoi la plupart des gens ont des relations personnelles moches. Lorsque je veux que vous vous comportiez d'une certaine façon, si je faisais en sorte que vous deveniez la source de mon intervention, il me suffirait de modifier ma façon d'agir jusqu'à ce que votre apparence, le ton de votre voix et vos gestes reflètent ce que je veux que vous fassiez. S'il fallait que j'aille vérifier mon vécu pour trouver quelque chose, je devrais être attentif à mes voix et à mes sentiments intérieurs, et ces informations ne m'indiqueraient pas à quel point j'ai obtenu ce que je voulais. La grande majorité des thérapeutes réussissent à aider leurs clients et ils ne s'en rendent compte que beaucoup plus tard.

L'intimité, une attention tournée vers l'autre

La même participante : D'accord. Je comprends très bien que cette approche pourrait être très efficace en thérapie ; je suis thérapeute. Mais en ce qui a trait aux relations personnelles, j'ai l'impression que celles-ci seraient moins intimes si j'étais dans le temps optimal.

Oh, je ne suis vraiment pas d'accord. Au contraire, vos relations seraient beaucoup plus intimes à mon avis. Je ne crois pas que l'intimité naisse du dialogue avec vous-même, ni de vos images intérieures. À mon avis, l'intimité naît des réactions que vous suscitez. Si j'étais dans le temps optimal lorsque j'entre en relation avec quelqu'un, je pourrais susciter des réactions agréables et intimes, des réactions de la nature que je souhaite obtenir de cette personne.

La même participante : Si j'avais une conversation avec quelqu'un au sujet de ce que je ressens, des sentiments que je trouve importants, je ne serais pas dans le temps optimal. Exact ?

Si telle est votre conception de l'intimité, nous avons deux conceptions bien différentes !

La même participante : Je dis que ce type d'échanges fait partie d'une relation intime ; c'est une façon d'être intime avec quelqu'un.

Ça va ! Mais je ne suis pas d'accord avec vous.

La même participante : Comment pourriez-vous avoir ce type d'échanges si vous étiez dans le temps optimal ?

Vous ne pouvez pas avoir ce type d'échanges lorsque vous êtes dans le temps optimal. Vous pouvez parler de ce que vous *avez* pensé et ressenti plus tôt, mais vous ne seriez alors plus dans le temps optimal. Je sais que le temps optimal ne serait pas une stratégie propice à un échange au sujet de vos états intérieurs ; mais à mon avis, ces échanges n'ont rien à voir avec l'intimité. Le temps optimal n'est pas une stratégie pertinente lorsque vous voulez faire ce que vous décrivez. Autant que je sache, le temps optimal est la seule stratégie efficace d'interaction à employer lorsque vous cherchez à obtenir des réactions.

Pour faire ce dont vous parlez, je préparerais une stratégie tout à fait différente puisque pour pouvoir parler de ce que vous pensez ou ressentez, vous devez savoir ce que vous pensez et ressentez. Je crois par contre que cette communication ne vous rapprochera pas d'une autre personne. En effet, lorsque vous parlez de cela, vous ne prêtez pas attention *à votre interlocuteur* ; vous prêtez attention à *vous-même*. Je ne soutiens pas que cela soit mal, je soutiens tout simplement que ce type d'échanges ne vous amènera pas à vous sentir plus proche d'une autre personne. Vous n'entreriez pas en étroite relation avec la femme qui est assise à côté de vous si vous étiez occupée intérieurement à vous fabriquer des images et à dialoguer avec vous-même, et à éprouver des sentiments pour ensuite lui en parler. Cela ne vous permettrait pas d'établir un bon rapport avec *elle*. Vous l'amèneriez seulement à prendre conscience de ce que vous vivez dans votre for intérieur lorsque vous *ne lui prêtez pas* attention.

Mon avocat a une excellente stratégie de résolution de problèmes légaux. Il se fabrique tout d'abord intérieurement une image visuelle du problème à résoudre. Il examine chaque point : une représentation intérieure auditive A qu'il compare à une image visuelle passée A, une représentation intérieure auditive B qu'il compare à une image visuelle passée B, et ainsi de suite jusqu'à ce que ses représentations auditives et ses images visuelles passées lui donnent une image visuelle fabriquée complète. Il sait alors qu'il a résolu son problème. C'est une stratégie sans pareille de résolution de problèmes légaux. C'est par contre une très mauvaise stratégie à employer pour résoudre des problèmes de relations personnelles ; et il l'emploie aussi pour résoudre ces types de problèmes. Il se fabrique une image d'un échange qu'il désire avoir avec quelqu'un et il tente ensuite de retrouver des images de moments où il a eu ce type d'interaction par le passé. Il n'a jamais de nouveaux types d'interactions, sauf lorsqu'il peut associer plusieurs images, plusieurs composantes dont il a déjà fait l'expérience. Cette stratégie est vraiment inefficace. Et lorsqu'il l'emploie, il est absent, il ne vit pas ici et maintenant.

Lors d'une récente émission de télévision, une psychologue expliquait aux téléspectateurs ce qu'ils devaient faire pour mieux communiquer. En bref, elle disait ceci : « Fabriquez-vous une image de ce que vous voulez faire et faites-le. » Elle ne tenait aucunement compte des réactions de l'interlocuteur. À ses côtés, ses étudiants, impassibles, disaient en chœur : « Oui ! Nous sommes heureux, nous savons communiquer. Et nous sommes si heureux de vous rencontrer. Oui ! » Serraient-ils la main avec les autres ? Ils l'ignoraient ! Ils n'établissaient aucun rapport parce qu'ils étaient occupés intérieurement à se fabriquer des images. Toutes ces personnes souriaient ; elles étaient donc peut-être vraiment heureuses. Leur stratégie de communication n'était cependant pas très efficace !

Stratégie limitée

Nous avons déjà déjeuné avec un colonel à la retraite qui avait décidé de travailler dans le domaine de la communication. Il avait deux stratégies : la première consistait à donner des ordres et l'autre lui servait à amener les autres à tomber d'accord avec lui. Ni l'une ni l'autre ne lui permettait de recueillir des informations ; sa stratégie n'allait pas plus loin que le moment où son interlocuteur tombait d'accord avec lui. Peu importait ce qu'il vous disait, si vous lui répondiez : « Je suis d'accord avec vous », il ne pouvait plus rien dire d'autre. Il appartient à cette catégorie de personnes avec lesquelles vous tombez difficilement d'accord au sujet de quoi que ce soit, car, quoi qu'elles disent, le ton de leur voix vous invite à réagir négativement.

Lorsque nous nous sommes mis à table avec lui, toutes les personnes présentes se sont affolées parce qu'elles lui disaient l'une après l'autre : « Non, je dirais plutôt que... » et elles se disputaient avec lui. À un moment donné, j'ai interrompu la conversation, et Leslie et moi nous sommes exclamés en même temps : « Je suis d'accord avec vous. » Et il ne savait alors plus que faire ; il ne pouvait pas choisir le geste à faire ensuite ! Il ne pouvait plus agir et il n'a pas soufflé un seul mot durant les quinze minutes qui ont suivi. Il a par la suite réagi lorsque je prenais position. Et nous lui répondions tout simplement : « Nous sommes d'accord avec vous », et il repartait. La stratégie qu'il employait au moment de choisir ce qu'il allait commander à manger consistait à amener tous *les autres convives à manger n'importe quoi*. Sa stratégie ne l'amenait pas à manger quelque chose qui lui aurait fait plaisir, mais à amener tous les convives à manger la même chose que lui. J'imagine que c'est là une excellente stratégie pour un colonel dans l'armée. C'est par contre une piètre stratégie à employer au moment de commander un bon mets dans un restaurant, ou de choisir un restaurant, ou de se faire des amis ; il n'avait aucun ami.

Raffiner ses perceptions

Apprendre à vivre totalement son expérience sensorielle constitue le projet de toute une vie. Et autant que je sache, il n'y a aucune limite. En ce moment, je vois et j'entends des choses ; je recueille des informations tactilement. Il y a deux ans, j'aurais cru qu'il s'agissait là d'expériences de perception extrasensorielles. Tout ceci indique à quel point j'accepte de consacrer temps et énergie à m'enseigner à faire des distinctions de plus en plus précises entre ma réalité intérieure et la réalité extérieure, à affiner le plus possible mes voies sensorielles et mes systèmes de représentation.

C'est en grande partie grâce à l'enseignement de Milton Erickson que nous avons pu développer notre aptitude à faire des distinctions visuelles. Milton Erickson est l'un des plus fascinants détecteurs de données visuelles au monde. Il a vraiment des perceptions « extrasensorielles » ; par contre, ce qu'il perçoit existe vraiment et il détecte ces informations à l'aide des mêmes sens que nous. Durant l'activité que nous avons faite un peu plus tôt, plusieurs participants ont sollicité mon aide et m'ont dit : « Cette personne ne bouge pas les yeux, elle ne fait aucun mouvement des yeux. » Et ils ont finalement concédé : « Je vois de légers mouvements des yeux. » Lorsque vous dites « légers », vous qualifiez votre aptitude à détecter les signaux et non pas le vécu de votre interlocuteur.

Qui crée la « résistance » ?

Il en va de même lorsqu'on parle de « résistance ». Si les thérapeutes reconnaissaient que lorsqu'ils parlent de « résistance » ils font un commentaire à leur propre sujet et non au sujet de leurs clients, la psychothérapie évoluerait à un rythme plus rapide. La « résistance » d'un client est une déclaration au sujet de ce que *vous* faites et non au sujet de ce qu'*il* fait. Vous avez employé plusieurs moyens pour entrer en relation avec vos clients, pour établir un rapport avec eux, et vous n'en avez pas encore trouvé un qui puisse produire les résultats que vous désirez obtenir. Vous avez besoin d'être plus souple et de vous présenter de différentes façons à vos clients jusqu'à ce que vous ayez établi le rapport désiré avec eux ; leurs réactions vous l'indiqueront !

Nous voudrions maintenant vous inviter à faire une activité visant à vous permettre de développer votre expérience sensorielle, à vous aider à différencier expériences sensorielles et hallucinations. Cette expérience se divise en quatre parties.

Expérimenter et halluciner (expérience)

Première partie

Formez des groupes de trois. Les trois partenaires s'assoient ensemble : l'un s'appelle A, un deuxième B et le troisième C. La tâche des individus A consistera à détecter celle des B, à se prêter à différents types d'expériences. Les individus C observeront et pourront aider les individus A et B à se rappeler ce qu'ils doivent faire.

1. Les individus B, sans en parler à vos partenaires, vous vous choisissez trois expériences différentes très intenses que vous avez vécues par le passé. Il pourrait s'agir d'expériences vécues à différentes époques de votre vie ; elles doivent cependant être bien distinctes les unes des autres ; ne choisissez pas trois situations semblables. Pour les identifier, vous pourrez vous retirer dans votre for intérieur et trouver trois exemples précis, et les numéroter de un à trois.

2. Donnez la main à A et indiquez-lui « première expérience ». Retirez-vous ensuite dans votre for intérieur, oubliez le vécu sensoriel, revenez en arrière, au moment et à l'endroit où vous avez vécu cette expérience et

revivez-la sans jamais dire un mot. Durant une, deux ou trois minutes, revivez pleinement cette expérience.

3. Indiquez : « deuxième expérience » à A et revivez-la... Indiquez finalement : « troisième expérience » à A et revivez-la...

NOTE : Il y a un facteur d'une importance capitale. Ceux qui visualisent très facilement, vous ne devrez pas vous regarder revivre vos expériences ; *regardez au contraire ce que vous avez vu pendant que vous viviez ces expériences.*

Fermez-vous les yeux par exemple et regardez-vous à vol d'oiseau, ou de profil, quelque part : vous êtes dans un manège, dans les montagnes russes, et le train s'apprête à descendre la première pente raide... Glissez-vous maintenant dans votre propre peau, dans le train qui avance, et voyez ce que vous verriez si vous étiez vraiment là. Ces deux expériences sont très différentes. Le vécu kinesthésique devient très intense lorsque vous cessez de vous dissocier et de vous voir là, et que vous habitez vraiment votre corps dans les montagnes russes et vivez vos expériences de perception.

Lorsque vous choisissez vos trois expériences et que vous les revivez, il est important que vous *ne* vous dissociiez *pas* de vous-même. Il se peut que vous vous voyiez au début ; glissez-vous alors à l'*intérieur* de l'image. Une fois à l'intérieur de celle-ci, lorsque vous sentirez votre expérience dans votre corps comme vous l'avez sentie au moment où vous l'avez vécue, commencez à serrer la main de A pour lui donner un signal tactile lui indiquant que vous revivez cette expérience.

Les individus A, vous observez les changements qui s'opèrent chez les individus B pendant qu'ils revivent leurs trois expériences. Je voudrais que vous observiez les changements de teint, d'épaisseur de la lèvre inférieure, de rythme respiratoire, de position du corps, de tonus musculaire, etc. Vous pourrez observer visuellement plusieurs changements importants chez B durant cette activité.

Deuxième partie

1. B fera la même chose que durant la première partie de l'activité : il indiquera « première expérience » à son partenaire et la revivra, et ainsi de suite.

2. Cette fois-ci, par contre, A observera les changements et les décrira à haute voix.

3. C fera en sorte que A ne décrive que des changements observables : « Les coins de votre bouche se soulèvent. Votre peau devient plus foncée. Votre respiration se situe au niveau de vos poumons et elle est superficielle ; le rythme respiratoire s'accélère. Votre joue droite est plus tendue que votre joue gauche. »

NOTE : Une telle description permettra à C qui observe ce que vous décrivez tout en vous écoutant de vérifier à quel point votre description est juste. Si A disait par exemple : « Vous avez l'air heureux ; vous semblez maintenant troublé », il ne donnerait pas une description sensorielle. « Heureux » et « troublé » sont des jugements. C doit s'assurer que A décrit le vécu sensoriel et il met en question toute description qui n'a pas trait à des données sensorielles.

Troisième partie

1. B revit maintenant l'une de ses trois expériences choisies sans en mentionner la correspondance numérique. Vous en choisissez tout simplement une et vous la revivez.

2. A demeure assis ; il observe B et ne dit rien jusqu'à ce que B ait terminé.

3. A indique ensuite à B quelle expérience il avait choisie : la première, la deuxième ou la troisième.

4. B continue à revivre ses trois expériences au hasard, jamais dans l'ordre original, jusqu'à ce que A puisse les identifier correctement.

NOTE : Si A échoue la première fois, B continue de revivre ses expériences une à une. B n'indique jamais l'expérience revécue à A lorsque celui-ci se trompe. B ne dit jamais par exemple à A que ce qu'il croyait être la première expérience était en fait la troisième ; B revit tout simplement une expérience encore une fois et A l'identifie. C'est un moyen d'apprendre à percevoir correctement et d'affiner vos sens.

Quatrième partie

B revit encore une fois une expérience au hasard et A hallucine ; il tente de décrire de son mieux le *contenu* de l'expérience revécue. Et croyez-moi, vous pouvez décrire correctement et dans ses moindres détails une expérience revécue de cette façon.

NOTE : Durant les trois premières parties de l'activité, nous vous avons demandé de vous en tenir au vécu sensoriel. Cette quatrième partie vise à illustrer clairement la différence entre le vécu sensoriel et les hallucinations. Les hallucinations peuvent être marquantes et avoir des effets très positifs. Tous ceux qui ont participé à un atelier animé par Virginia Satir savent qu'elle se sert du phénomène des hallucinations de façon très influente et très créatrice, lorsqu'elle trace le schéma d'une famille par exemple. À un moment donné, après avoir recueilli des informations, elle fait une pause, trie les images visuelles qu'elle a et elle se prépare à former une image du stress qui secoue une famille. Elle inverse l'ordre des images jusqu'à ce qu'elle *sente* que l'ordre en est correct. Elle « voit et sent ». C'est la même stratégie qu'on emploie pour épeler des mots ou pour décrire un sentiment de jalousie. Elle prend les images qui la satisfont du point de vue proprioceptif et elle les applique à la famille ; elle modèle ainsi les membres de la famille. L'hallucination fait alors intégralement partie d'un processus très créateur et très efficace. Les hallucinations ne sont ni bonnes, ni mauvaises ; elles représentent une autre option. Il est par contre important de savoir que vous hallucinez lorsque tel est le cas. Ça va. Allez-y.

Intégration de l'expérience

D'accord. Des commentaires ? Des questions que vous voudriez nous poser au sujet de cette activité ? Certains ont été étonnés par l'exactitude des conjectures qu'ils ont faites, n'est-ce pas ? D'autres se sont trompés à tous coups.

En fait, peu importe que vos conjectures aient été justes ou non. Vous avez tous découvert d'importantes informations sur ce que vous êtes capables de percevoir, et vous savez à quel point vos hallucinations ont un lien avec vos perceptions.

Modifier une approche inefficace

Vous pouvez participer à notre stage de formation et vous rendre compte que lorsque vous communiquez avec un client ou un proche vous n'obtenez pas les réactions désirées. Si vous vous dites que ces informations indiquent que *votre approche est inefficace*, et si vous modifiez votre comportement, il se produira quelque chose d'autre. Si vous continuez d'adopter le même comportement, vous obtiendrez les mêmes réactions qu'auparavant. Cela a l'air d'une simplification exagérée ; pourtant, si vous mettez ce principe en pratique, vous retirerez de ce stage beaucoup plus que ce que la plupart des participants retirent habituellement. Pour une raison ou une autre, on dirait que les gens ont particulièrement de la difficulté à accepter ce principe. *La signification de votre message, c'est la réaction que vous provoquez.* Modifiez votre comportement lorsque vous observez que vous n'obtenez pas ce que vous désirez. Pour en faire l'observation, vous devez savoir distinguer ce qui provient de l'extérieur de vous et l'interprétation que vous en faites d'une façon complexe au niveau inconscient.

L'activité que vous avez accomplie il y a quelques minutes faisait essentiellement appel à une voie sensorielle. Cette activité est un moyen de vous aider à éclaircir votre voie de réception visuelle. Parce que vous teniez la main de votre partenaire, vous avez obtenu des informations kinesthésiques. Vous pouvez faire cette activité auditivement ou kinesthésiquement. Dans le cas où vous la feriez auditivement, A fermera les yeux et B décrira son expérience à l'aide de sons sans articuler un seul mot. Le ton de la voix et le débit constitueront des modes d'information distinctifs. A disposera seulement d'informations auditives puisqu'il aura les yeux fermés.

Essai par le procédé de la substitution

Vous pouvez aussi décrire une recette de cuisine tout en pensant à votre expérience. C'est très souvent ce que font deux conjoints. L'époux se fabrique une image de son épouse qui aurait un amant, puis il discute avec elle d'une excursion en nature. Et sur un ton de colère, il lui dit : « Oui. J'aimerais tant faire ce voyage avec toi. Nous pourrions beaucoup nous amuser ensemble. J'apporterais ma hache et je préparerais des bûches pour nos feux de foyer. »

Les conjoints se lancent également très souvent des *substitutions* lorsqu'ils se disputent. Me comprenez-vous ? La substitution est un merveilleux procédé. Admettons que l'un de vos clients en veuille à son patron ou à ses collègues de travail, et qu'il ne puisse pas exprimer sa rancœur parce qu'il croit que ça ne se fait pas, ou parce qu'il craint d'être congédié, et ainsi de suite. Vous lui enseigneriez le procédé de la substitution. C'est un merveilleux procédé. Ce client pourrait aller trouver son patron et lui dire tout bonnement : « Je marchais dans la rue il y a quelques minutes ; un pur étranger s'est approché de moi et il m'a dit : "Vous êtes un imbécile." Je ne savais vraiment que dire. Que répondriez-vous si quelqu'un s'approchait de vous et vous disait : "Vous êtes un imbécile" ? Comme ça, dans la rue ! »

La personne que vous distrayez à l'aide du contenu est rarement consciente des métaniveaux. Un jour, durant un congrès, je prenais la parole devant un nombre considérable de psychologues plutôt suffisants qui me posaient toutes sortes de questions stupides. Je leur ai parlé du procédé de la substitution. Imaginez-vous ça ; je leur ai même expliqué ce que j'allais faire et je leur ai donné un exemple : « Un jour, Milton Erickson m'a raconté qu'il avait déjà passé quelques journées sur une ferme avec un homme qui élevait des dindes. Durant la nuit, il ne pouvait pas dormir parce que les dindes faisaient beaucoup de bruit. Et il ne savait que faire. Un soir, il est sorti de la maison (je regardais tous ces psychologues droit dans les yeux) et il s'est rendu compte qu'il était entouré de dindes ; il y en avait partout. Des dindes de ce côté-ci, des dindes de ce côté-là, des dindes, des dindes. Des dindes partout. Il les a regardées et il leur a dit : "Bande de dindes !" »

Quelques auditeurs se sont rendu compte de ce que je faisais ; et ils ont flanché. J'étais debout sur la scène, face à toutes ces personnes qui m'avaient versé une importante somme d'argent et je leur ai dit : « Bande de dindes ! » Et elles ne comprenaient pas ce qui se passait. L'air sérieux, les psychologues m'ont approuvé d'un signe de tête. Si vos messages sont toujours clairs, les autres ne pourront *jamais* se rendre compte de ce que vous pensez au fond. Lorsque vous faites part aux gens d'un contenu intéressant, vous pouvez alors vous servir de n'importe quel procédé. Il m'a suffi de dire : « Je vais vous raconter une histoire que Milton m'a racontée », et tous mes auditeurs ont conclu : « C'est le moment d'écouter le contenu. »

Pendant que je leur racontais mon histoire, j'ai dû leur tourner le dos parce que je ne pouvais pas m'empêcher de rire. Puis je me suis retourné vers eux et je leur ai raconté le reste de l'histoire. J'ai beaucoup ri et ils se sont tout simplement dit que mon comportement était bizarre. J'aurais pu inclure mon rire à mon histoire : « Milton s'est retourné et il a éclaté de rire. » À la fin de la journée, ces psychologues sont venus me trouver en me disant : « Je voulais absolument vous dire que votre exposé était très important à mon avis. » Et je leur ai répondu : « Merci. Avez-vous entendu l'histoire au sujet de Milton Erickson ? Je ne voudrais pas que vous pensiez que je parlais de vous ! »

Vous pouvez décrire n'importe quel comportement de cette façon et personne ne se rendra compte de ce que vous faites. Le procédé de la substitution vous accorde une grande liberté. Il vous permet de faire tout ce que vous voulez. Faites des expériences et vous pourrez devenir de plus en plus souples. Je peux aller au restaurant, m'approcher d'une serveuse et lui dire : « J'étais dans la salle de bains ; un homme s'est approché de moi et il m'a dit : "Clignez des yeux." » Observez-la. Elle clignera des yeux et j'ajouterai : « Étrange, n'est-ce pas ? » Puis je m'en irai. Il ne s'agissait pas de moi ; je n'ai donc pas besoin de me poser des questions. Quelle liberté d'action ! Vous n'êtes plus responsable de votre propre comportement puisqu'il s'agit du comportement de quelqu'un d'autre.

À l'époque où j'assistais à des rencontres de psychiatres, j'allais souvent voir un participant et je lui disais : « J'ai assisté à la conférence du Dr X et il a fait quelque chose dont je n'avais jamais entendu parler. Il s'est approché d'un auditeur, il a levé la main et il lui a dit : "Regardez ma main." » Et quinze ou vingt minutes durant, j'hypnotisais mon interlocuteur et il tombait en transe. Je lui donnais ensuite une tape dans l'estomac pour le ramener à la réalité, et je lui disais : « Étrange, n'est-ce pas ? » On me répondait parfois : « Étrange qu'il ait fait cela. Il ne devrait pas faire ça. » Et j'ajoutais par exemple : « Je ne ferais jamais rien de la sorte. Et vous ? » Et il me répondait : « Oh non ! »

La substitution peut aussi vous être très utile lorsque vous travaillez avec les membres d'une famille qui se disputent, s'accusent les uns les autres et ne s'écoutent pas. En effet, vous pouvez vous pencher vers eux et leur dire : « Comme je suis heureux de constater que vous êtes tous très sensibles et que vous vous écoutez si bien les uns les autres. Récemment, j'ai travaillé avec les membres d'une autre famille et j'étais constamment obligé de les regarder à tour de rôle, un à un, et de leur dire : "Bouclez-la." C'est ce que je devais leur répéter sans arrêt. » À propos, nous avons offert ce stage de formation un jour à un groupe d'environ cent cinquante participants. Nous leur avons dit ceci : « Nous voudrions maintenant vous expliquer le procédé que les conjoints emploient très souvent durant leurs disputes. »

« Alors, si tu me disais cela, sais-tu ce que je te dirais ?

— Et si tu me disais cela, je te dirais d'aller au diable !

— Écoute-moi bien ! Si tu osais me dire cela, je tendrais le bras, et... »

Malheureusement, ils s'éloignent graduellement des substitutions et ils se mettent à vraiment se disputer. Vous avez sûrement tous déjà entendu des substitutions durant vos séances de thérapie familiale. Vous demandez par exemple à des conjoints : « Et que s'est-il passé ? » et s'ils hésitent à décrire une dispute, ils emploieront le procédé de la substitution et la dispute éclatera encore une fois. Toutes les analogies non verbales viendront appuyer leurs substitutions. La substitution est un procédé de dissociation ; et lorsqu'il n'y a plus dissociation, la substitution est terminée.

Chapitre V

DÉMANTELER LE PROBLÈME

Le processus de la sensation de perte, de la culpabilité et de la dépression

Le processus du chagrin ressemble habituellement à celui de la substitution. Que se passe-t-il lorsqu'une personne se retrouve subitement seule ? Cette personne *se fabrique* une image visuelle ; elle se voit en présence de la personne aimée, laquelle est maintenant décédée ou partie, ou qui n'est plus là pour une raison ou une autre. La « sensation de perte » qu'elle éprouve est une réaction complexe suite à la séparation entre elle et ses bons souvenirs. Elle voit les bons moments qu'elle a passés avec cet être cher et elle se sent vide *parce qu'elle n'habite pas son image* ; l'être cher n'est plus là. Si elle décidait d'habiter cette image qui fait naître son chagrin et qui provoque cette réaction, elle retrouverait les sensations kinesthésiques qu'elle a éprouvées au moment où elle vivait ces bons moments avec l'être qui lui était si cher. Et cette démarche deviendrait une source d'inspiration ; elle pourrait s'en servir pour se préparer de nouvelles expériences de vie au lieu de continuer à réagir de la même façon et à ressentir son chagrin.

Le processus de la culpabilité est légèrement différent. On peut se sentir coupable de deux façons. L'une des meilleures façons de vous sentir coupable consiste à voir une image de la réaction que vous avez pu observer sur le visage de quelqu'un qui s'est fâché de ce que vous avez fait. Il s'agit là d'une image évoquée. De cette façon, vous pouvez vous sentir coupable de tout et de rien. Par contre, si vous vous dissociez de l'image, si vous en *sortez*, c'est-à-dire si vous faites la démarche contraire à celle dont nous avons parlé lorsque nous avons discuté de la sensation de perte, vous ne vous sentirez plus coupable puisque vous percevrez la situation sous un nouvel angle.

C'est bien trop facile, n'est-ce pas ? En effet, c'est trop facile. Quatre-vingt-dix-neuf pour cent de mes clients abattus présentent la même attitude. Ils perçoivent une image d'une situation qui les abat et/ou ils s'en parlent intérieurement. Ils sont conscients d'une seule chose : leurs sensations kinesthésiques. Et ils emploient un langage tout à fait approprié : « accablé, écrasé, lourd, déprimé ». Par contre, lorsque vous leur posez des questions sur leurs sentiments, ils vous offrent une excellente description non verbale de *leur* façon de créer leur propre dépression. « Comment se fait-il que vous sachiez que vous êtes déprimé ? Éprouvez-vous ce sentiment depuis longtemps ? Qu'est-ce qui a engendré ce syndrome ? » Ces questions importent peu en elles-mêmes ; elles vous permettent tout simplement d'avoir accès au processus.

Les gens déprimés perçoivent habituellement une série d'images visuelles, des images fabriquées en particulier, dont ils sont très souvent inconscients. Ils ne se rendent habituellement pas compte qu'ils se fabriquent des images. Certains participants ont sûrement vécu une telle expérience avec leurs partenaires aujourd'hui. Vous avez dit à votre partenaire qu'il prenait la voie d'accès d'un système et il vous a répondu : « Je l'ignorais. » En effet, il l'ignorait parce qu'il était inconscient de son processus. Les gens déprimés s'hypnotisent eux-mêmes très efficacement lorsqu'ils perçoivent leurs images et ils en parlent sans en prendre conscience ; leurs sentiments sont leurs seules réactions conscientes. Et ils ne peuvent pas parler de l'origine de leurs sentiments parce qu'elle est tout à fait inconsciente.

Effet d'une consigne négative

Bon nombre de personnes obèses procèdent de la même façon. Une petite voix intérieure les hypnotise : « Ne mange pas de ce gâteau qui est au réfrigérateur. » « Ne pense pas à toutes les friandises qui sont dans l'armoire. » « Ne sens pas que tu as faim. » La grande majorité des gens ne savent pas que ces ordres leur indiquent de *faire* ce qu'ils leur défendent de faire. Pour comprendre le message : « Ne pense pas à la couleur bleue », vous devez reconstituer la signification des mots employés et penser par conséquent à la couleur bleue.

Si un enfant est en danger et que vous lui disiez : « Ne tombe pas », il devra recréer une représentation du mot « tomber » pour comprendre ce que vous lui avez dit. Cette représentation intérieure, surtout si elle est kinesthésique, engendrera fort probablement le comportement que les parents cherchent à prévenir. Par contre, si vous donnez une directive positive à l'enfant : « Sois prudent. Tâche de demeurer en équilibre, avance lentement », il trouvera accès à une représentation qui l'aidera à faire face à la situation.

Un participant : Pourriez-vous donner plus d'explications au sujet de la culpabilité ?

La culpabilité, c'est comme tout le reste. C'est un mot, rien de plus. Il y a une question pertinente que vous pouvez vous poser : « À quelle *expérience* ce mot correspond-il ? » Depuis plusieurs années, des gens vont consulter un psychiatre et lui disent : « Je me sens coupable. » Les thérapeutes entendent le mot « coupable » et répondent : « Ah oui, je comprends ce que vous voulez dire. » Si ces mêmes personnes disaient plutôt : « Je me sens X », les psychiatres ne concluraient pas si vite qu'ils comprennent ce que leurs clients veulent dire.

Différentes formes de la culpabilité

Au fond, nous cherchons à vous démontrer qu'en ce qui a trait à la culpabilité, la dépression, la jalousie et tous les autres mots, ce qui importe, c'est de définir le *processus*, le vécu, le fonctionnement du concept. Qu'est-ce qui permet à quelqu'un de savoir qu'à un moment donné il est temps de se sentir coupable ou d'éprouver un autre sentiment ? Un peu plus tôt, nous vous en avons donné un exemple et il s'agissait bien là d'un exemple parmi tant d'autres. On peut se sentir coupable en évoquant des images passées d'une personne dont l'expression du visage indiquait qu'elle était déçue, et en se sentant ensuite mal dans sa peau. Vous pouvez vous sentir coupable d'autres façons. Vous pouvez vous fabriquer des images, entretenir un dialogue intérieur et vous amener à vous sentir coupable. Il y a mille et une façons de s'y prendre. Il est important que vous preniez le temps d'identifier le processus d'un client si vous voulez l'aider à le modifier. Si la culpabilité d'un client est née d'images évoquées, vous pouvez l'amener à les remplacer par des images fabriquées. Si la culpabilité d'un client est née d'images fabriquées, vous pouvez l'amener à les remplacer par des images évoquées. Si votre client entretient un dialogue intérieur, vous pouvez l'amener à se chanter une chanson intérieurement.

Modifier le processus intérieur

Lorsque vos sens sont sensibles au point de vous permettre de déterminer les étapes précises du processus d'une réaction de votre client, réaction qu'il trouve nuisible et qu'il désire modifier, vous avez plusieurs options d'intervention. Il peut vous suffire de remplacer un système par un autre puisque cette simple intervention brisera l'enchaînement des étapes de son processus.

Une femme avait la phobie des hauteurs. Notre cabinet de consultation était au troisième étage d'un édifice ; nous avons donc cru bon d'exploiter la situation. Je lui ai demandé de s'approcher de la fenêtre, de regarder à l'extérieur et de me décrire ce qu'elle vivait. La première fois qu'elle s'est approchée de la fenêtre, elle étouffait. Je lui ai alors dit que cette description était inappropriée. J'avais besoin d'informations sur le processus qui engendrait cette sensation d'étouffement et qui l'amenait à se sentir troublée. Je lui ai posé plusieurs questions et j'ai découvert qu'elle se fabriquait une image : elle se voyait tomber, elle éprouvait la sensation de tomber et elle avait ensuite la nausée. Tout cela se produisait très vite et elle n'était pas consciente de l'image qu'elle voyait.

Je l'ai alors invitée à s'approcher de la fenêtre tout en chantant intérieurement l'hymne national. Ceci peut sembler bien naïf, n'est-ce pas ? Pourtant, elle s'est approchée de la fenêtre et ses réactions phobiques avaient disparu ! Aucune réaction phobique : pourtant, elle souffrait de cette phobie depuis de nombreuses années.

Passer d'un système de représentation à un autre

Un Amérindien Cri qui était guérisseur, un sorcier, a un jour participé à l'un de nos ateliers. Nous discutions de différents mécanismes de changements rapides et efficaces qui pouvaient servir dans toutes les cultures. Lorsque quelqu'un a mal à la tête, vous pouvez employer une approche ancienne à demi gestaltiste, et lui demander de s'asseoir, de regarder une chaise libre, d'intensifier la douleur qu'il ressent et de s'imaginer que celle-ci devient un nuage de fumée qui occupe le siège libre. Le nuage de fumée se transforme en l'image d'une personne avec laquelle elle a des comptes à régler ; et vous faites ensuite tout ce que vous voulez. Ce procédé produit des résultats ; le mal de tête s'envole.

Ce guérisseur avait toujours une feuille blanche à sa disposition. Lorsque quelqu'un venait le voir et lui disait : « J'ai mal à la tête, pourriez-vous m'aider ? » il lui répondait : « Oui, bien sûr. Avant de commencer, je voudrais que vous examiniez cette feuille de papier de très près durant cinq minutes parce qu'elle vous offre quelque chose qui vous intéressera grandement. » Ces deux interventions ont un point commun : elles impliquent toutes les deux un passage d'un système de représentation à un autre. Vous démembrez le processus de développement d'une expérience que votre client ne veut pas vivre en attirant son attention sur un système de représentation autre que celui qui lui transmet actuellement les messages de douleur. Ces deux approches produisent des résultats tout à fait identiques. Que vous examiniez très attentivement la feuille ou que vous intensifiiez la sensation et la transformiez en l'image d'une personne assise sur la chaise libre, vous faites exactement la même chose. Et quel que soit le problème à résoudre, cette intervention agit en profondeur. Tout ce qui vous permet de modifier le processus, c'est-à-dire l'enchaînement d'événements qu'un individu vit dans son for intérieur en réaction à des stimuli intérieurs ou extérieurs, enrayera à tout jamais sa réaction présente.

Nous avons eu un client dont les pupilles se dilataient chaque fois qu'il voyait un serpent ; peu importait la distance qui le séparait du serpent, peu importait l'angle sous lequel il le voyait, et peu importait qui était à ses côtés. Il fallait être très près de lui pour observer sa réaction. Il voyait l'image d'un serpent qui volait dans les airs. Il en était inconscient jusqu'au jour où nous l'avons aidé à identifier celle-ci. Lorsqu'il avait six ans, on lui avait lancé un serpent sans le prévenir et il avait eu très peur. À partir de ce moment-là, il avait toujours eu la même réaction kinesthésique (comme lorsqu'il avait six ans) chaque fois qu'il voyait l'image d'un serpent qui volait dans les airs en sa direction. Nous aurions pu nous contenter de modifier le contenu de son image. Nous aurions pu lui suggérer de se fabriquer une image de quelqu'un qui lui soufflait des baisers. Nous *avons* tout simplement inversé l'ordre des systèmes. Nous l'avons tout d'abord amené à avoir la réaction kinesthésique, puis à se fabriquer une image intérieure. Et il ne pouvait alors plus avoir sa réaction phobique.

Vous pouvez aborder toute situation contraignante comme s'il s'agissait d'une création unique d'un être humain et découvrir graduellement les étapes qui la composent. Lorsque vous avez défini les étapes, vous pouvez en changer l'ordre ou en modifier le contenu, ajouter une nouvelle étape au processus ou en éliminer une. Vous pouvez faire toutes sortes d'interventions intéressantes. Ceux qui sont convaincus que l'étape la plus importante d'une démarche de changement consiste à « retrouver l'origine du problème et sa signification profonde », et ceux qui sont convaincus qu'ils doivent absolument tenir compte du contenu, devront fort probablement travailler des années durant pour amener quelqu'un à changer.

Percevoir la forme plutôt que le contenu du problème

Lorsque vous changez la forme, vous changez les résultats tout autant que lorsque vous travaillez à modifier le contenu. Par ailleurs, les instruments dont vous vous servez pour modifier la forme sont d'emploi plus simple. Il est donc beaucoup plus facile de changer la forme que de changer le contenu, et les changements produits sont plus durables.

Un participant : Quelles questions posez-vous lorsque vous voulez identifier les étapes du processus d'un client ?

Demandez à votre client de vivre l'expérience en question. Demandez-lui quand a-t-il pour la dernière fois fait l'expérience du processus en question ; demandez-lui de décrire ce qui se produirait s'il en faisait maintenant l'expérience, ou s'il se reportait à la dernière fois. Toutes ces questions peuvent provoquer les mêmes réactions inconscientes dont nous avons parlé jusqu'à maintenant. Chaque fois que je pose une question à un participant ou chaque fois que je lui fais une déclaration à un sujet précis, observez-le bien et vous pourrez identifier sa réaction non verbale bien avant qu'il ne puisse consciemment verbaliser une réponse explicite ; et vous verrez que sa réponse non verbale est beaucoup plus complète que sa réponse verbale.

« Comment se fait-il que vous sachiez que vous avez cette phobie ; qu'est-ce qui vous permet de le savoir ? » Cette question vous donne habituellement toutes les réponses que vous désirez. Les gens ont tendance à faire des démonstrations au lieu de prendre conscience de leurs réactions.

Nous avons consacré notre ouvrage intitulé *The Structure of Magic I* à l'étude de ce que nous appelons les métamodèles. C'est une forme verbale, une façon d'écouter et d'entendre la forme des messages verbaux plutôt que leurs contenus. Nous appelons l'un des facteurs très importants les « verbes indéfinis ». Admettons que je sois votre client et que je vous dise : « Mon père m'effraie. » Comprendriez-vous vraiment ce que je chercherais à vous dire ? Non, c'est bien évident ! « Mon père me X » serait un message tout aussi significatif que le premier. Lorsque quelqu'un dit : « Mon père m'effraie », il pense peut-être à ces moments où son père lui colle le canon d'un revolver sur une tempe, alors que quelqu'un d'autre pourrait vouloir parler des moments où son père passe au salon sans dire un seul mot ! La phrase : « Mon père m'effraie » a donc peu de contenu. Elle vous indique tout simplement qu'il existe un processus qui n'est pas encore identifié. Dans une telle situation, vous avez besoin d'un procédé qui vous aidera à écouter le langage d'un client et à déterminer le moment où il a suffisamment défini son expérience à l'aide de messages verbaux.

Des questions révélatrices

Lorsque nous abordons la question du métamodèle, nous enseignons aux gens à demander des éclaircissements chaque fois qu'ils entendent une phrase du type : « Mon père m'effraie », de façon qu'ils puissent saisir le processus que la personne appelle « m'effraie ». « Comment votre père vous effraie-t-il », « Décrivez-moi plus précisément ce qui vous permet de savoir que vous êtes déprimé, que vous vous sentez coupable, que vous avez la phobie de quelque chose ? » Tout comme le verbe « m'effraie », le verbe « savoir » ne décrit pas le processus. Si je vous disais : « J'ai un problème, je crois », vous n'auriez donc aucune information au sujet de mon processus. Si vous disiez : « Comment le croyez-vous ? », votre client vous répondrait probablement tout d'abord : « Pardon, vous dites ? » Lorsque la surprise que votre question aurait provoquée disparaîtrait, votre client commencerait à vous faire une démonstration du processus non verbal. Il vous dirait par exemple : « Je le crois, c'est tout ! » (Et il lèverait les yeux et la tête, et il regarderait sur la gauche.) Ou il vous dirait : « Ah, je ne sais pas. Vous comprenez, je… c'est une idée que j'ai. » (Et il baisserait les yeux et la tête, et il regarderait sur la gauche.) Les verbes indéfinis accompagnés de messages non verbaux précis et éloquents, tels les mouvements des yeux et les gestes, répondraient à votre question, même si votre client était inconscient de ce qu'il faisait.

Et si vous continuiez à poser des questions à votre client, il prendrait fort probablement conscience de son processus et il vous l'expliquerait. C'est généralement ce qui se produit. Les gens font habituellement cela sans conviction parce qu'ils présument que tous les autres pensent de la même façon qu'eux, c'est-à-dire à l'aide du même processus. Un jour, un thérapeute de grande renommée nous a dit d'un air sérieux : « Tout être adulte intelligent pense en images. » En fait, il nous décrivait son processus à lui. C'est de cette façon qu'il organise une grande partie de ses activités conscientes. La moitié des gens que nous avons rencontrés d'un bout à l'autre du pays ne fonctionnent absolument pas de cette façon.

Durant des stages de formation de ce genre, les participants posent très souvent des questions de la façon suivante. Ils pointent le doigt sur eux-mêmes et nous demandent : « Comment aidez-vous quelqu'un qui se sent déprimé ? » Verbalement, ils ne définissent pas le mot « quelqu'un ». Nous disons alors que ce mot n'a pas d'index de référence. Ce mot n'a pas trait à un élément prédéterminé du vécu. Par contre, le message non verbal de cette personne est très précis ; et bien des gens font la même chose à l'aide d'une foule d'autres processus non verbaux. Lorsque vous pouvez identifier les signaux d'accès au vécu et d'autres indices non verbaux, vous pouvez comprendre un processus relativement bien. Des gens viendront vous consulter et vous diront : « J'ai un problème », et grâce à leur comportement non verbal, vous aurez déjà identifié le processus sous-jacent à leur problème.

Les questions : « Comment… plus précisément ? » et « Comment se fait-il que vous sachiez que… ? » vous procureront presque toujours une description non verbale précise et complète du processus d'un client. Dans notre ouvrage intitulé *The Structure of Magic I*, nous vous offrons une description très détaillée de la façon de poser des questions pertinentes à l'aide du métamodèle.

Un autre niveau d'écoute

L'un de nos étudiants a enseigné le métamodèle au personnel infirmier d'un hôpital. Par conséquent, lorsqu'un patient disait à une infirmière : « Je suis convaincu que ma situation se détériore », ou « Je ne suis pas encore prêt à marcher », elle lui répondait : « Comment faites-vous pour savoir cela ? » Elle posait des questions au patient pour l'aider à saisir les dimensions contraignantes de sa conception de la vie. Grâce à cette approche, les patients demeuraient en moyenne 12,2 jours à l'hôpital au lieu de 14.

En fait, le métamodèle vous permet de contrôler systématiquement votre usage du langage. Lorsque nous l'avons enseigné à un groupe d'étudiants pour la première fois, nous avons obtenu les résultats suivants : une semaine durant, ils ont employé le métamodèle lorsqu'ils communiquaient les uns avec les autres. Ils ont ensuite commencé à prendre conscience de ce qu'ils disaient lorsqu'ils communiquaient avec d'autres personnes que les membres du groupe. Ils faisaient parfois une pause au beau milieu d'une phrase parce qu'ils *s'entendaient* tout à coup parler. C'est là un autre effet de l'emploi du métamodèle. Grâce à cette formule, vous apprenez non seulement à écouter les autres, mais à vous écouter vous-même. Nos étudiants se sont ensuite examinés intérieurement et ils ont commencé à appliquer le métamodèle lorsqu'ils entretenaient un dialogue intérieur. Ils ont par conséquent modifié leur langage intérieur, et au lieu de s'effrayer eux-mêmes, ils se sont aidés.

En fait, le métamodèle est très simple. Et pourtant, c'est là la base de tout ce que nous faisons. Sans le métamodèle, sans contrôle systématique du langage, vous ferez de façon désordonnée tout ce que nous vous enseignerons. Il y a une différence entre ceux qui font *bien* ce que nous leur enseignons et ceux qui le font de façon désordonnée : ceux qui le font bien ont une maîtrise totale du métamodèle. Le métamodèle est à la base de tout ce que nous faisons. Que vous soyez intelligent, spirituel, et perspicace, et que vous inventiez la métaphore la plus complexe qui soit, vous ne saurez que faire si vous n'apprenez pas à recueillir efficacement les informations dont vous avez besoin, informations intérieures et extérieures à vous. Ce sont les questions formulées à l'aide du métamodèle qui vous permettent d'obtenir immédiatement les informations pertinentes. C'est un outil de travail très efficace, que vous recherchiez des informations sur vous ou sur l'extérieur. Il vous aidera à rendre votre dialogue intérieur utile.

Insérer un message dans un charabia

Lorsque vous employez le langage pour communiquer avec les gens, ceux-ci présument que tout ce qu'il recouvre correspond à ce que vous dites. Il se passe tellement de choses dans leur for intérieur qu'ils sont tout à fait inconscients de la structure extérieure de votre communication. Vous pourriez leur lancer des phrases très complexes *sans signification aucune* et leurs réactions vous indiqueraient qu'ils ont l'impression que votre message a une signification très profonde. Je suis étonné que quelqu'un ait remarqué que certains schizophrènes parlent en « charabia ». J'ai déjà parlé de cette façon et les gens ont réagi comme si j'avais utilisé un langage parfait. Et vous pourriez évidemment glisser toutes sortes d'ordres bizarres dans votre charabia.

Un jour, nous avons invité quelques amis à dîner et nous voulions leur servir du champagne. Nous vivons dans un quartier résidentiel, alors nous sommes donc allés à un restaurant et j'ai dit à l'hôte : « Écoutez, nous voudrions acheter deux bouteilles de champagne et les apporter chez nous. » L'homme nous a répondu : « Oh, je ne peux pas faire cela. C'est illégal ! » J'ai poursuivi : « Nous avons invité des amis à dîner, vous voyez. Et nous sommes des clients assidus ; n'y a-t-il pas *quelque chose* que vous puissiez faire ! » Il s'est immobilisé, puis il nous a dit : « Attendez ! Je crois que je pourrais faire quelque chose. » Il a pris les bouteilles, il s'est rendu à l'extérieur à l'arrière de l'édifice, et il nous les a remises. Nous lui avons donné un pourboire.

Notre comportement était tout à fait bizarre, mais il *devait* réagir parce qu'il n'était conscient que d'une chose : cet étrange enchaînement d'interventions. Il est très important de reconnaître que la grande majorité des gens ont un fonctionnement intérieur très chaotique.

Intelligence et inconscient

Un participant : Le niveau d'intelligence d'un client entre-t-il en jeu ? Débile ou génial par exemple ?

Non. Pas à ce que je sache. Quel que soit le niveau d'instruction ou le quotient intellectuel d'un individu, l'inconscient opère de la même façon, semble-t-il, aussi étonnant que cela puisse paraître. Le Q.I. est aussi fonction des types de fonctionnement dont nous avons parlé.

Chapitre VI

S'ENTRAÎNER À INTERVENIR

Agir consciemment et inconsciemment

Une participante : Lorsque vous observez une personne à laquelle vous avez demandé de revivre une expérience troublante, vous prenez conscience de son processus ?

Oui. Cette prise de conscience est d'une nature particulière. Je suis inconscient de tout ce que j'ai fait ici aujourd'hui, c'est-à-dire que je ne réfléchis pas consciemment à ce que je fais. Je sais ce que je ferai ou dirai lorsque je me vois le faire ou lorsque je m'entends le dire. Ce concept est très important. Je suis sincèrement convaincu que la communication en face à face avec une autre personne, et je ne parlerai même pas de la communication avec un groupe de personnes, est une tâche si complexe que nous ne devrions pas tenter de l'exécuter consciemment. Vous ne pouvez pas communiquer consciemment. Lorsque vous essayez de le faire, vous interrompez le cours naturel de votre communication.

Est-ce qu'un participant joue d'un instrument de musique ? Ça va. Lorsque vous jouez une pièce de musique avec brio, la jouez-vous consciemment ? Non ! C'est juste ! Vous êtes conscient du résultat, des sons que vous tirez de votre instrument ; vous êtes inconscient du processus qui vous amène à obtenir ces sons. Que se produit-il lorsque vous prenez conscience de ce que vous faites pendant que vous jouez une pièce de musique ? Crac ! Vous faites des erreurs. Pourtant, pour *apprendre* à jouer cette même pièce de musique, vous avez dû faire une démarche consciente.

Lorsque je vous parle, je suis conscient, c'est-à-dire que je réagis et je vous réponds sans intermédiaire. Mais je ne réfléchis pas consciemment à ce que je fais. Si j'y réfléchissais consciemment, je ferais du mauvais travail.

Admettons que ce soit lundi matin. Vous retournez à votre bureau ; un nouveau client entre et vous dit : « J'ai la phobie de la gomme à mâcher. » Et une petite voix intérieure vous dit : « Ah, ah ! Voilà l'occasion rêvée de faire l'expérience d'une nouvelle approche. » Vous regardez votre client et vous lui dites : « Quand avez-vous eu votre dernière réaction phobique très forte ? » Il fait quelques mouvements des yeux, et le reste. À ce moment-là, si vous vous mettez à visualiser notre tableau et la liste des signaux d'accès au vécu, si vous vous parlez intérieurement au sujet de ce que nous avons dit durant le stage de formation et si vous vous sentez hésitant parce que vous ne savez pas encore très bien appliquer cette approche, vous ne percevrez pas les informations sensorielles dont vous aurez besoin pour prendre une bonne décision au sujet de ce que vous devrez faire ensuite. C'est ce que j'entends lorsque je dis que la réflexion consciente est inutile lorsque vous communiquez en face à face avec quelqu'un.

S'entraîner à percevoir l'autre

Si vous éprouvez le besoin de vous parler intérieurement, de percevoir des images et d'éprouver des sentiments durant une séance de consultation avec un client, vous vous soignerez fort probablement vous-même à ce moment-là. Et à mon avis, c'est ce qui se produit très souvent en thérapie. Un thérapeute fait rarement de la thérapie avec l'autre être qui est présent dans la même pièce. Il est plutôt en thérapie avec lui-même. Et quand on dit que des clients changent, ce n'est qu'une façon de parler.

La grande majorité des thérapeutes ont fait des études universitaires. Ils ont par contre reçu peu de connaissances pertinentes. On leur a enseigné des statistiques : « Trois et demi pour cent des clients souffrent de… » Et vous êtes rarement en présence de cent clients à la fois et vous ne pouvez donc pas intervenir auprès de ces trois et demi pour cent. Vous décidez par conséquent de participer à des stages de formation pour apprendre à faire de la thérapie. Et une foule d'excellents thérapeutes offrent des stages de formation alors qu'ils ne peuvent même pas définir les procédés qu'ils emploient pour faire ce qu'ils font. Ils vous parlent donc de ce qu'ils croient faire, et par le fait même ils vous distraient et vous amènent à ne pas prêter attention à leurs clients. Lorsque vous avez de la veine, vous percevez subliminalement les types d'informations dont nous vous avons parlé et vous pouvez réagir de votre propre chef d'une façon systématique quelconque. Malheureusement, une foule de gens ne perçoivent pas ces choses subliminalement. Un grand nombre de thérapeutes échouent. Tout compte fait, vous avez besoin de commencer à réorganiser votre comportement pour en arriver à prêter vraiment attention à vos clients.

Vous êtes des professionnels de la communication. Je crois donc qu'il serait logique que vous preniez le temps de vous développer consciemment des processus bien précis de communication de sorte qu'ils feront systématiquement partie de votre comportement pour que vous les employiez par la suite inconsciemment, de la même façon que vous agissez déjà systématiquement et inconsciemment lorsque vous allez à bicyclette ou lorsque vous conduisez votre voiture. Vous avez besoin d'apprendre à agir systématiquement et pour ce faire, vous devez vous y exercer consciemment. Lorsque vous observerez des signaux de voie d'accès visuelle et que vous entendrez des prédicats visuels, vous pourrez automatiquement choisir de les associer, de les dissocier ou d'inventer toute autre combinaison que vous pourrez imaginer.

Se créer des choix de réactions

Autrement dit, vous avez besoin d'un excellent répertoire de processus systématiques inconscients propres à chaque type de situations auxquelles vous ferez régulièrement face au travail, où vous devrez alors choisir : Comment puis-je établir un rapport avec cet être humain ? Comment réagirai-je lorsqu'un client ne pourra me communiquer verbalement aucune information consciente en réponse à ma question ? Comment réagirai-je lorsqu'un client émettra des messages incompatibles ? Voilà quelques exemples de situations dans lesquelles vous devrez choisir. Identifiez ces situations qui se présentent régulièrement au travail. Examinez-les une à une et préparez-vous de trois à six réactions différentes à adopter dans cette situation ; chacune d'elles sera inconsciente et fera systématiquement partie de votre comportement. Si vous disposiez de moins de trois types de réactions que vous puissiez adopter dans une situation donnée en thérapie, je crois que vous ne disposeriez pas d'un choix suffisant. Et si vous ne connaissiez qu'un type de réaction, vous seriez un parfait robot. Si vous en aviez deux, vous feriez face à un dilemme.

Vous avez besoin d'une base solide, d'une source de choix. Pour vous bâtir une base solide, vous pouvez examiner la structure de votre comportement et de vos interventions en thérapie. Vous identifierez les situations qui se présentent régulièrement et vous vous préparerez un bon nombre de réactions à adopter dans chaque type de situation, puis vous oublierez tout. Vous pourrez ajouter un autre ingrédient, un métarèglement : « *Lorsque ce que vous faites ne vous donne rien, vous faites autre chose. Peu importe quoi.* »

Se former systématiquement à la flexibilité

Votre conscient est limité ; respectez cet état de choses et ne vous dites jamais : « Très bien. Je ferai tout ce qui m'a été enseigné durant le stage de formation. » Vous ne pouvez pas faire tout cela. Vous pouvez faire une chose par contre : chaque jour, lorsque votre troisième client entre dans votre cabinet de travail, réservez-vous les cinq premières minutes et dites-lui ceci : « Avant de commencer notre séance, j'aurais besoin que vous me fournissiez une ou deux informations sur votre fonctionnement cognitif. De quelle couleur est le cercle supérieur d'un feu de circulation ? » Posez-lui des questions concernant les systèmes de représentation, et durant cinq minutes soyez très attentif aux réactions de votre client de façon qu'un peu plus tard durant la séance, lorsque votre client sera tendu, vous sachiez ce qui se passe. Tous les jeudis, durant l'heure consacrée à votre premier client, vous pourriez tenter de refléter ses prédicats ; durant l'heure consacrée à votre deuxième client, vous pourriez vous exercer à dissocier ses prédicats. C'est là une façon systématique de découvrir les résultats que votre comportement produit. Si vous ne donnez pas une telle structure à votre recherche, vous continuerez de fonctionner au gré du hasard. En l'organisant et en vous sentant bien libre de vous limiter à des procédés bien précis et d'en identifier les résultats pour ensuite les remplacer par de nouveaux, vous développerez un répertoire inimaginable de réactions inconscientes. Autant que je sache, c'est là le seul moyen d'apprendre *systématiquement* à devenir plus souple. Il en existe sûrement d'autres. Mais c'est le seul que nous connaissions.

Importance de la polyvalence

Un participant : J'ai l'impression que vous nous dites de faire des expériences avec nos clients. Je pense qu'en toute conscience professionnelle, j'ai la responsabilité de…

Je ne suis pas d'accord avec vous. Je pense qu'en toute conscience professionnelle, vous avez la responsabilité de faire des expériences avec *chacun* de vos clients de façon à devenir plus compétent, parce qu'à long terme vous pourrez aider plus de gens plus rapidement. Si vous *refusez* de faire des expériences et de mieux vous outiller, sous le faux prétexte de la conscience professionnelle, je crois que vous ne toucherez vraiment pas la cible, et la conscience professionnelle deviendra un autre moyen de vous limiter vous-même. Pensez à la « conscience professionnelle ». Si la « conscience professionnelle » est le nom que vous donnez à un ensemble de choses que vous *ne pouvez pas* faire, vous limiterez votre comportement.

Il y a une loi en cybernétique qu'on appelle la « loi de la variété requise ». Autrement dit, dans tout système humain ou mécanique, l'élément qui présente le degré d'adaptabilité le plus élevé est l'élément qui contrôle le système. Lorsque vous limitez votre comportement, vous perdez une bonne partie de cette « variété requise ».

Les hôpitaux psychiatriques sont les meilleurs exemples de ce phénomène. Je n'ai aucune idée de ce qui se passe à votre hôpital psychiatrique ; je sais par contre qu'en certains hôpitaux il y a des malades très étranges parmi le grand nombre de malades mentaux. On peut facilement reconnaître les membres du personnel dans ces hôpitaux : ce sont les personnes qui ont un code de déontologie. Ils ont une hallucination commune et cette hallucination leur nuit beaucoup plus qu'elle ne nuit à qui que ce soit d'autre. En effet, ces gens-là croient qu'ils doivent limiter leur comportement à partir d'une foule de critères. Ils jouent donc constamment un rôle ; ils sont des personnages. Et les patients ne sont pas obligés de se plier à ces règles d'éthique. Une grande souplesse vous permet de provoquer des réactions et de contrôler la situation. Qui pourra susciter le plus de réactions : le psychiatre qui joue le rôle de la personne « normale » ou le patient qui est étrange ? Je voudrais vous donner un exemple qui m'est cher.

Nous déambulons dans le couloir d'un hôpital psychiatrique, entourés d'un groupe de psychiatres en internat. Nous nous approchons d'une salle de séjour et nous discutons ensemble sur un ton normal. Nous arrivons à la porte, l'ouvrons, nous entrons dans la pièce et tous les psychiatres commencent à chuchoter. Nous commençons donc nous aussi à chuchoter. Tout à coup, nous nous regardons tous les deux et nous nous demandons : « Pourquoi chuchotons-nous ? » Un psychiatre nous regarde et nous chuchote : « Oh, il y a un catatonique dans la pièce. Nous ne voulons pas le déranger. » Si le catatonique a un degré plus élevé de « variété requise » que le psychiatre, je joins les rangs des catatoniques.

Éthique, limite et répertoire d'interventions

La grande majorité des thérapeutes ont leur *propre* code de déontologie. Pour devenir un professionnel de la communication reconnu, selon certains, vous devez vous habiller en fermier. C'est la première exigence. La deuxième exigence est la suivante : vous devez étreindre tout le monde *trop* fort. Ces gens-là se moquent constamment des psychiatres parce qu'ils portent la cravate ! À mon avis, leur comportement est aussi limitatif, aussi unidimensionnel que celui des psychiatres. Qu'ils soient humanistes, analytiques ou autres, bon nombre de codes de déontologie posent un problème : ils limitent le comportement. Et dès que vous acceptez un « je ne ferai pas cela », vous créez une catégorie de personnes que vous ne pourrez pas aider. Nous sommes retournés une autre fois au même hôpital psychiatrique ; je me suis approché du patient catatonique et je lui ai marché sur les pieds, le plus fort possible, et il a immédiatement réagi : il a perdu sa catatonie, il a sauté en l'air et il m'a dit : « Ne faites jamais ça ! »

Frank Farrelly, l'auteur de *Provocative Therapy*, nous donne le parfait exemple de la « variété requise ». Il est prêt à faire n'importe quoi pour entrer en relation avec quelqu'un et pour établir un rapport. Un jour, il a fait une démonstration avec une femme qui était catatonique depuis trois ou quatre ans. Il s'est assis près d'elle, l'a regardée et l'a prévenue franchement : « Je vais gagner ! » Elle est demeurée catatonique, évidemment, assise sur sa chaise. Ils étaient à l'hôpital et la patiente portait une chemise de nuit. Il a tendu le bras et lui a tiré un poil de la jambe près de la cheville. Elle n'a pas réagi. Il lui a tiré un autre poil deux centimètres plus haut. Aucune réaction. Il a poursuivi ; il lui a arraché un troisième poil deux centimètres plus haut. Et elle lui a crié : « Bas les pattes ! » Bien des gens auraient dit qu'il s'agissait là d'un manque d'éthique professionnelle. Pourtant, certaines interventions qui ne sont pas professionnelles *produisent des résultats*. Frank Farrelly soutient qu'il n'a encore jamais eu besoin d'aller plus haut que le genou.

Bloquer ou provoquer le changement

J'ai déjà donné une conférence aux membres d'un institut d'approche analytique. Durant trois heures avant mon exposé, les participants m'ont lu des comptes rendus de recherches pour me prouver qu'on ne pouvait pas aider les malades mentaux. Puis je leur ai dit : « Je commence à me faire une image. Dites-moi si j'ai tort ou raison. Essayez-vous de me dire que vous croyez que la thérapie ne pourra *jamais* guérir un schizophrène ? » Et j'ai poursuivi : « Très bien. Vous avez tous choisi la profession parfaite. Nous devrions tous être psychiatres et croire qu'on ne peut pas aider les autres. » Et ils m'ont expliqué ceci : « Parlons maintenant des psychotiques. Les gens qui vivent des réalités psychotiques, et bla bla bla », et tout le verbiage au sujet des rechutes. Je leur ai répondu : « Quels types de choses *faites-vous* avec ces gens-là ? » Ils m'ont parlé de leur recherche et du type de thérapie qu'ils avaient pratiqué. Ils ne faisaient jamais rien qui ait pu amener les patients à réagir.

Embrasser la réalité du « malade »

Frank Farrelly avait une patiente dans un hôpital psychiatrique ; elle pensait qu'elle était la maîtresse de Jésus-Christ. Vous devrez admettre avec moi que cette conviction est étrange. Lorsque quelqu'un entrait dans la pièce, elle s'exclamait : « Je suis la maîtresse de Jésus. » Et les gens lui répondaient évidemment : « Ah ! » et ils ajoutaient : « Non, vous n'êtes pas la maîtresse de Jésus. C'est une illusion… *n'est-ce pas ?* » Allez visiter un hôpital psychiatrique et vous verrez bien que les patients sont *d'excellents* comédiens ; ils savent jouer le bizarre et amener les autres à réagir. Frank Farrelly a formé une jeune travailleuse sociale à se comporter constamment d'une certaine façon. Puis il l'a envoyée dans un hôpital psychiatrique. La patiente lui a dit : « Je suis la maîtresse de Jésus. » La travailleuse sociale l'a regardée, elle a fait la grimace et elle lui a répondu : « Je le sais, Il m'a parlé de vous. » Quarante-cinq minutes plus tard, la patiente vint la voir et lui dit : « Écoutez-moi bien, je ne veux plus entendre parler de cette histoire de Jésus. »

Certains ont fort probablement déjà entendu parler d'un homme du nom de John Rosen. John Rosen fait constamment les deux mêmes interventions et il les fait avec beaucoup d'efficacité. Il obtient très souvent d'excellents résultats. Schefflin décrit la première chose que Rosen fait très bien de la façon suivante : il *embrasse si étroitement* la réalité du schizophrène qu'il la détruit. C'est ce que Frank Farrelly avait enseigné à la travailleuse sociale mentionnée plus haut.

Les psychiatres dont je viens de parler n'avaient jamais fait l'expérience d'une telle approche. Et lorsque je leur ai suggéré de le faire, ils ont tous grimacé parce que cette suggestion allait à l'encontre de leur éthique professionnelle. Ils avaient reçu une formation qui reposait sur un système de convictions disant : « Limitez votre comportement. Ne partagez pas la réalité de votre patient ; amenez-le à tout prix à partager votre réalité. » Un patient vraiment perturbé a beaucoup plus de difficulté à adopter la conception de vie d'un professionnel qu'un professionnel de la communication n'en a à adopter la sienne. Disons à tout le moins qu'il est peu probable que le patient le fasse.

Un participant : Vous stéréotypez une foule de gens à mon avis !

Vous avez tout à fait raison. C'est l'effet des mots. C'est leur fonction. Les mots nous servent à faire des généralisations au sujet de nos expériences. Et vous *ne devriez pas* vous sentir offensé si ce que nous disons *s'applique directement à vous*.

Questions efficaces pour débloquer

Les professionnels de la communication butent sur un obstacle parmi d'autres, à savoir le procédé linguistique que nous appelons « l'opérateur des conceptions ». Un client vous dit : « Je ne peux plus parler de ce sujet aujourd'hui. À tout le moins, pas au sein de ce groupe, c'est impossible. Et je pense que vous ne pouvez pas comprendre le problème, vous non plus. » Si vous écoutez le contenu de sa communication, vous êtes perdu. Et vous vous direz fort probablement : « Que s'est-il passé ? »

Le procédé va comme suit. Un client vous dit : « Je ne peux pas X » ou « Je ne devrais pas X ». Lorsque quelqu'un entre dans votre cabinet de consultation et vous dit : « Je ne devrais pas me mettre en colère », si vous êtes gestaltiste, vous lui répondrez : « Dites plutôt : "Je ne me mettrai pas en colère." » Fritz Perls était allemand ; dans sa langue maternelle, ces deux phrases n'ont peut-être pas la même signification. Pour nous, cependant, ces deux phrases signifient la même chose. Les trois phrases : « Je ne vais pas… », « Je ne devrais pas… » et « Je ne peux pas… » ont la même signification. Quand on observe la réalité, on se rend compte que « Je ne devrais pas », « Je ne peux pas » ou « Je ne vais pas » indique qu'on n'a pas encore fait la chose. Il n'y a donc aucune différence. Le client vous dit donc : « Je ne me mettrai pas en colère. »

Si vous lui demandez ensuite : « Pourquoi pas ? », il vous parlera de ses raisons, vous aurez trouvé un excellent moyen de vous enliser. Si vous lui demandez : « Que se passerait-il si vous vous mettiez en colère ? » ou « Qu'est-ce qui vous en empêche ? », vous obtiendrez des informations beaucoup plus utiles.

Nous avons communiqué tout cela il y a plusieurs années dans notre ouvrage intitulé *The Structure of Magic I*. Nous demandons souvent à nos interlocuteurs de nous dire s'ils ont lu ce volume. Et ils nous répondent : « Oui. Très péniblement. » Et nous poursuivons : « Avez-vous appris ce dont nous parlions ? Avez-vous appris le quatrième chapitre ? » C'est la seule portion significative de l'ouvrage à mon avis. Et ils nous répondent : « Oh oui ! Je savais déjà tout ça. » Et j'ajoute : « Très bien. Je serai votre client. Je vous parlerai et vous me poserez des questions. » Je leur dis : « Je ne peux pas me mettre en colère. » Et ils me répondent : « Ah, très bien. Quel est votre problème ? » au lieu de me dire : « Qu'est-ce qui vous en empêche ? » ou « Que se passerait-il si vous vous mettiez en colère ? » Parce qu'ils n'emploient pas inconsciemment et systématiquement les questions du métamodèle, les gens s'enlisent. Nous avons entre autres observé que Salvador Minuchin, Virginia Satir, Milton Erickson et Fritz Perls emploient intuitivement la plupart des douze questions du métamodèle.

Vous avez besoin d'employer un programme pour assimiler vos options de façon que vous vous absteniez ultérieurement de penser à ce que vous faites. En effet, si vous vous mettez à penser à ce que vous allez faire, vous ne serez pas attentif à ce qui se passe. Nous voulons ici parler de votre façon d'organiser votre propre conscience pour exécuter efficacement une tâche complexe de communication.

Inutilité de « comprendre » l'intervention

Que le client comprenne consciemment n'a absolument aucune importance ; c'est tout à fait hors de propos. La réponse la plus facile à donner à un client qui désire savoir ce qui se passe est la suivante : « Avez-vous une voiture ? La faites-vous mettre au point de temps à autre ? Le mécanicien vous explique-t-il en détail ce qu'il fera avant de commencer son travail ? » Ou : « Avez-vous déjà subi une intervention chirurgicale ? Avant l'opération, le chirurgien vous a-t-il expliqué en détail qu'il allait couper tel et tel muscle, et refermer telle artère ? » À mon avis, ces deux analogies sont très à propos lorsque vous devez répondre aux questions qu'un client vous pose sur ce que vous allez faire.

Les gens qui peuvent vous donner un diagnostic des plus détaillés et des plus sophistiqués de leurs problèmes personnels, je les ai rencontrés dans les hôpitaux psychiatriques en Amérique et en Europe. Ils peuvent vous expliquer pourquoi ils ont ces problèmes, leurs origines, et leur façon de perpétuer leurs processus inappropriés ou destructeurs. Pourtant, cette compréhension verbale consciente explicite leur est totalement inutile au moment de modifier leur comportement et leur vécu.

Suggestion pour intégrer l'apprentissage

Nous voudrions maintenant vous faire une suggestion. Étant évidemment de simples hypnotiseurs, il s'agit donc d'une simple suggestion. Nous voudrions suggérer à la dimension inconsciente de vous deux qui avez présenté une communication à notre grand plaisir d'exploiter les processus naturels du rêve et du sommeil qui se produiront tout naturellement cette nuit afin de décanter les expériences que vous avez vécues aujourd'hui. Et représenter encore plus efficacement tout ce que vous avez appris ici aujourd'hui sans vous en rendre compte, de façon qu'au cours des jours, des semaines, des mois qui viennent vous puissiez découvrir que vous faites de nouvelles choses. Vous avez appris du nouveau sans vous en apercevoir et vous serez agréablement surpris de découvrir que cela s'est intégré à votre comportement. Que vous vous rappeliez ou non vos rêves que nous espérons bizarres cette nuit, vous permettant de vous reposer paisiblement, nous espérons que vous viendrez demain matin nous rencontrer à nouveau ici, alertes, frais et dispos, et prêts à faire de nouveaux apprentissages fascinants.

À demain !

DEUXIÈME PARTIE

CHANGER

« Ancrer » :
modifier l'histoire
et la structure personnelles

Chapitre VII

ÉTABLIR UN RAPPORT AVEC L'AUTRE

Accompagner et refléter

Nous vous avons parlé jusqu'à maintenant de différentes façons d'établir un rapport avec un être humain et de partager sa conception de l'univers afin de pouvoir l'aider à découvrir de nouveaux choix de comportement. Tous ces procédés constituent des exemples de ce que nous appelons *accompagner* ou *refléter*. Vous reflétez l'expérience d'une personne lorsque vous savez apparier votre comportement verbal et non verbal au sien. Ce reflet est l'essence même de ce que la grande majorité des gens appellent un rapport entre individus ; ce reflet comporte autant de dimensions que votre expérience sensorielle vous permet d'en identifier. Vous pouvez refléter les prédicats d'une autre personne, sa syntaxe, la position de son corps, sa respiration, le ton de sa voix et son débit, l'expression de son visage, ses clignements d'yeux, etc.

Reflet non verbal

Il y a deux types de reflets non verbaux. Il y a tout d'abord le reflet direct. Exemple : je respire aussi profondément et au même rythme que vous. Même si vous ne vous rendez pas compte de ce que je fais, mon intervention aura un grand impact sur vous.

Vous pouvez aussi faire un reflet non verbal en remplaçant une voie non verbale par une autre. C'est ce que nous appelons le « reflet croisé ». Il y a deux types de reflets croisés. Vous pouvez faire des croisements à l'intérieur de la même voie. Je peux faire des mouvements de la main qui copient votre respiration, de votre poitrine qui se gonfle et se relâche. Et bien que les mouvements de ma main soient très ténus, ils auront aussi un impact sur vous. Ce type de reflet est plus discret que le reflet direct, mais il est aussi très efficace. Je fais appel à un aspect différent de la même voie sensorielle : le mouvement kinesthésique.

Vous pouvez aussi faire du reflet croisé en inversant les voies. Prenons un exemple. Pendant que je vous parle… je vous regarde… j'observe votre respiration… et mon débit… copie l'expansion… et l'affaissement… de votre poitrine. C'est là un autre type de reflet croisé. J'adapte mon débit oral au rythme de votre respiration.

Accompagner et orienter

Lorsque vous avez bien *accompagné* le comportement de l'autre personne, vous pouvez l'*orienter* afin que celle-ci adopte un nouveau comportement ; il vous suffit de modifier ce que vous faites. Le mode de chevauchement dont nous parlions plus haut est un parfait exemple de ce procédé. Vous adoptez la représentation de l'univers de votre client et la faites ensuite se chevaucher avec une autre représentation.

Nous pouvons facilement observer les processus d'*accompagnement* et d'*orientation* dans tout ce que nous faisons. Si vous procédez avec douceur et délicatesse, vous obtiendrez de bons résultats ; tous vos clients en bénéficieront, même les catatoniques.

Briser une catatonie

Un jour, j'étais dans un hôpital psychiatrique. J'y ai rencontré un homme qui était assis dans le même fauteuil dans la salle de séjour depuis plusieurs années. Les seuls messages qu'il me transmettait étaient la position de son corps et le rythme de sa respiration. Il avait les pupilles dilatées. Je me suis assis près de lui à un angle d'environ quarante-cinq degrés ; nous n'étions pas face à face. J'ai adopté la position de son corps. Je n'ai même pas essayé d'être discret. Je me suis assis dans la même position que lui et j'ai respiré avec lui, à son rythme, durant quarante-cinq minutes. Pendant cette période, j'ai modifié légèrement ma respiration à quelques reprises, et chaque fois il m'a imité. Je savais donc que j'avais établi un rapport avec lui. J'aurais pu modifier ma respiration lentement et le faire sortir graduellement de son état. J'ai choisi d'interrompre le processus et je l'ai secoué. Je lui ai crié : « Dites, auriez-vous une cigarette à me donner ? » Il s'est levé très brusquement et m'a répondu : « Sapristi, ne faites jamais ça ! »

Accompagner l'illusion et orienter la réalité

Un de mes amis est recteur d'une université. Il vit une réalité pleine d'illusions : il croit qu'il est très intelligent, qu'il a beaucoup de prestige, et le reste. Il a une démarche guindée, il a l'air extrêmement sévère et il fume la pipe ; il joue son personnage à fond. Sa réalité n'est qu'une illusion. La dernière fois que je suis allé à un hôpital psychiatrique, j'ai rencontré un homme qui disait être un agent secret détenu à cet hôpital par des communistes. Il y a une seule différence entre ces deux hommes : la grande majorité des gens croiraient fort probablement le recteur de l'université et se méfieraient du psychotique. On paie le recteur de l'université pour qu'il entretienne ses illusions. Si j'essayais de refléter ces deux personnes, j'accepterais leur réalité individuelle. Au recteur d'université, je dirais : « Tu es très intelligent et tu as beaucoup de prestige, tu pourras donc sûrement… », et je décrirais ce que je veux qu'il fasse. Lorsque je participe à un congrès scientifique, je suis entouré de personnes qui vivent toutes la même réalité psychotique : la chose scientifique ; je leur reflète donc cette réalité. Je leur *fais* par exemple *un exposé* puisque si je leur proposais de vivre des expériences pratiques, je ne refléterais pas leur réalité. Elles ne comprendraient vraiment rien si je leur faisais vivre des expériences.

Pour atteindre le psychotique qui dit être un agent secret, j'ouvrirais lentement la porte de la pièce où il se trouve, je jetterais un coup d'œil furtif autour de moi, je me glisserais subrepticement à l'intérieur et je refermerais vite la porte ; puis je lui chuchoterais : « Enfin, nous avons pu vous atteindre. Ah ! J'ai eu l'impression que quelqu'un m'avait reconnu sur mon chemin ! Oh, empressons-nous ! Je dois vous donner toutes ces directives et m'en aller au plus vite. Êtes-vous prêt ? Vous devenez maintenant professeur d'université. Nous avons des documents falsifiés pour vous. Nous voulons que vous postuliez un emploi à cette université et que vous attendiez ensuite que nous vous donnions d'autres directives. Vous pouvez sûrement faire cela puisque vous avez suivi la formation et que vous êtes un agent secret. Exact ? Faites du bon travail. On ne doit pas vous découvrir. Si on vous découvrait, vous risqueriez d'être emprisonné ici encore une fois. C'est compris ? »

Lorsque vous accompagnez le comportement ou la réalité d'un individu, vous établissez un rapport avec lui, vous créez un climat de confiance. Et vous pouvez ensuite aborder sa réalité de façon à la modifier.

Le reflet non verbal est un mécanisme inconscient très efficace dont tout être humain se sert pour vraiment communiquer avec quelqu'un. Si vous observez la position du corps de deux personnes et leurs gestes pendant qu'elles communiquent ensemble, au restaurant par exemple, vous pourrez déterminer le niveau d'efficacité de leur échange.

Le reflet compulsif chez le thérapeute

La grande majorité des thérapeutes que je connais et qui emploient le reflet le font compulsivement. Nous avons animé un stage de formation auquel participait une femme qui communiquait extrêmement bien, mais qui employait le reflet de façon compulsive. Pendant qu'elle me parlait, je me suis mis à glisser volontairement sur ma chaise et elle est littéralement tombée par terre. Si vous êtes convaincu que vous devez être empathique avec vos clients, c'est dire que vous devez éprouver les mêmes sentiments qu'eux pour être un thérapeute compétent. Un client entre dans votre cabinet de consultation et vous dit : « J'ai une réaction phobique chaque fois que j'adresse la parole à quelqu'un dans la rue ; voyez-vous, j'ai l'impression que je vais vomir. J'ai la nausée, je suis étourdi, et on dirait que je vais m'effondrer... » Si vous croyez que vous devez tout refléter, vous deviendrez malade.

Avez-vous déjà eu l'impression en rentrant chez vous, après une journée de thérapie ou d'intervention éducative, que vous aviez apporté une partie de votre journée de travail avec vous ? Vous connaissez bien ce fait. Des statistiques démontrent que les thérapeutes vivent en moyenne huit ans de moins que tout autre groupe de professionnels.

Si vous faites de la consultation auprès de malades ou de mourants, vous ne voulez sûrement pas refléter directement leur vécu, à moins que vous ne vouliez abréger votre carrière. Les thérapeutes parlent constamment de la douleur, de la tristesse, du vide intérieur, des souffrances et des vicissitudes de la condition humaine. Si vous croyez devoir vivre les expériences de vos clients pour les comprendre, vous mènerez à mon avis une existence misérable. Il est donc très important de comprendre que vous pouvez *choisir* de faire un reflet direct ou un reflet croisé. Si votre client respire normalement, respirez normalement avec lui. S'il est asthmatique, reflétez sa respiration à l'aide de mouvements de la main par exemple.

Chapitre VIII

ANCRER POUR CHANGER

Faisons maintenant l'expérience de toutes ces informations, et de tout ce dont nous avons parlé hier. Quelqu'un pense-t-il de temps à autre à une expérience personnelle passée, une expérience qui lui procure un sentiment dont il aimerait se défaire ?

Thérapie secrète : avantages et procédés

Ça va, Line, cette thérapie est secrète. Votre tâche consiste à ne révéler le contenu de votre expérience à personne. Si vous en réveliez le contenu aux autres participants, ils s'impliqueraient dans la situation. Et s'ils s'impliquaient, ils auraient plus de difficulté à apprendre.

Chaque fois que nous inviterons un volontaire à s'approcher pour faire une démonstration avec nous et effectuer un changement, nous *exigerons* qu'il garde le contenu de son expérience secret. Et nous lui demanderons ceci : « Choisissez un mot convenu, une couleur, un chiffre ou une lettre. Ce mot symbolisera ce que vous voulez changer. » Et cette personne nous répondra par exemple : « Je veux pouvoir M » ou « Je ne veux plus être obligé de 3 ». Cette façon de procéder comporte deux avantages. Voici le premier : Nous désirons *enseigner aux gens à employer nos procédés* : pour cela, nous leur demandons donc de faire l'expérience des procédés thérapeutiques eux-mêmes et d'éliminer tout contenu. Et vous pourrez par conséquent concentrer toute votre attention sur les composantes du procédé puisqu'il n'y aura rien d'autre à observer. Vous ne pouvez pas halluciner facilement lorsque vous entendez le chiffre 3, sûrement *moins* facilement, en tout cas, que lorsque vous employez le mot « affirmation » ou « amour » ou « confiance », par exemple, ou tout autre nom donné à une expérience.

Il y a un deuxième avantage. Lorsque les membres du groupe de travail se connaissent, bon nombre de participants hésitent à révéler certaines informations à leur sujet parce qu'ils pensent que ces informations risqueraient de nuire aux relations personnelles qu'ils entretiennent avec les autres membres du groupe. La thérapie secrète élimine ce problème puisque personne ne sait ce que quelqu'un cherche à changer.

Réancrer (expérience)

Line, vous rappelez-vous les éléments qui vous procurent ce sentiment désagréable ? Quels sont-ils ? S'agit-il d'une série d'images ou d'une voix que vous entendez ? Ça va. Elle a déjà répondu de façon non verbale à ces questions. Si vous avez observé ses yeux, vous avez vu qu'elle les a levés, a regardé sur la gauche, les a ensuite baissés et a regardé sur la droite. Elle a donc une image visuelle évoquée qui suscite un sentiment.

Line, lorsque vous voyez cette image, vous éprouvez des sentiments que vous trouvez désagréables. Je voudrais que vous regardiez cette image encore une fois et que vous déterminiez si elle suscite encore ces mêmes sentiments désagréables. Je voudrais que vous fassiez ce travail très soigneusement. Vous pouvez vous fermer les yeux et la regarder très attentivement. (Pause. Pendant qu'elle refait l'expérience de ces sentiments, il lui pose la main sur l'épaule droite.) Si vous avez bien observé ses réactions, vous savez qu'elle dit la vérité : elle éprouve des sentiments désagréables lorsqu'elle voit cette image. Vous avez donc antérieurement vécu une expérience, et tout ne s'est alors pas passé comme vous l'entendiez ; quelque chose a mal tourné. Et si j'ai bien entendu, il s'agit là d'une affirmation qui reste au-dessous de la réalité.

Line : Exact. C'est tout à fait vrai.

De temps à autre, une image vous vient à l'esprit et lorsque vous la voyez, vous éprouvez le même type de sentiments qu'à la suite de cette expérience. Je veux que vous pensiez maintenant aux ressources dont vous auriez eu besoin pour réagir différemment lorsque vous avez vécu cette expérience, afin d'obtenir une réaction qui vous aurait donné des résultats acceptables. Attendez un instant, je veux vous expliquer ce que j'entends lorsque je parle de ressources. Je ne veux pas parler d'aide venue de l'extérieur, rien du genre. Lorsque je parle de ressources, j'entends un niveau plus élevé de confiance en vous, d'affirmation de soi, de confiance aux autres, de soins chaleureux, ou toute autre réserve « intérieure ». Depuis le moment où vous avez vécu cette expérience jusqu'à aujourd'hui, le temps s'est écoulé, j'en ignore la quantité exacte. Par contre, durant ce temps, vous avez acquis des ressources humaines dont vous ne disposiez pas à ce moment-là. Je veux que vous en choisissiez une qui vous aurait permis de vivre une expérience fondamentalement différente à ce moment-là. Ne me révélez pas votre choix. Je veux tout simplement que vous y pensiez. (Pause. Pendant qu'elle pense à sa ressource, il lui met la main sur l'épaule gauche.)

Les observateurs, avez-vous remarqué des changements ? Appelons « Y » la réaction que l'image provoque chez elle. Et appelons « X » la ressource dont elle aurait eu besoin au moment de l'expérience. Faisons maintenant une démonstration. Quelle est cette réaction ? (Il lui touche l'épaule droite.) Vous devriez pouvoir observer les changements de teint, d'épaisseur de la lèvre, de rythme respiratoire, de vibrations du corps ; nous avons appelé Y cet ensemble de réactions.

Ancrer

Quelle est cette réaction ? (Il lui touche l'épaule gauche.) Lorsque je dis qu'elle a besoin de cette ressource X, je vous communique toutes les informations qu'un client vous donne lorsqu'il vous dit explicitement ce qu'il veut. Lorsqu'un client vous dit : « Je veux m'affirmer davantage ; je veux faire confiance aux autres davantage ; je veux être plus sensible et plus attentif aux autres, je veux leur porter plus de respect », il vous donne les mêmes informations que s'il vous disait : « J'ai besoin de X. » D'une certaine façon, il vous en donne même *moins*. En effet, s'il vous disait : « Je veux m'affirmer davantage », vous l'amèneriez à adopter un comportement qui refléterait votre conception de l'affirmation de soi. S'il vous disait : « J'ai besoin d'un peu de X », vous ne risqueriez pas de mal le comprendre. À mon avis, il serait parfois plus simple d'employer une langue étrangère en thérapie, une langue que vous ne parlez pas. Vous n'auriez pas l'illusion alors que les mots que vous avez entendus ont la même signification pour votre interlocuteur et vous. Croyez-moi, il s'agit bien d'une véritable illusion.

Pourquoi Line a-t-elle la réaction Y lorsque je lui touche l'épaule droite ? Avez-vous remarqué ce qui s'est produit ? Quelqu'un a-t-il observé des changements ? Que se passe-t-il ? C'est l'heure du mystérieux ! Line, croyez-vous en la liberté d'action ?

Line : Oui.

(Il lui touche l'épaule droite.) Dites-moi, qui a tendu vos muscles autour de la bouche ? À votre avis, qui jouit de cette liberté d'action ? La liberté d'action, c'est une étrange expression. C'est une autre réalité fictive. Lorsque vous avez répondu à mon invitation et vous êtes avancée, vous avez fait une déclaration de votre liberté d'action.

Vous avez agi de votre plein gré. J'ai dit : « Je voudrais qu'un participant qui voit des images dont il aimerait se défaire vienne se joindre à moi. » J'ai alors déclaré que quelqu'un fabriquait des images et ce n'est pas vous. C'est votre inconscient, votre « mère », l'un ou l'autre.

Et que se passe-t-il ? Quelqu'un comprend-il quelque chose à tout cela ?

Une participante : Lorsque vous lui avez demandé de se retirer dans son for intérieur et de regarder cette image, vous avez placé la main sur son épaule droite, et pendant qu'elle éprouvait les sentiments désagréables, elle les associait à ce toucher.

Me dites-vous que chaque fois que je lui toucherai l'épaule gauche de cette façon elle aura la même réaction ? (Il lui met la main sur l'épaule droite et elle a la réaction Y.)

Un participant : Il me semble bien que oui. Je suis d'accord avec vous.

Comment se fait-il que psychologues et psychiatres aient pu négliger un phénomène de cette importance ? Vous voilà des êtres humains adultes. Vous avez presque tous fait des études universitaires et vous êtes presque tous des professionnels de la communication. Vous avez étudié les êtres humains, et leur fonctionnement. Comment expliquez-vous tout cela ?

Le nom de Pavlov a-t-il une quelconque résonance pour vous ? Il faisait du pur conditionnement stimulus réponse. Line a vécu de nouveau une expérience en réponse à ma question d'accès : la question avait trait à cette expérience qu'elle désire modifier. J'ai observé ses réactions et j'ai pu identifier le moment où elle avait retrouvé les détails de son expérience ; il m'a alors suffi de la toucher. Ce toucher est maintenant associé à l'expérience entière qu'elle s'est rappelée. Ce processus est identique à ce qu'elle désire changer. Comment se fait-il qu'elle éprouve automatiquement les mêmes sentiments désagréables lorsqu'elle revoit cette image ? Elle voit une image et aussitôt elle éprouve des sentiments désagréables.

Lorsque quelqu'un est dans un état de conscience semblable à celui de Line lors de l'expérience Y, vous pouvez y ajouter une dimension à l'aide de l'un des systèmes sensoriels, telle que le toucher. C'est ce que nous appelons une « ancre », et dans ce cas-ci une ancre kinesthésique. Chaque fois que je toucherai à Line de cette façon, avec la même force, au même endroit, et qu'elle ne sera consciente de rien qui soit plus intense que son expérience à ce moment-là, elle aura accès à la même expérience. C'est du pur conditionnement. À mon avis, c'est l'un des outils indirects les plus efficaces dont vous puissiez vous servir pour faire votre travail de thérapeute et de professionnel de la communication. Cet outil vous procurera presque tout ce que vous désirez.

Changer des réactions

En thérapie, environ quatre-vingt-dix pour cent des interventions visent à amener le client à changer ses réactions kinesthésiques en stimuli auditifs ou visuels. « Mon mari me rend mal à l'aise. » « Ma femme me met toujours en colère. »

Faisons la démonstration d'une façon de se servir de cet outil ; et il s'agit là d'une façon parmi tant d'autres. Line, je voudrais que vous repensiez à votre expérience. Fermez les yeux et pensez à votre expérience. Cette fois-ci, vous aurez cette ressource à votre disposition. (Il lui met la main sur l'épaule gauche.) Je voudrais que vous vous regardiez réagir d'une toute nouvelle manière. Revivez cette expérience jusqu'à ce que vous vous sentiez satisfaite.

En ce moment, elle revit cette expérience sachant qu'elle a cette nouvelle ressource à sa disposition, et qu'elle ne connaissait pas lorsqu'elle a vécu cette expérience pour la première fois ; elle la revivra jusqu'à ce qu'elle se sente satisfaite de sa réaction dans cette situation. Nous appelons ce procédé : « changer votre histoire personnelle ». Vous revivez une expérience tirée de votre histoire personnelle après vous être outillé de ressources que vous n'aviez pas à votre disposition lorsque vous l'avez vécue *la première fois*. Nous n'avons aucune information au sujet du contenu de l'expérience de Line, et nous n'en avons pas besoin. En ce moment, elle revit son expérience. Elle aura ensuite *deux* histoires personnelles : la « véritable », c'est-à-dire l'expérience vécue sans cette ressource à sa disposition, et la « nouvelle », c'est-à-dire l'expérience vécue de nouveau, mais cette fois avec cette ressource à *sa disposition*. Si ces expériences sont complètes, et nous employons les ancres pour nous assurer qu'elles le seront, elles serviront toutes deux également à titre de critère d'orientation du comportement à l'avenir.

Line : (Toute souriante, elle ouvre les yeux.) J'aime cela !

Évaluer les résultats

Line, je voudrais que vous retourniez en arrière et que vous revoyiez encore une fois l'ancienne image, celle qui suscitait les sentiments désagréables. Décrivez-moi ce qui se passe. Observateurs, que voyez-vous ? X ou Y ? C'est à ce moment-ci que le vécu sensoriel joue un rôle très important. Vous pouvez faire la thérapie, mais ce qui compte par-dessus tout, c'est de pouvoir identifier si vous avez obtenu les résultats escomptés.

Un participant : Je vois un peu de X et un peu de Y.

Line, que se passe-t-il ? Que devient votre expérience ? Lorsque vous revoyez cette image, éprouvez-vous toujours les mêmes sentiments désagréables ?

Line : Non, non.

Ne nous parlez pas du contenu de votre expérience ; décrivez-nous plutôt ce qui a changé.

Line : Euh, je n'ai plus peur.

Vous pouvez évaluer les résultats de votre travail d'une autre façon. Vous pouvez employer les ancres de différentes manières. Regardez bien. (Il lui touche l'épaule droite.) Réagit-elle de la même façon que lorsque je la touchais plus tôt ?

Une participante : En partie.

Élargir l'éventail de choix

En partie. À mon sens, si la réaction de mon client était complètement changée, je lui aurais nui. Si vous œuvrez dans le domaine du choix, votre travail consiste à offrir de nouvelles options à un client, à lui en offrir davantage, et non à en éliminer ni à en remplacer certaines par d'autres à l'aide d'une rigide approche stimulus-réponse. Si, par exemple, vous avez un client qui se sent diminué et impuissant chaque fois qu'il arrive à son travail et que vous modifiez sa réaction de façon qu'il s'affirme et se sente toujours confiant et heureux, à mon avis, il ne sera pas en meilleur état puisqu'il n'aura encore une fois qu'une seule option : il devra toujours réagir de la même façon. Lorsque vous n'avez qu'une option, vous êtes un parfait robot. Selon nous, la thérapie vise à transformer les robots en des êtres humains. Et c'est là une tâche difficile à accomplir. Nous devenons tous et toutes des robots. Votre tâche consiste donc à modifier cet état de fait au niveau inconscient de façon que les humains choisissent vraiment au moment d'agir, que ce soit consciemment ou inconsciemment.

Qu'est-ce que choisir ? À mon avis, choisir, c'est disposer de plusieurs options de réponses à un même stimulus. Vous rendez-vous compte que les livres que vous lisez ne vous offrent fort probablement aucun nouveau mot ? Vous présente-t-on les mêmes vieux mots dans un ordre différent ? Simplement de nouveaux enchaînements des mêmes vieux mots ? Où que vous alliez, vous entendrez toujours les mêmes vieux mots, ou tout simplement de nouveaux enchaînements des mêmes vieux mots. Chaque fois que je lis un roman, c'est toujours la même histoire. Dans l'ensemble, tous les mots que nous avons employés aujourd'hui sont de vieux mots. Comment pouvez-vous apprendre du nouveau ?

Intégrer le changement

Nous avons maintenant besoin de faire une autre chose très importante. Line a le choix lorsqu'elle est assise dans cette pièce. Vous avez tous pu observer ce phénomène. Nous voulons qu'elle ait le choix dans d'autres contextes. Vous avez tous déjà vécu l'expérience suivante. Un client est en thérapie avec vous ; à un moment donné, vous savez tous les deux qu'il a de nouvelles options. Vous êtes heureux ; il est heureux et conscient. Puis il quitte votre cabinet de consultation. Deux semaines plus tard, au début de sa consultation, il vous dit : « Eh bien, ça n'a pas vraiment marché... j'ignore ce qui s'est passé. Je le savais..., et j'ai... euh... » Ou pis encore, il revient vous voir et vous parle encore une fois du même problème ; et il se rappelle à peine que vous avez travaillé à le résoudre deux semaines plus tôt !

Line était dans un état de conscience modifié durant la démonstration. Elle a modifié radicalement son état de conscience initial pour se rappeler des expériences passées, pour leur intégrer de nouvelles ressources. En somme c'est ce qu'on a saisi il y a vingt ans lorsqu'on a commencé à faire de la thérapie familiale. Lorsque vous amorcez des changements dans un état de conscience modifié dans ce qu'on appelle une institution, c'est-à-dire dans le cabinet de consultation du thérapeute, ou durant une activité de groupe, vous ne pouvez pas vous attendre à ce que tous les éléments de votre intervention soient assimilés d'un seul coup. Vous devrez répéter cette intervention plusieurs fois. Vous devrez faire en sorte que votre client transpose dans les situations appropriées de sa vie quotidienne les nouveaux apprentissages, les découvertes, les nouveaux comportements, les nouvelles options qu'il a acquis dans un état de conscience modifié.

Il y a un procédé très facile à employer que nous appelons : « jeter des ponts » ou « cheminer vers l'avenir ». Ce procédé permet de relier une nouvelle réaction à une situation appropriée. C'est une autre façon d'employer les ancres. Vous connaissez la nouvelle réaction ; vous savez aussi que votre client désire la manifester dans un contexte bien défini. Vous lui posez donc cette simple question : « Quelle est la première image, le premier son ou la première sensation qui vous permettrait de savoir que vous êtes dans le contexte où vous désirez adopter cette nouvelle option ? »

« Line, dans votre vie de tous les jours, vous vivez des situations qui ressemblent à celle à laquelle votre image se rapportait. Ai-je raison ? Ces situations vous incitent à avoir la même réaction que lorsque vous regardez cette image, au lieu d'une réaction que vous voudriez avoir. J'ai maintenant besoin que vous m'indiquiez quel est l'élément qui vous permet de conclure qu'une situation ressemble à la première. S'agit-il de quelque chose que vous voyez ? Du ton de voix d'une certaine personne, de la tournure de ses paroles ? De la manière dont quelqu'un vous touche ? »

Line : C'est à l'allure de quelqu'un.

« Bien ! Je veux que vous voyiez cette allure. Et chaque fois que vous verrez celle-là ou une autre semblable, vous ressentirez *ceci*. (Il touche l'ancre de la ressource.) Je veux que vous vous rappeliez que vous avez cette ressource particulière… »

C'est ainsi qu'on jette un pont. Ça prend une minute et demie ou deux minutes et on s'assure ainsi que son travail s'appliquera au monde réel. Le même stimulus qui, dans le passé, suscitait un comportement habituel inadapté, ce sentiment qu'elle veut changer lui sert maintenant de stimulus pour déclencher la ressource comme réponse. Dorénavant elle aura automatiquement accès à ce nouveau choix dans les situations où elle en a besoin, non seulement dans le cabinet de consultation ou le groupe de thérapie. C'est un conditionnement de stimulus à stimulus.

Vous ne serez pas toujours à ses côtés pour serrer son épaule : vous avez donc besoin d'employer une partie de la situation actuelle pour déclencher chez elle le nouveau comportement. Le meilleur moyen à employer pour y parvenir reste le déclencheur déjà connu et relié au comportement indésirable. Si le ton de voix de son patron l'incite à se sentir impuissante, il importe que ce ton de voix soit associé à ses nouvelles ressources : esprit de créativité, confiance en soi, etc. En effet, si les anciennes ancres ont plus de poids que celles que vous avez nouvellement créées, les anciennes l'emporteront sur les nouvelles.

Ancrer en thérapie conjugale et familiale (expérience)

C'est grâce à ces informations qu'on a développé la thérapie familiale. Très souvent, on hospitalise un enfant schizophrène, on lui donne des friandises de différentes couleurs dans un ordre bien défini, et il se remet de sa maladie ; il est enfin normal et heureux, et il apprend. On lui donne alors son congé. L'enfant retourne chez lui et quelques semaines plus tard, il est redevenu schizophrène. Certains thérapeutes se sont donc dit : « Ouais ! C'est un élément de la vie familiale qui rend cet enfant malade ; soignons donc tous les membres de la famille. » Vous *n'avez pas absolument besoin* de soigner tous les membres de la famille. C'est là une approche, une option parmi tant d'autres. Si vous invitez tous les membres de la famille à participer à la thérapie, les ancres seront là, à votre disposition, et vous pourrez les exploiter. Très bien, je vous ferai une démonstration. Vous pouvez aller vous asseoir, Line. Merci beaucoup.

J'ai besoin de deux volontaires, deux personnes qui joueront les rôles des deux conjoints…

Merci, Laurent et Suzanne. Vous êtes l'épouse ; pourriez-vous me faire part de vos plaintes ? Qu'est-ce qu'il fait ou ne fait pas ?

Suzanne : Il boit trop de bière. Il ne veut jamais regarder la partie de football à la télévision avec moi.

Il ne veut jamais regarder la partie de football avec vous ? Que ressentez-vous à ce moment-là ?

Suzanne : Je suis en colère. Je me sens délaissée.

Délaissée, vous voulez donc qu'il prête attention à vous.

Suzanne : C'est ça !

Et lorsque vous essayez d'attirer son attention, que... Vous avez vu ça ! Il a immédiatement levé les yeux pour voir une image. Aussitôt ! C'est ce qui se produit habituellement. L'épouse dit : « Je voudrais qu'il me touche », et son mari lève les yeux et lui dit : « Je n'en vois pas l'utilité ! » Exact ? Et lorsqu'il entre chez lui, il s'exclame : « Regardez-moi la place ! Tout est en désordre. Je déteste rentrer chez moi et voir les pièces ainsi encombrées. » Elle lui répond alors : « C'est sympathique. Je me sens vraiment chez moi entourée de mes choses. »

J'emploierai maintenant des ancres. Je dis à la femme : « Eh bien, j'en crois difficilement mes oreilles. Allons vérifier. » Je m'approche de son mari et je lui pose quelques questions pour la forme ; je veux tout simplement provoquer des réactions. Je lui dis : « Laurent, je veux vous poser une question. Avez-vous parfois envie d'être proche d'elle, de lui accorder votre attention, de lui exprimer des sentiments agréables et d'être vraiment intime avec elle ? Éprouvez-vous parfois ce désir ? »

Laurent : Bien sûr ! Parfois. (Il met la main sur le poignet de Laurent.)

Je suis un thérapeute d'expérience et je sais que deux conjoints butent habituellement sur les mots. Vous savez, les gens ne savent pas se servir des mots. On n'apprend pas aux adultes à s'en servir ; pas même aux enfants. Suzanne, je vous suggérerais donc de faire ceci : je vous présenterai un signal non verbal que vous donnerez à Laurent au cours des deux prochaines semaines lorsque vous voudrez savoir s'il est vraiment prêt à vous accorder son attention. Je voudrais que vous fassiez ceci : chaque fois que vous voudrez qu'il vous prête toute son attention, vous vous approcherez de lui et vous poserez votre main sur son poignet comme ceci. Pourriez-vous le faire maintenant ? Je veux m'assurer que vous m'avez bien compris.

Suzanne, lorsque vous donnerez ce signal à Laurent, regardez-le bien ; il inclinera ou secouera la tête pour vous indiquer qu'il se sent prêt à vous prêter son attention ou qu'il désire attendre. Lorsque vous emploierez ce signal, il saisira ce message sans aucune équivoque. Si vous vous approchiez de lui et lui disiez (d'un ton tranchant, en lui frappant le bras) : « Veux-tu regarder la partie avec moi ? », il risquerait de mal interpréter votre message. Je peux maintenant leur donner congé pour qu'ils aillent faire des expériences. Je dirai à Suzanne : « Vous lui donnerez ce signal deux fois par jour au maximum. » Elle est évidemment curieuse et elle en fera sûrement l'expérience. Et au fond, qu'est-ce que ce « signal non verbal » ? *Une ancre.* Que se passera-t-il ? Acquiescera-t-il d'un signe de tête, ou secouera-t-il la tête pour lui dire non ?

Les quelques premières fois qu'elle emploiera ce procédé, elle répétera la séquence en entier. Elle intégrera très vite ce procédé. Et il lui suffira bientôt d'entrer dans la pièce et de regarder Laurent pour provoquer la même réaction.

Message donné et réponse obtenue

Les conjoints ont des problèmes parce qu'ils ne savent pas s'y prendre pour susciter chez l'autre des réactions. La réaction qu'ils *obtiennent* est fondamentalement différente de la réaction *désirée*. Admettons par exemple qu'il y ait ici un homme qui veuille vraiment que son épouse s'approche parfois de lui et le réconforte. Il s'assoit alors sur le lit et contemple le plancher. Elle conclut évidemment qu'il a besoin de réfléchir et de se concentrer. Que fait-elle ? Elle s'en va. *Dix-sept ans plus tard*, ils se retrouvent tous les deux dans le cabinet du thérapeute. Le mari me dit : « Elle ne me réconforte pas lorsque j'en ai besoin. » Elle répond : « *Mais voyons ! Je te réconforte.* » Et il poursuit : « En dix-sept années de vie commune, tu ne m'as jamais réconforté lorsque j'en avais vraiment besoin. » Et je lui demande : « Comment lui communiquez-vous que vous avez besoin d'être réconforté ? » Il me répond : « Lorsque je m'assois sur le lit et contemple le plancher, c'est ce que je lui montre. » Et elle s'exclame : « Oh ! j'ai toujours pensé que tu voulais alors être seul. » Voilà pourquoi nous disons que « la réponse que vous obtenez contient le sens de votre message ». C'est là une façon d'obtenir les réactions que les gens associent à leur propre comportement. Lorsque Suzanne éprouvera un besoin d'affection, elle pourra employer son moyen d'obtenir une réaction de la part de Laurent. Lorsque vous avez donné quelques ancres à deux conjoints, ils commencent à s'en servir spontanément sans même se rendre compte de ce qu'ils font. Tout à coup, ils commencent « mystérieusement » à obtenir ce qu'ils désirent. Voilà une façon d'employer les ancres pour aider les conjoints.

Désancrer les processus rigides

La grande majorité des gens mariés s'accoutument tout simplement au comportement de leur conjoint ou conjointe et cessent de vivre de nouvelles expériences avec lui ou elle. Non pas qu'ils en soient incapables, mais parce que leurs processus habituels d'interaction rigides sont si bien ancrés en eux qu'ils ne sortent jamais des sentiers battus. J'ai rencontré peu de gens mariés qui aient eu des problèmes vraiment sérieux sauf qu'ils avaient pris l'habitude de leurs processus rigides.

Chaque fois que vous désirez enrayer un processus ou une réaction rigide et répétitive, vous pouvez tout d'abord donner à votre client une ancre associée à une composante désagréable de son expérience ou à un comportement qui vise à attirer l'attention de quelqu'un, et ce, dès qu'il présente la réaction ou le processus inacceptable.

Deux conjoints vinrent un jour me consulter. Le mari se fabriquait constamment des images de projets. Et son épouse réagissait toujours de la même façon : elle voyait une image évoquée d'une expérience semblable à celle que son mari lui décrivait et elle lui soulignait ce qui avait mal tourné. Il lui disait par exemple : « Je veux construire une lucarne dans la chambre à coucher », et elle lui répondait : « Lorsque nous étions chez les Untels, l'eau perlait dans leur lucarne. » Ils communiquaient toujours de cette façon. Ils n'avaient aucun autre mode de communication.

J'ai fait de la thérapie avec eux chez moi, dans ma salle de séjour. Je suis entré dans la pièce, je me suis assis et je leur ai dit : « J'ai vécu des années et des années à la ville et je suis très souvent étonné par mes découvertes. Imaginez-vous ça ! Un serpent à sonnettes a traversé ma salle de séjour hier ; il est entré par là, et il est passé là, dans ma salle de séjour. Imaginez-vous. Bizarre ! » Pendant que je leur parlais, je regardais le plancher, derrière leur fauteuil. J'ai suivi des yeux le trajet imaginaire du serpent qui traversait la pièce.

Et ils se sont exclamés en même temps. Chaque fois qu'ils commençaient à se disputer, je baissais les yeux, je regardais le plancher, et ils s'arrêtaient. Leur peur des serpents est graduellement devenue l'ancre associée à ce type de conversation. La situation était devenue insupportable parce que leur horreur des serpents était maintenant associée à leurs disputes. Lorsque vous devez vous entretenir avec quelqu'un et que vous savez que vous devrez l'interrompre, vous pouvez créer une telle association avant d'entreprendre la conversation.

Vous pouvez interrompre quelqu'un à l'aide d'un comportement tel que celui-là. Vous pouvez aussi interrompre quelqu'un à l'aide d'une phrase : « Un instant s'il vous plaît. Qu'est-ce que… » Vous pouvez également regarder les chevilles de votre interlocuteur et lui dire : « Êtes-vous allergique aux… ? » Il vous prêtera attention ! « Dis ! Je pense à quelque chose que je dois vraiment prendre en note. »

Chapitre IX

EMPLOYER LES ANCRES

Usages des ancres

Les ancres sont étonnantes. Vous pouvez associer une ancre à de l'air et votre interlocuteur réagira. Tous les bons mimes associent des ancres à de l'air à l'aide de simples mouvements ; ils définissent des objets et des concepts dans le vide. Tout récemment, j'ai donné un cours de service commercial. À un moment donné, un étudiant m'a dit : « Vous nous suggérez sans cesse de demeurer flexibles. Admettons que vous ayez employé toutes sortes d'approches et que le client réagisse très négativement. Que se passerait-il alors ? » Je lui ai répondu : « Tout d'abord, déplacez-vous, examinez le point où vous en étiez et parlez-vous de tous les problèmes que vous aviez. C'est ce que nous appelons la dissociation. Admettons que vous entriez chez un client, que vous exerciez des pressions sur lui et que vous vous rendiez compte qu'il réagit très mal. Vous pourriez alors vous arrêter, examiner la situation de l'extérieur, vous dire : "Ce procédé déplaît aux gens", et passer à autre chose. »

Si vous voulez vraiment devenir plus créateur, lorsque vous en aurez assez de toucher vos clients sur le genou ou l'avant-bras, rappelez-vous que le procédé des ancres est le plus universel qui soit et le plus facile à adapter que nous ayons employé.

Un jour, j'ai donné une conférence à un groupe de deux cent cinquante psychologues assez austères. Je leur ai parlé sur un ton d'académicien de systèmes de représentation et de bouquins, et j'ai écrit des équations au tableau. Durant mon exposé académique, je me suis approché de mes auditeurs, à l'avant-plan de la scène, j'ai regardé au plafond durant quelques secondes, et je leur ai dit : « C'est étrange. » J'ai ensuite poursuivi mon exposé. Un peu plus tard, j'ai regardé au plafond et je leur ai dit encore une fois : « C'est vraiment étrange. » J'ai répété cette opération deux autres fois durant mon exposé et les auditeurs qui occupaient les quatre ou cinq premières rangées de sièges étaient fascinés ; ils ont automatiquement regardé au plafond. J'ai fait quelques pas de côté et je leur ai parlé dans le blanc des yeux ; j'aurais pu provoquer de la lévitation des bras et toutes sortes de réactions inconscientes.

Devenir flexible en couple

Si les gens se rendaient compte que ce qu'ils font ne leur donne rien et faisaient autre chose, la vie de couple deviendrait une expérience très intéressante. En fait, ils auraient tout d'abord besoin de franchir une autre étape préalable. Ils auraient tout d'abord besoin de prendre conscience des résultats qu'ils désirent obtenir et de déterminer ensuite s'ils les ont déjà obtenus.

Nous avons employé un procédé pour aider les couples : nous avons amené certains conjoints à ne plus pouvoir se parler. « Jusqu'à ce que je vous dise de le faire, vous ne pourrez pas vous adresser la parole l'un à l'autre. Si je vous surprends à parler, je vous couvrirai de verrues. » Ils étaient alors obligés d'adopter de nouveaux comportements, et chacun redevenait par conséquent intéressant aux yeux de l'autre, et peut-être même plus intéressant qu'auparavant. Et s'ils ne changeaient pas leur mode de comportement, ils lui inventaient au moins un nouveau contenu. Ils devaient se découvrir de nouveaux moyens d'obtenir les réactions désirées. Il veut qu'elle repasse sa chemise ; il entre dans la pièce, s'approche d'elle et gesticule. Elle va à la cuisine, prépare une tartine et la lui apporte. C'est ça ? Auparavant, lorsqu'il lui demandait : « Repasserais-tu ma chemise ? » elle continuait à faire autre chose et il la critiquait : « Tu ne fais jamais ce que je veux », et ainsi de suite. Elle lui apporte maintenant une tartine et il ne peut pas la critiquer parce qu'il ne peut pas parler. Pour obtenir ce qu'il veut, il doit donc modifier son *propre* comportement. Il fait une autre tentative. Il lui donne sa chemise… et elle l'enfile. Il doit continuer à s'inventer de nouveaux comportements, jusqu'à ce qu'elle saisisse son message. Cette expérience peut ensuite me servir d'exemple : « Même lorsque vous pouvez vous parler, si ce que vous faites ne vous apporte pas ce que vous voulez, tentez de modifier votre propre comportement. »

Pendant qu'ils apprennent à diversifier leur comportement, ils s'inventent de nouvelles ancres. À peu près seulement la moitié de ces ancres leur serviront à quelque chose, par contre ils auront alors beaucoup plus d'options quant à la façon de vivre leur relation personnelle.

La thérapie familiale comporte un avantage intéressant : vous avez les ancres des membres de la famille à portée de la main. Si vous voyez un enfant se sentir troublé, vous pouvez observer le stimulus qui a provoqué cette réaction puisque vous êtes en présence de toutes les relations hypnotiques primaires. Lorsqu'un enfant présente un comportement symptomatique, vous savez qu'il s'agit là d'une réaction provoquée par quelque chose. Tout comportement symptomatique est une réaction provoquée par quelque chose ; et nous devons nous poser une question : qu'est-ce qui l'a provoqué ? Si vous pouvez changer l'élément qui provoque cette réaction, faites-le parce qu'il est souvent *beaucoup* plus facile de faire cela que de changer le comportement ou la réaction de quelqu'un. Vous n'avez pas toujours besoin d'identifier l'élément inducteur ; il est par contre souvent très évident. Vous êtes en présence d'un enfant qui est hyperactif en compagnie de ses parents ; durant les cinq premières minutes de la consultation, il demeure calme. Puis son père regarde sa mère et lui dit : « Qu'est-ce que tu comptes faire de ton garçon ? » Et l'enfant se met immédiatement à courir dans la pièce ; vous savez ce qui a provoqué sa réaction. Vous ne pourriez cependant pas vous en rendre compte si vous étiez occupé à vous fabriquer des images intérieures et à vous poser des questions au sujet du médicament à lui prescrire.

Tendances au suicide chez un jeune

Un participant : Que faites-vous lorsqu'un enfant a des tendances au suicide ? Comment identifiez-vous le stimulus qui provoque cette réaction ? L'enfant est toujours abattu, il ne bouge pas, il ne fait rien…

Quatre-vingt-dix-neuf pour cent des gens abattus présentent le type de comportement dont nous avons déjà parlé. Au point de départ, je ne ferais pas de thérapie familiale ; je rencontrerais l'enfant et je m'occuperais de ses tendances au suicide. Je lui poserais cette question par exemple : « De quelle ressource humaine aurais-tu besoin pour savoir que tu peux continuer à vivre et être très heureux ? » J'emploierais ensuite le même procédé que j'ai utilisé pour aider Line : la séquence de modification de l'histoire personnelle.

Récupérer ses ressources personnelles

Nous présumons que tout être humain qui vient nous consulter et nous dit : « À l'aide ! J'ai besoin d'aide ! » a déjà exploité toutes ses ressources conscientes et qu'il a échoué sur toute la ligne. Au point de départ, nous croyons également qu'à *un moment donné* au cours de son histoire personnelle tout être humain a vécu une série d'expériences qui pourraient devenir une ressource et l'aider à obtenir très précisément ce qu'il recherche dans certaines circonstances particulières. Nous croyons que tout être humain possède déjà les ressources dont il a besoin ; il n'en est tout simplement pas conscient. Et ses ressources ne sont pas associées à un contexte adéquat. Son problème n'est pas dû à une impossibilité d'avoir confiance en lui ni de s'affirmer au travail ; il est dû plutôt à un *manque* de confiance en lui qui l'empêche de s'affirmer. Il se peut fort bien qu'il ait confiance en lui et qu'il s'affirme lorsqu'il joue au tennis. Il nous suffirait donc de prendre cette ressource et de l'intégrer au contexte dans lequel il en a besoin. Il possède déjà la ressource nécessaire pour avoir confiance en lui, s'affirmer et brasser des affaires sur le court de tennis, mais il n'a pas encore fait ce lien, ce transfert. Ces deux composantes sont dissociées chez lui. Les ancres, et l'intégration qu'elles engendrent, vous permettront d'éliminer de telles dissociations et d'aider par conséquent vos clients à recouvrer leurs ressources lorsqu'ils en ont besoin.

« Votre objection trahit-elle un désir d'échec ? »

Un participant : En est-il parfois autrement ? Le thérapeute a-t-il parfois besoin de donner à son client une...

Je voudrais mentionner un élément important pour votre apprentissage. Dans le domaine de la psychothérapie, il se produit un phénomène que je n'ai pu observer dans aucun autre domaine où j'ai travaillé. Lorsque j'enseigne à un psychothérapeute à faire quelque chose et que je lui fais la démonstration de l'efficacité du procédé, je dois répondre à des questions au sujet des situations dans lesquelles ce procédé *échoue* ou à des questions hors de propos. Lorsque je vous explique comment procéder pour aider des gens qui veulent se défaire d'images tirées de leur histoire personnelle, vous me demandez : « Quand est-ce que ce procédé ne produit pas les résultats escomptés ? »

Une chose m'intéresse ici. Si vous voulez pouvoir employer un procédé dont je vous ai fait la démonstration, il vaudrait la peine que vous consacriez votre énergie à apprendre à l'appliquer. Il y a une foule de choses que nous ne pouvons pas faire. Si vous pouvez vous programmer à rechercher des outils de travail qui vous seront utiles et à les assimiler au lieu de tenter de trouver les points faibles des procédés que nous vous expliquons, vous en découvrirez quand même les points faibles tôt ou tard, je vous le garantis. Si vous appliquez ces procédés de façon adéquate, vous découvrirez une foule de situations où ils ne vous serviront à rien. Lorsque vous vous rendrez compte qu'un procédé ne produit pas les résultats escomptés, faites autre chose.

Atteindre des ressources personnelles cachées

Je répondrai maintenant à votre question. Vous serez limité si votre client a très peu d'expériences dans le monde réel. Nous avons reçu un client qui avait été enfermé chez ses parents pendant douze ans ; il sortait de chez lui trois fois par semaine pour aller chez son psychiatre ; il avait vingt-deux ans et il faisait usage de tranquillisants depuis l'âge de douze ans. Son histoire personnelle était pauvre. Il avait cependant douze années d'expérience de vie avec un téléviseur, et il possédait par conséquent les ressources qui allaient nous permettre de créer ce dont il avait besoin.

Permettez-moi de répondre à votre question d'une autre façon. Vous demandez à un client : « Pourriez-vous me décrire le type de personne que vous aimeriez être ? » et il vous répond de façon cohérente : « Je ne suis pas ce que je veux. Au fond, je n'en sais rien. Je me pose toujours des questions au sujet des ressources dont j'aurais eu besoin pour mon avenir. » Comment réagiriez-vous ? Vous pourriez lui demander d'essayer de deviner. Vous pourriez aussi lui dire : « Si vous le saviez, qu'est-ce que ce serait ? » Ou : « Vous ne le savez pas. Alors, mentez-moi, inventez. » Ou : « Connaissez-vous quelqu'un qui sache s'y prendre ? » Ou : « Que ressentiriez-vous si vous le saviez ? À qui ressembleriez-vous ? Quel serait le ton de votre voix ? » Au moment où votre client réagirait, vous lui donneriez une *ancre*. Vous pouvez véritablement créer des ressources personnelles.

L'histoire personnelle de la grande majorité de nos clients est un ensemble de facteurs qui limitent leur expérience de vie et leur comportement au moment où ils viennent nous consulter. Et il en va de même pour vous tous : les ancres et la création de nouvelles options à l'aide des ancres peuvent véritablement changer votre histoire personnelle et transformer les facteurs limitatifs en ressources.

Pour répondre à votre question, je pourrais aussi vous dire que l'individu qui n'a pas fait directement l'expérience d'une ressource dont il a besoin en a une représentation intérieure qu'il étiquette « comportement de quelqu'un d'autre » et qu'il ne se permet pas de percevoir pour lui-même. Pourtant, il en a une représentation qui est bien sienne. Si vous réussissez à y avoir accès complètement, vous pourrez lui associer une ancre, directe ou voilée. « Je ne peux pas voir les images que vous regardez en ce moment, cette représentation de votre ami qui sait s'y prendre. Pourriez-vous alors prétendre que vous êtes votre ami de façon que je puisse comprendre l'objectif que nous voulons atteindre ? » « Faites-moi une démonstration de ce comportement de façon que je puisse savoir ce que Jules fait. » « Faites-moi une démonstration de ce que vous *ne feriez pas*. » Associez une ancre à ce comportement pendant qu'il agit et le comportement deviendra aussi réel que tout autre comportement.

Provoquer l'éclatement des ressources

Vous pouvez amener votre client à le faire. Lorsqu'un client vous dit : « Oh, sapristi, je ne pourrai jamais faire ça », il ne dit pas nécessairement la vérité. Une femme est venue me consulter et m'a dit qu'elle ne pouvait absolument pas dire ce qu'elle aurait aimé dire ni s'affirmer. Elle ne parvenait pas à se faire écouter. Fait très intéressant, elle animait des ateliers de formation à l'affirmation de soi. Et elle ne pouvait pas aller consulter un thérapeute ordinaire parce qu'elle avait peur de perdre sa réputation professionnelle. Je lui ai demandé d'attendre quelques secondes dans une pièce et lui ai dit que je discuterais de son problème un peu plus tard. Puis, je suis sorti de la pièce ; je me suis assis dans la salle de séjour et j'ai lu durant deux heures et demie. Tout à coup, elle est sortie de mon cabinet de consultation en coup de vent, et, furieuse, m'a dit : « Si vous ne revenez ici immédiatement, et bla bla bla. » Si votre comportement est vraiment souple, vous pourrez obtenir tout ce que vous voulez sur-le-champ. J'ai présumé que cette femme savait s'y prendre pour obtenir l'attention de quelqu'un ; elle avait besoin qu'on lui présente les circonstances propices. C'est ce que j'ai fait ; et elle a agi. J'ai tout simplement associé une ancre à sa ressource et je l'ai transposée dans d'autres situations où elle voulait s'en servir.

Le faux besoin de classer ses expériences

Cette façon de procéder comporte un précieux avantage. Nous pouvons commencer à faire des interventions sans être obligés d'identifier les composantes de notre client ni de définir les fonctions de celles-ci. Si je me souviens bien, le modèle d'analyse transactionnelle de Michigan comprend neuf composantes : le parent critique, l'enfant naturel, l'adulte, le petit professeur, etc. Et durant leurs congrès scientifiques, ils se disputent au sujet du nombre de composantes qu'un être humain devrait avoir. C'est ainsi que les moniteurs et les thérapeutes qui ont choisi l'analyse transactionnelle s'instruisent au sujet de la structure à donner à l'expérience personnelle des êtres humains. Mes clients n'ont ni « parent », ni « enfant », ni « adulte », sauf ceux qui ont déjà fait de l'analyse transactionnelle avec un thérapeute. Et ceux-là ont vraiment un « parent », un « enfant » et un « adulte ».

Lorsque vous employez les ancres, vous n'avez pas besoin de définir avant la séance de consultation les catégories légitimes d'expériences humaines ou de la communication. Vous pouvez accepter tout simplement ce qui fait surface sans comprendre la signification de quoi que ce soit. J'ignore ce que X et Y signifiaient pour Line ; je sais par contre que je veux opérer au niveau du processus, sans aucune information au sujet du contenu, et l'aider à changer. Avant de commencer une séance, vous n'avez pas besoin de déterminer le nombre de composantes que vous permettrez à votre client d'avoir. Vous n'avez pas besoin de demander à votre client d'être souple pour que vous puissiez programmer son expérience à partir de *vos* catégories. Vous acceptez très simplement ce qu'il vous offre, associez des ancres à ses informations, et les utilisez.

Stabiliser le problème

Une participante : Associez-vous toujours une ancre à un sentiment négatif pour la simple et unique raison qu'il fait déjà partie de son répertoire ?

Nous ne faisons pas *toujours* la même chose. Il est souvent utile d'associer une ancre à la réaction qu'une personne *ne veut pas* avoir, et vous pouvez vous servir de cette association de plusieurs façons. Vous avez sûrement tous déjà commencé à aider un client à résoudre un problème pour tout à coup vous rendre compte que vous en aviez abordé un autre. Cela se produit surtout lorsque vous travaillez avec un enfant, parce que les enfants ont une conscience très mobile. La première ancre que je donne à mon client stabilise le premier problème que nous voulons résoudre ; nous pourrons donc facilement y revenir plus tard. Si j'avais voulu revenir en arrière et examiner l'histoire personnelle de Line pour découvrir l'origine de son problème, mon ancre m'aurait permis de le faire très facilement.

Lorsqu'un client éprouve un sentiment troublant, le thérapeute gestaltiste lui dit : « Intensifiez ce sentiment, continuez de l'éprouver, exagérez-le ! Retournez en arrière, reculez dans le temps... que voyez-vous maintenant ? » Le thérapeute stabilise un élément de l'expérience de son client, à savoir la composante kinesthésique, ses sentiments. En fait, il lui dit : « Stabilisez ces sentiments et permettez-leur de vous ramener en arrière dans votre histoire personnelle jusqu'à ce que vous ayez au niveau de tous les systèmes sensoriels une représentation complète du problème que nous voulons résoudre. » Les ancres vous permettent de revenir, chaque fois que vous le voulez, à l'ensemble de réactions kinesthésiques que vous avez abordées au début de la séance, et par conséquent de stabiliser facilement le problème que vous voulez résoudre.

Évaluer ses résultats

Vous pouvez aussi vous servir des ancres pour évaluer votre travail ; j'en ai fait la démonstration un peu plus tôt. Nous avons fait le travail d'intégration : Line avait une ressource à sa disposition, elle a vécu de nouveau son expérience en y intégrant sa ressource pour modifier son histoire personnelle. Je lui ai accordé quelques secondes de répit ; puis j'ai tendu le bras et je lui ai redonné l'ancre initiale. J'ai alors obtenu une réaction intégrée, une information non verbale m'indiquant que le procédé avait produit les résultats escomptés. Je vous suggère de ne jamais dire à votre client que vous évaluez votre travail de cette façon. C'est là un moyen non verbal voilé de vous assurer que le tout a été réintégré avant que votre client n'entre chez lui. Étant donné le développement historique de la psychologie humaniste, j'imagine que vous voulez tous avoir des commentaires verbaux, explicites et conscients. Or les commentaires en paroles sont les moins utiles qu'un client puisse nous donner !

S'entraîner à employer les ancres

Je voudrais maintenant que vous saisissiez bien que vous associerez des ancres à *tout* ce que vos clients feront. Mieux vaudrait donc que vous soyez conscient de ces ancres. Admettons qu'un client entre dans votre cabinet de travail et vous dise : « Je suis vraiment déprimé. » et que vous lui répondiez tout simplement : « Hum », vous lui aurez donné une ancre aussi efficace que si vous lui aviez touché le bras. Et puisque vous le ferez, mieux vaudrait que vous puissiez identifier vos ancres. Nous suggérons tout d'abord aux gens de s'entraîner durant un mois à employer des ancres kinesthésiques. Durant ce temps, ils se rendent compte qu'ils donnent constamment des ancres de toute façon, au niveau de tous les systèmes de représentation. La plupart du temps, l'usage qu'on fait des ancres ralentit le processus de changement parce qu'on est inconscient de sa façon de les donner, et des informations auxquelles elles sont associées.

Apprendre de ses expériences « négatives »

Il y a un autre facteur très important. Vous m'avez demandé : « Associez-vous toujours une ancre à un sentiment négatif ? » Rien n'est négatif. Le mot « négatif » représente un jugement de l'expérience. L'expérience ne comporte aucun élément appelé « négatif ». C'est là un jugement bien défini porté par le conscient d'une personne. L'expérience désagréable de Line lui servira à l'avenir, comme elle servira à chacun de vous, de base d'apprentissage si vous l'exploitez de la même façon. Si vous n'aviez vécu aucune expérience désagréable durant les vingt premières années de votre vie, vous seriez bien moche et vous ne pourriez pas faire face aux situations de votre vie d'adulte. Il est important que vous compreniez que toutes vos expériences peuvent vous servir de base d'apprentissage. Et ajoutons qu'elles ne sont ni positives, ni négatives, ni souhaitées, ni superflues, ni bonnes, ni mauvaises.

Distinguer son expérience de « ce qui s'est passé »

En effet, elles n'*existent* même pas. Choisissez une expérience que vous croyez avoir vécue, n'importe laquelle, et je vous démontrerai en examinant la situation de plus près qu'elle n'a jamais existé. L'expérience que Line a tirée de son histoire personnelle et qu'elle a vécue de nouveau aujourd'hui est un mythe au même titre que la nouvelle expérience qu'elle a vécue en exploitant sa ressource. L'expérience que nous avons fabriquée est aussi réelle que celle qu'elle a « vraiment vécue ». Ni l'une ni l'autre n'ont jamais vraiment existé. Si vous voulez une démonstration de ce concept, attendez deux ou trois semaines, puis regardez l'enregistrement de nos rencontres. Vous découvrirez qu'il y a très peu de liens entre ce que vous allez voir sur votre écran et vos souvenirs de « ce qui s'est vraiment passé ». Et puisque votre histoire personnelle est un mythe de toute façon, *faites-en une ressource* et non un ensemble de facteurs limitatifs. Et pour ce faire, vous pouvez vous servir d'ancres.

Une participante : J'ai vraiment vécu mon expérience.

Rien ne s'est *jamais* vraiment passé. Une seule chose s'est produite : vous vous êtes fabriqué un ensemble de perceptions des événements. Il y a un lien très mince entre votre expérience et ce qui s'est *vraiment* passé, rien de plus. Prendre une nouvelle décision à partir d'une expérience qu'on n'a jamais vécue a au moins autant de valeur sinon plus que prendre une nouvelle décision à partir d'une expérience qu'on a vraiment vécue, surtout lorsque la première est moins douloureuse, et surtout lorsqu'elle vous permet de découvrir plus d'options que la deuxième. Je saurais vous créer de toutes pièces des souvenirs d'événements qui pourraient se passer dans le monde réel, mais qui ne se sont *jamais* passés et que *personne* ne pourrait prouver ; je saurais très facilement les créer et il s'agirait là de pures hallucinations tirées de mon imagination. Les souvenirs inventés peuvent vous changer aussi efficacement que les perceptions arbitraires d'« événements du monde réel » que vous vous êtes fabriquées à un moment précis dans le temps. Ce phénomène se produit très souvent en thérapie.

Vous pourriez même en convaincre vos parents. Vous pourriez aller vérifier auprès d'eux et les amener à croire à des événements qui ne se sont jamais produits. J'en ai fait l'expérience avec succès. Ma mère croit maintenant qu'elle s'est comportée de certaines façons à mon égard à des moments donnés ; pourtant, ces événements ne se sont jamais produits. Je *sais* qu'ils ne se sont jamais produits. Pourtant, j'ai réussi à convaincre ma mère du contraire. Je lui ai dit que j'avais fait de la thérapie de groupe, que j'avais opéré des changements très importants à mes yeux et que cette démarche reposait totalement sur cette expérience que j'avais vécue lorsque j'étais enfant. Lorsque je lui ai décrit l'expérience, elle a cherché, examiné son histoire personnelle et elle a tenté de trouver une expérience qui corresponde à ma description. Nous avons vécu tant d'expériences ensemble qu'elle a évidemment réussi à retrouver un souvenir qui pouvait entrer dans cette catégorie.

Le même phénomène se produirait si je m'asseyais ici et vous disais : « En ce moment, vous êtes assis dans cette pièce et vous n'en êtes pas tout à fait conscient. Bientôt, par contre, vous prendrez conscience d'une certaine sensation dans votre main. » Si vous n'en prenez pas conscience, c'est dire que vous êtes fort probablement *mort*. Vous éprouvez inévitablement une sensation ou une autre dans l'une de vos mains. Et parce que j'ai attiré votre attention sur cette sensation, vous en prenez inévitablement conscience. La grande majorité des interventions thérapeutiques sont si vagues que les clients peuvent toujours tirer de leur histoire personnelle une expérience qui appuie l'analyse du thérapeute.

Vous pouvez faire d'extraordinaires lectures « psychiques » de cette façon. Vous prenez un objet qui appartient à quelqu'un et vous le tenez dans vos mains. Et vous pouvez alors observer vos spectateurs de très près à l'aide de votre vision périphérique. Vous parlez à la première personne du singulier pour que le propriétaire de l'objet s'identifie très étroitement à ce que vous dites et pour qu'il réagisse davantage. Vous lui dites par exemple : « Je suis un type qui a des problèmes à cause d'un héritage. » Vous l'observez et il vous dit : « Euh… » pendant qu'il cherche dans ses souvenirs. Et quelque part, il découvre une expérience qui avait trait à un héritage et il s'exclame : « Vous dites vrai ! Mon oncle Georges ! Je me rappelle maintenant ! »

Utiliser sa vision périphérique

C'est en vision périphérique que j'obtiens la grande majorité des informations que je trouve utiles. La structure physiologique même de votre œil vous permet de percevoir beaucoup mieux les mouvements que la partie centrale. En ce moment, j'ai les yeux rivés sur vous : s'il y avait une trajectoire, mes yeux vous toucheraient. Par conséquent, je percevrais toutes les autres personnes présentes en vision périphérique ; cela me serait très utile. Pendant que je vous parle, j'observe mes auditeurs à l'aide de ma vue périphérique pour détecter les réactions d'ensemble, les mouvements soudains, les changements de respiration, etc.

Ceux qui désirent apprendre à se servir de leur vision périphérique peuvent faire un exercice très simple. Si je voulais aider Jeanne à apprendre à avoir de plus en plus confiance en sa vision périphérique, je l'inviterais d'abord tout simplement à se placer près de moi à un angle de quarante-cinq degrés et à regarder droit devant elle. Jeanne, tout en regardant droit devant vous, vous pouvez soit vous fabriquer une image mentale de la position de ma main, soit vous placer la main de la même manière que moi. Maintenant, regardez pour vérifier la position de ma main. Regardez droit devant vous et essayez une autre fois. Lorsqu'elle pourra bien voir à un angle de quarante-cinq degrés, je lui demanderai de se placer à un angle de quatre-vingt-dix degrés. Vous percevez déjà toutes les informations dont vous avez besoin en vision périphérique. D'un autre côté, on ne vous a pas enseigné à avoir confiance en vos perceptions ni à vous en servir au moment de choisir la réaction à adopter. Au fond, cet exercice vous permettra tout simplement de développer votre confiance en ces jugements que vous passez fort probablement déjà à partir des informations recueillies grâce à votre vision périphérique. J'ajouterai que nous étions tous les deux immobiles ; c'est la situation qui présente le plus de difficultés. Les mouvements sont *beaucoup* plus faciles à percevoir. Si vous pouvez percevoir des informations lorsque la personne ne bouge pas, vous percevrez facilement les mouvements.

Cette source d'informations est particulièrement importante en thérapie familiale ou lorsque vous vous adressez à un groupe. Je ne prête pas attention à la personne qui communique verbalement avec moi ; j'observe quelqu'un *d'autre*. Toute autre personne présente me donnera plus d'informations que mon interlocuteur parce que je m'intéresse aux réactions qu'il provoque chez les autres membres de la famille ou chez les autres auditeurs. Et je dispose alors d'un grand nombre d'options. Je sais par exemple que quelqu'un est sur le point de l'interrompre et je peux choisir d'être d'accord avec celui-ci et l'interrompre moi-même, ou d'interrompre celui qui désire l'interrompre pour que mon interlocuteur puisse compléter sa communication. Votre vision périphérique vous procure beaucoup plus d'informations que votre regard direct, et ces informations représentent votre source d'options.

Transformer son histoire personnelle

Toutes vos aptitudes de même que tous les facteurs qui vous limitent proviennent de votre histoire personnelle. Vous avez une seule histoire personnelle ; vous avez donc un seul ensemble d'aptitudes et un seul ensemble de facteurs limitatifs. Et nous sommes convaincus que vous méritez d'avoir plusieurs histoires personnelles, plusieurs sources d'inspiration. Plus vous avez d'histoires personnelles, et plus vous avez d'options.

Il y a longtemps, nous étions à la recherche de moyens efficaces d'aider les gens à maigrir. Aucune solution offerte jusqu'alors ne produisait les résultats escomptés. Nous avons découvert qu'il y avait plusieurs types de problèmes de poids. Et nous avons fait une découverte très importante : bon nombre de personnes concernées avaient *toujours* eu des problèmes de poids, tandis que chez les autres, le problème était plus récent. Les gens qui avaient toujours été gras étaient vraiment désorientés lorsqu'ils devenaient minces ; en effet, ils ne savaient pas comment entrer en relation avec leur entourage en tant que personnes minces. Si vous avez toujours été gras, c'est dire que vous n'avez jamais été choisi le premier lors de la formation d'équipes sportives, vous n'avez jamais été invité à aller danser, vous n'avez jamais été rapide à la course, vous n'avez jamais fait l'expérience de certains mouvements athlétiques ou corporels.

Au lieu d'essayer d'amener ces individus à s'adapter à leur nouvelle vie, nous leur avons proposé de reculer dans le temps, de se créer une nouvelle enfance et de grandir, minces. Ce procédé nous vient de Milton Erickson. Une cliente du docteur Erickson avait perdu sa mère à douze ans ; après la mort de celle-ci, plusieurs gouvernantes avaient pris soin d'elle. Elle voulait se marier et avoir des enfants, mais elle se connaissait trop bien ; elle savait que son expérience de vie ne lui avait pas permis d'acquérir les réactions qu'elle désirait avoir face à ses enfants. Le docteur Erickson l'a hypnotisée et l'a fait retourner dans le passé. Elle a revu son passé et Milton Erickson est apparu régulièrement sous le jour du Bonhomme Sept-Heures*. Il s'est manifesté sous cette forme à plusieurs reprises au cours de son histoire personnelle et lui a offert toutes les expériences dont elle avait besoin. Nous avons tout simplement ajouté quelques éléments à ce procédé. Pourquoi ne pas poursuivre jusqu'à huit heures, neuf heures ou dix heures ? Nous avons

---

* Selon une légende québécoise, le bonhomme sept-heures enlève les enfants qui ne sont pas au lit à sept heures du soir. *(N.d.É.)*

commencé à inventer une histoire complète pour nos clients, histoires au cours desquelles ils vivent les expériences qui deviennent leurs sources de comportements désirés. Nous avons ensuite employé ce même procédé pour résoudre d'autres types de problèmes.

Nous l'avons employé pour aider une femme qui était asthmatique depuis son enfance. Elle avait trois ou quatre enfants qui voulaient avoir des animaux à la maison. Elle avait consulté un éminent allergologiste et il lui avait dit qu'à sa connaissance elle n'était pas allergique aux animaux. Lorsqu'il faisait, sans le dire à sa patiente, une analyse d'allergie aux animaux, les résultats indiquaient qu'elle n'y était pas allergique. Par contre, lorsqu'elle était en présence d'animaux domestiques, ou lorsque vous lui disiez qu'il y avait eu un animal dans la pièce quelques minutes plus tôt, elle avait de très fortes réactions allergiques. Nous lui avons donc donné une nouvelle histoire personnelle où elle a grandi sans souffrir de l'asthme. Les résultats furent fascinants : toutes ses réactions d'allergie aux animaux ont disparu et, par surcroît, toutes ses autres allergies médicalement diagnostiquées.

Chapitre X

VARIER L'EMPLOI DES ANCRES

Intégrer l'hypnose à toute conversation

Une participante : Combien de temps devez-vous habituellement consacrer à ce procédé ? Employez-vous l'hypnose ?
Richard : Tout est hypnose.
John : Nous sommes en profond désaccord à ce sujet. L'hypnose, ça n'existe pas. Je préférerais que vous n'employiez pas de tels mots parce qu'ils ne symbolisent rien.

Nous croyons que *toute* communication relève de l'hypnose. Toute conversation vise à hypnotiser quelqu'un. Admettons que je me mette à table avec vous et que je commence à vous parler d'une expérience personnelle. Si je vous parlais de mon récent voyage, je tenterais en quelque sorte de vous amener à faire l'expérience de ce voyage. Chaque fois que deux personnes communiquent ensemble, elles émettent des enchaînements de sons appelés des « mots » et essaient de créer un état de conscience chez l'autre.

Y a-t-il des hypnotiseurs professionnels dans la salle ? Parmi les autres, combien y a-t-il d'hypnotiseurs amateurs ? Il y en a un. Les autres ne savent pas encore qu'ils sont des hypnotiseurs ! À mon avis, il est très important que les gens intéressés à devenir des professionnels de la communication étudient l'hypnose. En effet, l'hypnose nous permet de découvrir des phénomènes humains extrêmement intéressants. Lorsque vous aurez appris à appliquer les notions ritualistes de l'hypnose traditionnelle et que vous serez devenus très compétent, vous vous rendrez compte par exemple que vous n'en avez pas vraiment besoin. Cette formation à l'hypnose n'aidera pas vos clients personnellement. Elle *vous* aidera parce qu'elle vous permettra de découvrir que les états de transe somnambulique sont très répandus chez les gens « éveillés ». Ils ne constituent pas l'exception à la règle. Vous découvrirez également que l'ensemble des approches psychothérapeutiques sont en fait des méthodes d'hypnose. Lorsque vous regardez une chaise inoccupée et que vous commencez à parler à votre mère, vous vivez une expérience de « transe profonde » qu'on appelle une « hallucination auditive et visuelle positive ». C'est l'un des phénomènes de transe profonde propre au somnambulisme. L'amnésie est un autre phénomène que vous pouvez très souvent observer. À propos, que disions-nous ?

Un jour, j'étais assis dans une grande pièce où étaient réunis une foule d'adultes portant veston et cravate. J'étudiais la psychologie depuis environ deux mois. L'animateur avait demandé aux participants de parler à une chaise inoccupée. Un homme s'exclama alors : « Je me sens ridicule. » J'ai alors éclaté de rire, et ils m'ont tous regardé ; on aurait dit qu'ils pensaient que j'étais fou. Ils parlaient à des *absents* et ils me disaient que l'hypnose était malsaine.

Pour devenir de bons thérapeutes, les gens auraient grand avantage à apprendre à s'observer pendant qu'ils travaillent, à écouter ce qu'ils disent pour se rendre compte que presque tout ce qui se passe en thérapie est totalement absurde. Je n'ai pas dit que la thérapie ne donnait rien ; cependant, elle est de toute évidence le théâtre de l'absurde par excellence de notre époque. Et lorsque je dis absurde, je vous invite à faire la différence entre le concept de l'absurdité et le concept de l'utilité. En effet, ces deux concepts sont tout à fait différents. Si je m'en tiens à la situation économique et culturelle actuelle, je peux dire qu'à mon avis la thérapie est une activité très valable.

Produire rapidement des changements durables

Je répondrai maintenant au second aspect de votre question. Nous ne créons plus de nouvelles histoires personnelles pour nos clients. Nous avons déjà consacré trois heures à en créer une. Nous avons employé ce procédé quinze minutes par semaine durant six semaines consécutives. Nous avons également déjà « programmé » un client à faire de la distorsion temporelle en quatre minutes. Et nous avons programmé une femme à le faire en rêve chaque soir. Nous lui avons communiqué un état de transe somnambulique et nous l'avons littéralement équipée d'un générateur de rêves, un appareil qui leur servait à se créer l'histoire personnelle requise, c'est-à-dire des expériences dont elle se rappelait le lendemain matin à son réveil ; et elle rêvait tous les soirs. Autant que je sache, elle peut encore s'inventer chaque jour une histoire personnelle qui lui procure ce qu'elle désire. Lorsque nous faisions des interventions de changement, une séance pouvait durer de trente secondes à sept ou huit heures.

Notre contexte de travail est différent du vôtre ; nous sommes des formateurs. Notre travail consiste à mettre tous nos procédés à l'épreuve pour que durant nos stages de formation nous puissions enseigner des procédés efficaces, des approches qui vous permettront de résoudre tous les problèmes que vous pourrez rencontrer et que nous aurons su prévoir.

Nous avons formé le personnel d'une clinique psychiatrique. Le directeur de la clinique a participé à plusieurs stages. Tous les membres du personnel font maintenant le même type d'interventions auprès des patients. En ce moment, chaque client vient en moyenne six fois à la clinique, et rares sont ceux qui y reviennent plus tard. Les résultats sont durables.

Fait intéressant, le directeur de la clinique fait aussi de la consultation privée, ce qui l'amène à rencontrer ses clients douze ou quinze fois au lieu de six. Il n'a jamais compris la cause de ce phénomène. Les procédés qui peuvent vous permettre d'aider quelqu'un à changer rapidement au niveau inconscient peuvent aussi « lier » vos clients et prolonger la thérapie. C'est là une étrange caractéristique de la thérapie : plus vous êtes efficace, moins vous gagnez d'argent ! Parce qu'ils obtiennent ce qu'ils veulent et cessent de vous consulter, vos clients ne vous versent plus d'honoraires.

Ancrer une expérience positive

Une participante : Parce qu'elle a été violée, l'une de mes clientes déteste être touchée. Quel type d'ancres devrais-je lui donner ?

Vous pouvez exploiter l'un ou l'autre système. Je vous suggère très fortement de la toucher ; vous atteindrez alors directement ses facteurs limitatifs. Vous pouvez tout d'abord l'inviter à recouvrer une expérience très agréable et lui donner alors une ancre ; vous développerez ensuite cette ancre petit à petit jusqu'à ce qu'elle aime être touchée. Si vous ne la touchez pas, elle aura la même réaction le restant de ses jours. À mon avis, si vous respectez ses limites, vous lui nuirez terriblement. Cette personne est celle dont vous voulez qu'on la touche sans qu'elle se rappelle inévitablement l'expérience de son viol. Et l'ordre de vos interventions est évidemment très important. Vous exploitez tout d'abord un schème de référence positif. Avant d'entreprendre votre séance de thérapie *proprement dite*, vous parlez avec elle de ses vacances, d'une expérience agréable quelconque, et au moment où elle réagit, vous lui donnez une ancre. Vous pouvez aussi inviter cette cliente à vous parler d'une expérience sexuelle passée agréable et associer une ancre à cette expérience.

Varier les ancres

Un participant : Doit-on employer des ancres aussi évidentes que dans les exemples que vous nous avez donnés ?

Nos gestes sont caricaturés ; nous avons exagéré nos exemples parce que nous voulons que vous puissiez observer le procédé et apprendre vraiment pendant que les changements s'opèrent. Si nous avions donné des ancres auditives à Line, si nous avions emprunté différents tons de voix, vous n'auriez pas saisi ce que nous faisions. Plus vous interviendrez de façon voilée, plus vous serez efficace en consultation privée. Vos touchers peuvent être très voilés. Vous pouvez varier le ton de votre voix. Vous pouvez employer des mots : « parents », « enfant », « adulte », différentes positions du corps, les gestes, l'expression du visage. Vous offrez *inévitablement* des ancres ; par contre, la grande majorité des gens ne procèdent pas systématiquement.

Les ancres sont partout. Vous avez sûrement tous déjà été dans une salle de cours où il y avait un tableau d'ardoise. Quelqu'un s'est approché du tableau et a fait ceci. (Il imite quelqu'un qui se passe les ongles sur un tableau d'ardoise. Presque tous les auditeurs font la grimace et grincent des dents.) Qu'est-ce que vous faites ? Vous avez perdu la tête ! Il n'y a pas de tableau ici. Une ancre efficace, n'est-ce pas ?

Attention aux ancres qui renforcent un problème

Nous avons découvert les ancres en observant des thérapeutes à l'œuvre. Un client entre dans le cabinet de travail de son thérapeute et lui dit : « Eh oui, monsieur, je mène une vie d'enfer depuis sept ans et… » Le thérapeute se penche vers lui, lui met la main sur l'épaule et lui dit : « Je ferai tout ce qui est en mon pouvoir pour que notre travail vous aide à changer tout ce que vous voulez changer. » Le thérapeute fait ensuite de l'excellent travail. Son client change et se sent vraiment bien dans sa peau. Pour conclure la séance, le thérapeute lui dit : « Comme je suis heureux ! » et il se penche vers lui et lui met la main sur l'épaule. Et hop ! l'ancre incite le client à retourner dans son état de dépression encore une fois.

J'ai déjà vu une thérapeute guérir un client d'une phobie et la lui infliger neuf fois durant la même séance, sans se rendre compte de ce qu'elle faisait. Pour conclure, elle lui avait dit : « Nous en reparlerons lors de notre prochaine rencontre. »

Rendez-vous service ! Cachez-vous quelque part et regardez votre client traverser la rue et entrer dans l'édifice où se trouve votre cabinet de consultation. Observez la transition. Un véritable miracle ! Il déambule sur le trottoir tout souriant et il se sent bien. Il entre dans l'édifice et il commence à recouvrer tous ses supposés problèmes dont il a l'intention de vous parler quelques minutes plus tard ; l'édifice est une ancre. Vous ne pouvez pas *ne pas donner* d'ancres. Il suffit de savoir dans quelle mesure vos ancres sont *utiles*.

Nous connaissons un vieux thérapeute qui a résolu ce problème : il a deux cabinets de consultation. Il a un cabinet où vous lui parlez de vos problèmes. Lorsque vous avez terminé, il se lève sans rien dire et vous fait signe de passer dans l'autre pièce ; c'est là qu'il fait ses interventions de changement. Il vous invite très tôt à passer dans la deuxième pièce ; et vous changez. Vous n'avez même pas besoin de revivre votre histoire personnelle avec toutes ses peines et ses souffrances.

Éviter d'ancrer ses problèmes dans sa vie de couple

Après quelques années de vie commune, bon nombre de conjoints ne se touchent plus l'un l'autre. Savez-vous pourquoi ? Je vous ferai une démonstration. Charlotte, pourriez-vous vous approcher s'il vous plaît ? Voici un excellent moyen de faire fuir vos intimes. Vous êtes de très mauvaise humeur ; vous vous sentez terriblement abattue. Je suis votre époux bien-aimé. Je m'approche de vous et je vous dis : « Dis, tout ira, ne t'en fais pas », et je vous étreins. Il me suffira ensuite d'attendre que vous vous sentiez mieux, que vous soyez heureuse et d'excellente humeur, pour vous dire alors : « Dis, veux-tu aller au restaurant ce soir ? » et de vous étreindre. Aussitôt, au lieu de se toucher lorsqu'ils sont heureux et de se créer de merveilleuses ancres, les conjoints se donnent habituellement des ancres lors de moments désagréables.

Si vous avez fait de la thérapie de couple ou de la thérapie familiale, vous avez sûrement observé cet autre phénomène : vous êtes assis, tout va très bien et tout à coup, une explosion. Si vous n'avez pas entendu le petit bruit, ou si vous n'avez pas observé le mouvement ou l'oscillation d'un corps qui s'éloigne de l'autre, vous êtes déconcerté. Que s'est-il passé ? Personne ne le sait. Les gens sont rarement conscients des ancres qui les provoquent à adopter un « comportement inacceptable ».

Modifier un comportement par une ancre positive

Vous pouvez faire un excellent exercice. Rencontrez deux conjoints ou les membres d'une famille et attendez qu'une explosion se produise ; identifiez le signal qui, selon vous, a provoqué cette explosion. Adoptez vous-même ce comportement et observez : avez-vous provoqué la même explosion ? Si oui, vous savez que vous avez identifié le point central de leur interaction. Admettons que ce signal soit un froncement de sourcils. Il vous suffit d'associer une ancre à une réaction kinesthésique agréable et de l'employer tout en fronçant les sourcils. Et la réaction première ne se produira plus lorsque quelqu'un froncera les sourcils.

Employer les ancres en groupe

Vous pouvez aussi donner des ancres aux membres d'un groupe, d'un organisme, d'une association ou d'une corporation. En fait, ces groupes ressemblent à une famille. Si vous savez que les membres d'un groupe doivent se réunir très bientôt comme ils le font depuis plusieurs années, vous savez qu'ils entreront en conflit selon leurs modes habituels. Vous pourriez donc les rencontrer individuellement avant la rencontre et leur donner une ancre non verbale voilée qui les aidera à changer les éléments désagréables les plus frappants de leur mode de communication non verbale.

Certaines personnes ont un ton de voix irritant chaque fois qu'elles parlent, et ce, quoi qu'elles disent. Elles s'exprimeraient sur un tout autre ton si elles connaissaient les effets du *feed-back* auditif. Si elles pouvaient s'entendre, elles modifieraient leur façon de parler. C'est un simple mécanisme de défense, j'imagine.

Le ouaouaron émet un son très fort ; ses oreilles sont si proches de l'organe émetteur de ce son qu'il deviendrait sourd s'il s'entendait. L'influx nerveux du son et l'influx nerveux du muscle qui provoque le son atteignent le cerveau à un angle de cent quatre-vingts degrés et s'annulent l'un l'autre. Le ouaouaron n'entend donc jamais les sons qu'il émet. Une foule de gens semblent fonctionner de la même façon que cet animal.

Désancrer une réaction rattachée au passé

Un autre phénomène se produit souvent dans un groupe : un membre veut expliquer quelque chose aux autres et il se laisse vraiment emporter, il gesticule et bouscule pratiquement les autres. La personne assise en face de lui aperçoit tout à coup le doigt qu'il pointe et l'expression intense de son visage ; et ces deux éléments provoquent une réaction bien ancrée en elle. Et la voilà partie. Sa réaction s'adresse en partie à cet être dans le présent, mais surtout à des gens qui font partie de son histoire personnelle et qui restent associés à l'ancre du doigt pointé et de l'expression intense. Les êtres humains vivent presque toujours dans ce que nous appelons un « état de confusion ». Je vous assure que si je vous demandais de jeter un coup d'œil autour de vous et d'identifier un membre du groupe qui vous fait penser à une personne que vous connaissez, vos réactions face à cette personne seraient un mélange de réactions face à elle dans le présent et de réactions passées face à la personne à laquelle elle vous fait penser, sauf si vous étiez très attentif et réagissiez uniquement face à elle. Ces deux ensembles de réactions se confondent très souvent. Vous vous êtes tous sensibilisés à ce processus ; en analyse transactionnelle, on appelle cela une réaction « contaminée » ; c'est une façon de réagir très répandue.

Une participante : Lorsque vous donnez une ancre kinesthésique, faites-vous une différence entre le côté gauche et le côté droit du corps ?

Il y a des différences subtiles ; les identifier est un art. En thérapie, par contre, point n'est besoin d'en tenir compte. Si vous vouliez jouer au magicien, il en serait tout autrement. Si vous vouliez créer de nouvelles cartes de crédit ou autre chose du genre, vous auriez avantage à tenir compte de certaines différences. En thérapie, les ancres kinesthésiques sont efficaces et les différences entre les deux côtés du corps importent peu.

Ancrer en variant le ton de la voix

Les variations du ton de la voix sont parfois utiles. Virginia Satir emploie divers tons de voix pour donner des ancres. Elle a un certain ton de voix lorsqu'elle fait des interventions de changement. Elle parle d'un ton normal six heures durant et, tout à coup, elle parle sur un autre ton. Lorsqu'elle utilise ce ton de voix, son client change sur-le-champ. Le docteur Erickson a un ton de voix particulier lorsqu'il veut mettre un client en état de transe.

Bon nombre de gens ferment les yeux lorsqu'ils sont en transe. Milton Erickson est handicapé et doit se déplacer dans une chaise roulante ; il ne peut donc pas toujours atteindre ses clients et leur donner des ancres kinesthésiques. Que fait-il ? Fermez les yeux pendant quelques secondes. Je voudrais que vous tentiez de détecter la « désarticulation spatiale » de mon ton de voix, même à distance. Si vous réussissez à le faire, parfait. Sinon, je suis assuré que vous l'aurez détectée inconsciemment. En effet, c'est l'un des principaux systèmes d'ancres que Milton Erickson emploie lorsque son client a les yeux fermés et est en transe.

Choisir des ancres conscientes ou inconscientes

Tous ces procédés produisent des résultats. Le système que vous choisirez d'employer au moment de donner des ancres déterminera le type de réactions que vous susciterez. Si vous désirez impliquer un client au niveau conscient, donnez-lui des ancres et exploitez tous les systèmes. Si vous voulez intervenir de façon voilée et contourner la résistance du conscient de votre client, exploitez un système dont cet individu n'a pas de représentation consciente. Lorsque les prédicats d'un client et ses mouvements d'yeux vous indiquent que ses représentations sont surtout kinesthésiques, ne lui donnez pas des ancres kinesthésiques, sauf si vous désirez exploiter ses ressources conscientes. Si vous exploitez alors votre ton de voix, il n'aura aucune représentation consciente des ancres données.

Chapitre XI

MODIFIER SON HISTOIRE PERSONNELLE

Ancrer (expérience)

Nous vous inviterons tout d'abord à employer des ancres kinesthésiques. Ce sont, semble-t-il, les ancres qu'on apprend le plus facilement et qui s'avèrent les plus utiles. Vous pouvez utiliser des ancres au niveau de tous les systèmes. Choisissez un partenaire. Identifiez-vous par les lettres A et B, comme auparavant. Vous jouerez chacun les deux rôles.

Ancrer les réactions de l'autre par un geste

1. A, voici quelle sera votre tâche : vous serez assis face à votre partenaire. Placez la main droite sur le genou gauche de B, légèrement. Posez-lui une question d'accès au vécu : « Vous souvenez-vous de votre dernière expérience sexuelle très agréable ? » Attendez qu'il réagisse de façon significative. Avant de donner une ancre associée à une réaction, vous devez pouvoir détecter la réaction. Lorsque vous observerez des changements, vous appuierez plus fermement la main sur le genou de votre partenaire. Durant l'observation, tenez compte des

caractéristiques suivantes : tonus musculaire, teint, respiration, épaisseur des lèvres, etc. Au fur et à mesure que vous détectez des changements, permettez-leur de déterminer la pression exercée par votre main. Lorsque vous ne détecterez plus de changements, retirez la main. Vous aurez alors une ancre bien calibrée. Ne donnez l'ancre à votre partenaire qu'à partir du moment où vous pourrez voir ses réactions.

Y mettre l'expression

Votre aptitude à amplifier ce que vous percevez déterminera la qualité de votre perception des changements. Si vous disiez par exemple (lentement et d'un ton grave) : « Avez-vous déjà vraiment débordé d'enthousiasme ? » ou si vous disiez (rapidement et d'un ton élevé) : « Vous êtes-vous déjà senti vraiment triste ? » votre intervention ne serait pas très efficace. Il vaudrait mieux que vous soyez cohérent et disiez d'un ton enthousiaste : « Dites, avez-vous déjà vraiment débordé d'enthousiasme ? » Plus votre accès au vécu est expressif, plus la réaction de votre partenaire le sera à son tour.

2. Vous placerez ensuite la main gauche sur le genou droit de votre partenaire et vous lui poserez cette autre question : « Quelle expérience personnelle serait diamétralement opposée à celle-ci ? » Il retrouvera alors l'expérience qui représente à ses yeux l'antithèse de son expérience présente. Au fur et à mesure que les changements se produiront et que vous pourrez les observer, vous appuierez la main de plus en plus fermement sur son genou, et ce, jusqu'à ce que les changements atteignent un plateau. Puis, vous retirerez la main.

Comparer les deux ancres

3. Vous aurez alors deux ancres. Nous voudrions que vous en utilisiez une et que vous observiez les change-

ments. Vous ferez une pause, puis vous donnerez l'autre à votre partenaire et observerez les changements. Pour obtenir de meilleurs résultats, discutez alors avec lui d'un sujet neutre de façon à distraire son conscient : « Vous rappelez-vous les lampes que vous avez vues dans le hall de l'édifice ? » Tentez de déterminer si vous pouvez susciter régulièrement les mêmes réactions lorsque vous employez vos ancres.

Intégrer les ancres agréables et désagréables

4. Lorsque vous serez satisfait de l'efficacité de vos deux ancres, lorsque vous pourrez observer les différences entre les deux ensembles de réactions qu'elles provoquent, vous les emploierez toutes les deux simultanément pendant trente à soixante secondes. Et vous observerez ce phénomène fascinant que nous appelons « l'intégration ». Regardez le visage de votre partenaire. Un côté de son visage vous offrira une réaction et l'autre moitié, la deuxième réaction ; et ensuite, celles-ci s'intégreront l'une à l'autre. Les ancres ne sont pas des boutons que l'on presse ; vous devez les donner durant un certain temps pour pouvoir observer une réaction complète. Lorsque l'intégration commencera à s'effectuer, vous pourrez retirer les ancres.

Durant cette activité, votre partenaire ne sera pas en thérapie. Cette activité vise tout simplement à vous permettre de vérifier, à l'aide de vos sens, que les ancres produisent vraiment ces résultats et que vous pouvez vous en servir. En ce moment, vous apprenez tout simplement leur fonctionnement. Cet après-midi, nous vous enseignerons à vous en servir dans un but thérapeutique. Allez-y.

Choisir désormais ses expériences ainsi ancrées

Plusieurs participants nous ont posé la même question durant l'activité. Bernard m'a dit : « Lorsque mon partenaire me touchait ce genou, je revoyais une expérience sensuelle très agréable ; lorsqu'il me touchait l'autre genou, je pensais au temps où j'ai eu l'impression que mon épouse ne voulait vraiment pas être avec moi, alors que ses tâches ménagères et tout le reste l'absorbaient, et je me suis mis en colère parce que nous ne pouvions pas passer un bon moment ensemble. » Le partenaire de Bernard pouvait très bien identifier les deux ensembles de réactions et il pouvait, à son gré, le pousser à se représenter l'une ou l'autre des deux expériences ; ses ancres étaient vraiment efficaces. Son partenaire a employé simultanément les deux ancres et l'intégration s'est opérée. Ils m'ont alors demandé ce qui se passera lorsque Bernard reverrait son épouse. La réponse à cette question est très importante parce qu'elle vous aidera à comprendre notre approche. Que se passera-t-il ? Lorsque Bernard reverra son épouse, il pourra choisir de revivre les très agréables sensations tirées de son passé, ou son ancienne colère, ou encore, facteur très important, un mélange quelconque de ces deux expériences.

Auparavant, ces deux réactions affectives étaient opposées et dissociées. Lorsque vous associez à chacune une ancre, vous greffez ainsi ces ancres aux réactions physiologiques opposées, aux tensions musculaires, aux modifications respiratoires, etc. Lorsque vous provoquez les deux tendances simultanément, les réactions physiologiques opposées s'annulent l'une l'autre. Vous avez vu ce phénomène se produire lorsque vous observiez le visage de votre partenaire, sa respiration, et le reste. Les deux réactions s'intègrent et, par la suite, un individu peut inventer toutes sortes de combinaisons des deux sentiments qui étaient auparavant dissociés et réagir de façon appropriée dans diverses situations. Notre approche repose sur le principe suivant : lorsqu'un individu dispose d'un éventail d'options dans chaque situation, il choisit toujours celle qui lui paraît la plus appropriée. À mon avis, il est tout à fait légitime qu'une personne ait le choix de réagir d'une façon sensuelle face une autre personne ou de réagir par la colère, ou encore exprime une réaction quelconque se situant entre ces deux extrêmes. Ce processus d'intégration, qui consiste en l'emploi d'ancres visant à intégrer des réactions et à éliminer leur polarisation, nous permet d'être certains que dans un contexte donné vous pourrez choisir librement une réaction parmi une variété d'options.

Nous vous avons menti lorsque nous vous avons dit que cette activité ne constituait pas une thérapie. « Vous associerez une ancre à ceci, et une autre à cela ; puis vous les emploierez simultanément et les intégrerez. » Pensez-y un peu ! Vous avez donné deux ancres et vous les avez intégrées. Ce procédé est identique à celui des deux chaises de la Gestalt, lesquelles sont des ancres pour les gestaltistes. Lorsque vous passez d'une chaise à l'autre, vos sentiments changent vraiment. Si vous étiez le thérapeute et si vous observiez à distance la démarche de votre client, vous pourriez percevoir les changements d'expression sur son visage, les changements de son teint et de la position de son corps qui s'opèrent lorsqu'il quitte un siège et va occuper l'autre. Les deux chaises sont des ancres. Par contre, ce procédé rend l'intégration difficile à effectuer. Comment pourriez-vous vraiment intégrer les deux chaises ? Vous devez donc amener votre client à passer de plus en plus vite d'une chaise à l'autre.

Modifier son histoire personnelle (expérience)

Nous voudrions que vous vous choisissiez encore une fois un partenaire ; vous vous entraînerez au procédé qui consiste à modifier son histoire personnelle que nous avons utilisé ce matin pour aider Line. Je vous le rappelle brièvement.

1. Que veut-on changer ?

Tout d'abord, quelle réaction votre partenaire désire-t-il changer ? Associez-lui une ancre pour stabiliser la situation et pour pouvoir y avoir accès au besoin.

2. Mobiliser ses ressources

Quel comportement voudriez-vous adopter ? De quelle ressource auriez-vous besoin pour vous comporter d'une façon qui soit plus adaptée à vos ressources actuelles ? La première fois que vous avez vécu cette expérience, vous n'aviez pas toutes les ressources dont vous disposez maintenant. Si vous reviviez cette expérience et si vous vouliez modifier votre histoire personnelle, quelle ressource exploiteriez-vous ? Quand avez-vous fait l'expérience de cette ressource ? Associez une ancre à ce qui sera votre réponse.

3. Intégrer les deux expériences

Associez les ressources à l'expérience choisie. Donnez les deux ancres à votre partenaire pendant qu'il recule dans le temps, revit son expérience passée avec cette ressource, change et se crée une autre histoire passée. Offrez-lui les ancres jusqu'à ce qu'il se sente satisfait. Votre vécu sensoriel joue alors un rôle crucial. Observez le niveau de compatibilité. Êtes-vous satisfait des résultats ? Sinon, répétez l'opération. De quelles autres ressources auriez-vous besoin ? Vous devrez parfois donner plusieurs ressources à votre client. Ainsi, on croit parfois avoir besoin d'une certaine ressource pour se rendre compte après avoir vécu de nouveau son expérience qu'elle ne sert à rien. Le conscient ne comprend que partiellement ce dont vous auriez eu besoin. Il n'y a qu'un moyen d'identifier les ressources nécessaires ; il s'agit de revenir en arrière et de revivre une partie de son histoire personnelle.

4. Cheminer vers l'avenir avec ses ressources

Lorsque votre client est satisfait et possède une nouvelle ressource qui l'a aidé à mieux vivre son expérience passée, vous devez jeter un pont, cheminer vers l'avenir. Quelles expériences actuelles ressemblent à cette expérience passée et risquent de provoquer la même réaction inacceptable ? Au point de départ, que voyez-vous, qu'entendez-vous, que ressentez-vous ? Quel est le premier élément que vous percevriez et qui vous permettrait d'identifier ce type de situation ? Associez l'ancre de la ressource à ces indices du contexte. C'est compris ? Allez-y !

Chapitre XII

SE DÉFAIRE D'UNE PHOBIE

Voir dans tout problème une phobie

On peut organiser ce processus appelé la psychothérapie de multiples façons très utiles. Une façon très simple et par surcroît très raffinée de le faire consiste à aborder tout facteur psychologique limitatif sous l'angle de la phobie. On peut dire qu'une phobie constitue le modèle d'un facteur psychologique limitatif. Un individu qui souffre d'une phobie a, à un moment de sa vie, inconsciemment pris une décision sous l'effet du stress alors qu'il était assailli par une quantité excessive de stimuli. Il a réussi à faire quelque chose que les êtres humains ont très souvent de la difficulté à faire. Il a appris en une seule tentative. À la suite de cette expérience, il a réagi et réagit toujours exactement de la même façon chaque fois qu'il perçoit ce même ensemble de stimuli. C'est là une réalisation personnelle inestimable. Vous changez au gré des années ; et bien que le contexte extérieur soit différent, vous réussissez quand même à réagir de la même façon à ces stimuli.

Les phobies sont très intéressantes parce que les réactions sont vraiment marquées. Lorsque quelqu'un dit par exemple : « Je ne peux pas m'affirmer en présence de mon patron », il veut dire en substance : « Au cours de mon histoire personnelle, je me suis affirmé à maintes reprises ; j'en ai fait plusieurs fois l'expérience. Par contre, je ne peux pas exploiter cette ressource en présence de mon patron. » Et je sais que l'individu qui a une réaction phobique lorsqu'il voit un serpent est déjà demeuré calme en présence d'un serpent au cours de son histoire personnelle. Maintenant, par contre, il ne peut pas exploiter cette ressource lorsqu'il voit un serpent.

Transformer son histoire personnelle

Depuis les débuts de la psychologie, de la psychiatrie et de la planification familiale, personne n'a tenté d'organiser les informations recueillies de façon à aller droit au but. Freud a dicté la règle à suivre : « Vous devez analyser l'histoire personnelle de votre client. » Nous avons donc décidé qu'on peut intervenir dans l'histoire personnelle d'un client lorsqu'on saisit le développement de son problème. Si vous comprenez comment, au fil des années, les gens peuvent se créer des phobies, vous n'aurez pas besoin de comprendre le développement de chaque phobie ; il s'agira alors de saisir que le processus demeure toujours à peu près le même. Toute histoire d'une phobie est fascinante. Par contre, il vous suffit d'en comprendre la structure pour pouvoir commencer à changer puisque toutes les phobies fonctionnent de la même façon. Les gens ont des stratégies qui engendrent des réactions phobiques. Quelqu'un a-t-il une phobie quelconque ?

Se défaire d'une phobie (expérience)

Une participante : Moi, j'ai la phobie des ponts. Je ne peux pas traverser un pont au volant de ma voiture. J'ai peur de tomber à l'eau.

Si vous l'avez bien observée, vous avez déjà toutes les informations dont vous avez besoin pour l'aider à changer. Voulez-vous vous défaire de cette phobie ? Impose-t-elle des limites à votre comportement ?

1. Vouloir s'en défaire

La même participante : Oh oui ! Je voudrais tant m'en défaire !

En êtes-vous certaine ?

La même participante : Oui ! J'en suis convaincue. J'hésitais à en faire part au groupe. Mais je me suis déjà révélée.

2. Oublier le contenu

Vous n'étiez pourtant pas obligée d'en faire part aux autres ! Vous auriez très bien pu garder votre secret. Nous n'avons pas besoin du contenu. Au fond, nous préférons ignorer le contenu. Quelqu'un d'autre a-t-il une phobie dont il ne voudrait pas parler aux autres ? Chaque fois que quelqu'un se portera volontaire, il ne nous parlera pas du contenu de son expérience. Ce matin, lorsque nous avons travaillé avec Line, personne ne connaissait le contenu de son problème. Nous n'aurons jamais besoin du contenu lorsque nous ferons une expérience ; sentez-vous donc bien libre d'y participer sans hésiter ! Pour respecter votre intégrité personnelle en consultation privée et lors d'une démonstration devant un groupe, nous vous inviterons à ne pas parler du contenu de vos expériences personnelles. Nous n'en avons pas besoin. De toute façon, nous ne nous préoccupons que du processus. Le contenu n'a aucune importance ; et ajoutons que le contenu est souvent déprimant. Nous ne voulons pas en entendre parler. Lorsque vous décrivez le contenu de vos problèmes à quelqu'un, on dit que vous êtes dérangé. Je suis très heureux de vous avoir interrompue avant que vous ne nous décriviez le contenu de votre phobie. Exact ? D'accord. Votre prénom s'il vous plaît.

La même participante : Gisèle.

Gisèle. Parfait. (Il se contorsionne ; l'expression de son visage est très intense et change plusieurs fois.) Toute analogie non verbale bizarre fera l'affaire surtout si vous êtes en présence d'un client qui a déjà fait de la thérapie.

3. Interrompre le processus

Vous avez besoin de trouver quelque chose qui fasse perdre l'équilibre à votre client. N'importe quoi, pourvu que vous interrompiez son processus. Si vous ne l'interrompez pas, vous risquez de le voir s'asseoir dans votre cabinet de consultation pour vous raconter la même ritournelle qu'à tout le monde. Vous risquez d'entendre son message enregistré ! Un jour, nous avons écouté l'enregistrement d'une séance avec un thérapeute et lors de notre première rencontre avec sa cliente, nous avons entendu exactement la même chose, les mêmes mots dans le même ordre. Nous étions fascinés par son aptitude à reproduire une chose. Son exposé était identique au premier, jusqu'au moment où nous sommes intervenus. Je me suis levé brusquement et je me suis mis à lui parler du bon Dieu sur un ton menaçant. « Dieu dit : "Vous changerez !" » L'intervention thérapeutique la plus efficace consiste à pénétrer la réalité de votre client. Cette femme-là était très religieuse ; le meilleur moyen de l'aider à changer consistait donc à jouer le rôle d'intermédiaire entre elle et Dieu. C'est ce que les prêtres font, non ? Elle pouvait accepter cette approche. Il m'a suffi de lui refléter les informations qu'elle m'avait inconsciemment données, c'est-à-dire les directives dont elle avait besoin.

4. Cerner la réaction phobique

Revenons à nos moutons. Gisèle, admettons que nous ignorions que vous avez la phobie des ponts. Donnez-moi un mot qui symbolisera la réaction phobique que vous avez depuis plusieurs années.

Gisèle : Rose.

Rose. Elle a la phobie de « rose ». Vous avez maintenant autant d'informations que lorsqu'elle nous a dit : « Je ne peux pas traverser un pont au volant de ma voiture. » Vous ne connaissez pas la nature de la réaction ni ses origines ni ses dimensions internes et externes. La thérapie secrète et l'emploi de mots-symboles nous aident à bien saisir que nous nous illusionnons lorsque nous croyons comprendre quelqu'un alors que cette personne émet des mots qui ne décrivent pas son vécu sensoriel.

5. *Mobiliser ses ressources*

Gisèle, avant de commencer, je voudrais vous poser une question. Pourriez-vous penser à un moment où vous vous êtes exprimée et où vous avez su exploiter toutes les ressources qui représentent à vos yeux les qualités d'une personne adulte, d'une femme mûre ? Pensez à une expérience que vous avez vécue au cours des dernières années. Il pourrait s'agir d'une situation de stress ou d'une expérience heureuse. Vous vous êtes alors sentie très satisfaite de votre comportement. Je voudrais que vous preniez bien votre temps et que vous retourniez à une telle expérience. Lorsque vous l'aurez trouvée, faites-moi signe. Comprenez-vous ce que je vous demande de faire ? (Elle incline la tête.)

6. *Observer ses réactions*

Tout d'abord, j'espère que vous avez tous remarqué que son visage, sa respiration et le reste ont nettement changé. Ceux qui ont observé Gisèle ont pu voir qu'elle se fabriquait une image visuelle. Elle a cherché visuellement ; elle a levé les yeux et a regardé sur la droite. La structure de sa représentation cérébrale est celle d'un droitier normal. Elle n'a pas revu la situation de *l'intérieur*. Elle s'est regardée agir. Par conséquent, sa réaction kinesthésique n'est pas aussi intense qu'elle l'aurait été si elle avait procédé de la façon suivante.

Pourriez-vous revoir cette image de vous-même une autre fois ? Lorsque vous la verrez très bien, je veux que vous vous glissiez à *l'intérieur* de l'image de façon que vous reviviez vraiment cette expérience qui représente à vos yeux la manifestation de toutes vos ressources de femme mûre. Lorsque vous éprouverez dans votre corps ce sentiment de puissance que vous associez à cette expérience, tendez le bras et donnez-moi la main…

D'accord. Je n'ai aucune information au sujet du contenu de son expérience. Par contre, grâce aux messages non verbaux de transformations évidentes et marquées que Gisèle m'a transmis, *je sais très bien* qu'elle a réussi à faire ce que je lui avais demandé. Et je suis d'accord avec elle. Cette expérience est très agréable ; elle reflète mes hallucinations de la puissance et de tout le reste. Gisèle, vous rappelez-vous votre expérience initiale de cette phobie ?

Gisèle : Non, pas du tout.

7. Créer des options à la réaction phobique

D'accord. C'est typique. La plupart des gens savent seulement que, dans certaines situations, ils ont une réaction kinesthésique très intense. Gisèle, j'oserais même dire que votre réaction est renversante. Elle est déconcertante parce que, dans le passé, vous n'avez jamais pu choisir dans de telles situations. Et vous vous êtes rendu compte que ces réactions limitaient votre comportement. Exact ?

Gisèle : Oh oui, même lorsque je rêve !

La grande majorité des gens qui ont une phobie en ignorent la cause. Je ferai comme s'il était important de le savoir. Cette croyance fait par contre partie de la mythologie.

8. Reconnaître l'utilité antérieure de la réaction phobique

Des années durant, Gisèle a réussi à avoir la même réaction à maintes et maintes reprises. Elle a su démontrer qu'elle sait faire cela. On pourrait dire qu'une phobie est un apprentissage fait en une seule occasion, et qu'on n'a jamais mis au point ultérieurement. Et ça a marché ! Très souvent, je regarde mon client et je lui dis : « Je veux m'adresser à ce côté de vous qui vous inflige cette réaction phobique depuis si longtemps et lui garantir que je respecte sincèrement ce qu'il fait et que je trouve sa réaction valable. Vous êtes maintenant ici. Vous avez survécu. Si ce côté de vous n'avait pas provoqué cette réaction efficace et ne vous avait pas aidée à éviter certains dangers, vous ne seriez peut-être pas ici aujourd'hui. Je ne veux pas vous enlever l'option de la réaction phobique ; je veux tout simplement la mettre au point de façon que vous puissiez aussi opter pour d'autres réactions qui refléteraient davantage vos ressources actuelles de femme mûre. Nous ferons appel à cette même aptitude à apprendre en une seule occasion pour vous aider à développer d'autres réactions. »

9. Ancrer la réaction phobique

Dans quelques secondes, je vous inviterai à voyager dans le temps. Pendant que vous reviendrez en arrière, je veux que vous me serriez la main plus fort chaque fois que vous aurez besoin que je vous fasse penser à votre aptitude de femme mûre et accomplie. C'est là votre lien avec le moment présent et avec toutes vos ressources de personne accomplie. Pouvez-vous identifier les sentiments associés à votre phobie ?

Gisèle : Oui. (Il lui touche le bras.)

Cette ancre nous suffira ; elle est associée à sa phobie. Je pourrais lui poser une autre question : « Vous rappelez-vous votre expérience la plus récente de cette réaction ? »

Gisèle : Oui. (Il lui touche le bras une deuxième fois.)

J'ai obtenu la même réaction qu'un peu plus tôt lorsque je lui ai demandé : « Pouvez-vous identifier les sentiments associés à votre phobie ? » Même expression du visage, même rythme respiratoire. Lorsque je lui touche le bras, je lui donne l'ancre associée à cette réaction. Cette ancre est un facteur de stabilisation qui nous permet de revenir en arrière, d'examiner son histoire personnelle et de retrouver l'expérience initiale. Il n'est pas nécessaire de procéder de cette façon ; c'est là une façon parmi d'autres d'aider quelqu'un qui a une phobie.

10. Ancrer les ressources personnelles

Votre main qui tient la mienne représente votre lien avec votre force personnelle et vos ressources de femme adulte. Nous reviendrons en arrière et vous revivrez des expériences associées à cette phobie ; cette fois, par contre, vous n'éprouverez aucun malaise ; vous vous sentirez très bien. Et j'attirerai ici votre attention sur le concept de dissociation dont nous avons parlé précédemment. Pendant que vous faisiez l'activité hier après-midi, nous vous avons dit de vous glisser vraiment à l'intérieur de l'image de façon à pouvoir identifier toutes vos réactions kinesthésiques. Nous vous demanderons aujourd'hui de faire le contraire. Depuis nombre d'années, Gisèle se retrouve dans des situations qui suscitent chez elle des réactions affectives très intenses et une foule de sensations kinesthésiques. Si je lui demandais de revenir en arrière, de revivre encore une fois cette expérience et d'éprouver une fois de plus ces sentiments et ces sensations, je consoliderais ces réactions. Ce serait absurde de ma part. Et l'inconscient de bon nombre de gens me dirait : « Vous êtes fou ! Je refuse de revivre cette expérience ; j'aurais trop mal. » On dit très souvent que ces clients-là « résistent », n'est-ce pas ? Respectez cette résistance. En effet, votre client vous dit alors en quelque sorte : « Écoutez, prenez de nouvelles dispositions, faites en sorte que je ne revive pas encore une fois les mêmes souffrances. »

11. Retourner sur les lieux de la phobie

Voici un exemple de dispositions précises : Gisèle, je voudrais que vous vous fermiez les yeux. Chaque fois que vous aurez besoin de force, vous pourrez accroître la pression sur ma main. Vous pourrez tirer votre force de ce lien. Et je saurai alors où vous en êtes. Dans quelques secondes, je tendrai le bras et je vous toucherai le bras pour vous aider à vous rappeler un peu des sentiments associés à « rose ». Je ne veux pas que vous éprouviez ces sentiments une fois de plus. Je veux que vous vous serviez d'une partie de ce sentiment, de la quantité dont vous aurez besoin et pas plus, pour revenir dans le temps jusqu'à ce que vous voyiez le tableau d'une scène tirée de votre enfance ; *de l'extérieur*, vous vous verrez vivre une expérience associée à votre apprentissage premier de cette réaction.

À un moment donné, pendant que vous regarderez ces images intimement liées à ces sentiments de « rose », j'interviendrai et je vous dirai : « Que voyez-vous en ce moment ? » Je voudrais que vous fixiez alors cette image. Vous vous verrez fort probablement en bas âge, portant certains vêtements bien précis, dans un contexte donné. Je n'ai aucune information à ce sujet et, en ce moment, vous n'en avez pas non plus puisque vous ignorez l'origine de votre phobie. Dès que je vous demanderai de fixer cette image, vous en prendrez une photographie et vous continuerez de la regarder. Je ne veux pas que vous voyiez vos images maintenant ; nous avons besoin de conclure une autre entente qui vous aidera à vous sentir encore plus à l'aise avant de commencer à projeter votre film.

12. Retrouver l'expérience phobique vécue en bas âge

Rappelez-vous que vous contrôlez l'intensité de ces sentiments (il lui touche le bras, l'ancre associée à la phobie), vous en déterminez la quantité dont vous avez besoin pour revenir dans le temps jusqu'à ce que vous voyiez une image claire associée à ces sentiments, laquelle représentera le moment où vous avez fait l'apprentissage initial de cette réaction. C'est ça, vous tirez toute la force dont vous avez besoin de notre contact, et vous retournez dans le temps, encore plus loin, doucement... encore plus loin... Rien ne vous presse. Sentez-vous bien à l'aise. Regardez bien cette image. Faites-moi un signe de tête lorsque vous verrez une image claire de vous-même en plus bas âge...

Gisèle : Je me vois lorsque j'étais plus jeune, sans contexte précis par contre, je suis là...

Ça va. Pouvez-vous vous voir les pieds ? De quelle couleur sont vos chaussures ?

Gisèle : Noires.

13. Observer la scène avec ses ressources

Je voudrais maintenant que vous regardiez lentement la surface qui se trouve sous vos chaussures. Permettez ensuite à vos yeux de voir ce qui vous entoure lorsque vous êtes là, debout, vos petites chaussures noires aux pieds. N'oubliez pas de respirer, d'exploiter votre puissance et votre force. Vous avez su démontrer que vous connaissez très bien ces vieux sentiments. Je voudrais que vous nous démontriez maintenant que vous pouvez éprouver ces sentiments et sensations de force pendant que vous regardez cette image. Respirez ; vous avez besoin d'oxygène pour faire cette démarche. Très bien. Lorsque vous verrez votre image fixée, faites-moi un signe de tête...

D'accord. Je voudrais maintenant que votre image s'immobilise, comme s'il s'agissait d'une photographie. Détendez votre main droite, pas la gauche. Votre main gauche peut serrer ma main aussi fort que vous en aurez besoin pour recouvrir votre force tout en regardant votre image. Vous respirez maintenant très bien. Continuez de respirer.

14. Se dissocier de ses réactions

Je voudrais maintenant que vous sortiez lentement de votre corps de façon que vous puissiez vraiment vous regarder et vous voir assise ici sur cette chaise, votre main dans la mienne, même si vous avez l'impression que c'est ridicule. Prenez bien votre temps. Lorsque vous aurez réussi à vous glisser hors de votre corps et que vous pourrez vous voir à vol d'oiseau, de profil, de face ou de dos, faites-moi un signe de la tête. Excellent.

Maintenant, *vous demeurerez dans la peau de cette troisième personne*. Je voudrais que vous vous voyiez ici, la main dans la mienne ; vous vous sentez forte, vous disposez de vos ressources de personne adulte. Munie de cette force et de ce bien-être, vous jetterez un coup d'œil autour de vous, prêterez une oreille attentive et observerez ce qui est arrivé à la jeune Gisèle à ce moment-là pour mieux la comprendre, faire de nouveaux apprentissages et disposer ensuite de nouvelles options. Pendant que vous faites cela, vous êtes dans la peau de cette troisième personne, vous observez, vous éprouvez votre force et disposez de ces ressources associées à notre lien. Vous savez que vous avez survécu à cette expérience et que vous n'aurez plus jamais besoin de la revivre. Permettez alors à cette jeune personne en vous d'éprouver ces vieux sentiments-là, *devant vous ;* elle revit cette expérience passée une dernière fois. Lorsque vous aurez tout vu, tout entendu et que vous comprendrez mieux la situation, faites-moi un signe de tête et demeurez au même endroit. Vous pouvez commencer à projeter votre film. (Elle fait un signe de tête.)

15. Réintégrer le présent

Je voudrais maintenant que vous laissiez lentement, très lentement cette troisième personne, et que vous reveniez dans votre corps ; vous l'habitez à nouveau ; vous êtes assise ici et vous vous sentez puissante et forte.

16. Apprécier sa réaction phobique antérieure

Je voudrais maintenant que vous procédiez à une autre étape très importante qui vous sera extrêmement utile. La jeune Gisèle vous a rendu un service d'une valeur inestimable ; elle a éprouvé encore une fois ces sentiments à votre place et elle vous a permis, tout en vous sentant à l'aise et forte, d'observer et d'écouter ces stimuli qui provoquaient par le passé des réactions accablantes. Cette fois-ci, vous avez pu les voir et les entendre sans « rosir ». Je voudrais que vous vous approchiez dans votre tête de la jeune Gisèle. Tendez-lui les bras, réconfortez-la à l'aide de toutes vos ressources de femme adulte et promettez-lui qu'elle ne sera plus jamais obligée de revivre cette expérience. Remerciez-la d'avoir accepté d'éprouver ces sentiments une dernière fois à votre place. Expliquez-lui que vous pouvez lui garantir qu'elle a survécu puisque vous êtes son avenir.

17. Réorienter ses énergies

Observez son visage, la position de son corps et sa respiration ; lorsque vous *verrez* qu'elle se sent rassurée et qu'elle sait que vous prendrez bien soin d'elle à partir de maintenant, je voudrais que vous tendiez vraiment les bras, que vous étreigniez la jeune Gisèle et la fassiez pénétrer à l'intérieur de votre corps. Permettez-lui vraiment d'entrer. Elle fait partie intégrante de votre personne et elle déborde d'énergie. Son énergie n'est plus contrôlée par la réaction phobique. Je voudrais que votre inconscient choisisse une activité à laquelle vous aimeriez consacrer une partie de cette énergie, une activité agréable à laquelle vous pourrez vous adonner tout de suite et à l'avenir. Vous méritez cette énergie. Demeurez assise, détendez-vous et savourez ces sentiments. Sentez-les envahir toutes les parties de votre corps. Prenez bien votre temps. Toutes sortes de choses se passent dans votre for intérieur. Je m'adresserai maintenant aux autres participants.

Maîtriser l'usage des ancres

Comprenez-vous bien les ancres, telles que nous les avons employées ici ? Elle me donne tout d'abord la main. C'est une ancre « de secours », une ancre associée à ses ressources, et qui l'aidera toujours à se sortir du pétrin. Cette ancre lui transmet un message : « Voici, vous avez un lien ici. » Il s'agit là d'un merveilleux mécanisme de *biofeed-back*. Je peux observer les changements de température, de pression et de niveau d'humidité dans sa main et obtenir là une foule d'informations au sujet de son expérience intérieure complexe. L'ancre que je lui donne lorsque je touche son bras stabilise les sentiments associés à la phobie ; elle nous permet de revenir en arrière et de trouver l'image d'une expérience qui représentera toutes ses expériences de ce que nous appelons les « réactions phobiques ».

Il est essentiel de se dissocier

Lorsque, de l'extérieur, elle se voit en bas âge, c'est-à-dire lorsqu'elle se sert de ses sentiments pour prendre conscience d'une expérience passée qu'elle avait oubliée, je lui propose d'effectuer une deuxième dissociation : je lui demande de sortir de son corps. Vous avez alors pu voir la position de son corps, son teint, sa respiration et tout le reste changer. Ces caractéristiques nous révèlent de quelle façon elle opérait ses changements.

Lorsqu'elle a bien effectué la double dissociation, je lui demande de regarder et d'écouter ce qu'elle a vécu, tout en demeurant bien détendue. Aujourd'hui, elle a vu et entendu des choses dont elle était inconsciente jusqu'à maintenant.

Gisèle : C'est vrai.

Par le passé, elle était accablée par sa réaction phobique kinesthésique au point de ne pas pouvoir voir ce qui se passait ni rien entendre. Le conscient est limité. Lorsqu'elle se voit en bas âge et s'entend, elle associe ses sentiments de force et de puissance aux stimuli visuels et auditifs de son expérience passée.

Se réintégrer

Lorsqu'elle a complété sa démarche, nous passons à la réintégration. Toutes les approches thérapeutiques et toutes les psychothéologies impliquent que le client passe par une étape de dissociation et d'examen d'informations pour réorganiser sa vie. Peu importe que vous employiez la terminologie « parent, enfant, adulte », « dominateur, victime » ; peu importe que vous vous serviez de chaises ou de mots. Ce qui compte, c'est que vous aidiez votre client à examiner son comportement, à l'étiqueter et à en dissocier les différentes composantes. Parce que vous êtes des professionnels de la communication, vous avez la responsabilité que votre client réintègre *en lui* toutes ses composantes avant la fin de la séance. Il y a un moyen très simple de vous assurer que les dissociations que vous avez créées ont été réintégrées : pour conclure la séance, vous répétez le processus de dissociation, mais à l'inverse.

Nous avons employé le procédé de dissociation suivant : (1) vous vous voyez en bas âge et (2) vous sortez de votre corps. La réintégration va comme suit : (1) vous vous glissez à l'intérieur de votre corps, vous l'habitez à nouveau et (2) vous vous approchez de la jeune Gisèle dans votre tête, lui tendez les bras, la réconfortez et la rassurez, vous la remerciez d'avoir vécu cette ancienne expérience à votre place pour vous permettre d'apprendre quelque chose, vous la prenez dans vos bras, la réintégrez et vous ressentez son énergie.

Structurer la régression

Nous faisons de la *régression structurée*. Les tenants de la thérapie du cri primal soutiennent que leurs clients régressent jusqu'à leur plus tendre enfance. Si tel était le cas, les clients de ces thérapeutes devraient échouer pour changer ! Si l'approche du cri primal produisait une régression totale, les clients feraient la même chose que Gisèle faisait jusqu'à aujourd'hui chaque fois qu'elle avait sa réaction phobique. La régression totale implique très simplement que vous reviviez l'expérience au niveau de tous les systèmes. Par conséquent, vous la renforcez.

Une régression partielle structurée du type de celle que nous avons faite avec Gisèle vous permet de revenir en arrière et d'associer de nouvelles ressources aux stimuli auditifs et visuels qui ont provoqué jusqu'à maintenant la même réaction kinesthésique désagréable. Gisèle ne peut plus revivre cette expérience et avoir la même réaction que par le passé puisqu'elle a fait un autre apprentissage en une seule tentative. Elle *n'a plus besoin* de réagir de façon phobique.

Ajouter des choix à son répertoire de comportements

Je ne lui ai par contre pas enlevé cette option. Dans certaines situations, il se pourrait qu'elle ait avantage à avoir sa réaction phobique. Je ne me prends pas pour le bon Dieu ! Je suis convaincu que les gens choisissent toujours la meilleure option dont ils disposent dans la situation donnée. Ma tâche consiste à aider mon client à exploiter, dans une situation donnée, des ressources personnelles qui étaient jusqu'alors dissociées de cette situation. Je crois que tout être humain a des besoins très variés sur lesquels je n'ai aucune information, et qu'il choisit pertinemment dans l'éventail qui va de la terreur jusqu'au sang-froid. C'est ce que Gisèle fera à partir de maintenant. Par le passé, ses ressources personnelles n'intervenaient pas en situation ; elles y ont maintenant été intégrées. Il s'agit là de deux options de réaction aux mêmes stimuli.

Vérifier l'intégration du nouveau comportement

Un participant : Vous avez plusieurs postulats arbitraires au sujet de l'intégration et d'une foule de choses que vous faites.
C'est exact. Voudriez-vous mettre un postulat en question ?
Le même participant : Tous vos postulats.
D'accord. Choisissez-en un.
Le même participant : Que Gisèle se sent maintenant différente.

D'accord. Voici un moyen de vérifier. (Il regarde Gisèle.) Je voudrais vous poser une question. (Il lui donne l'ancre associée à la réaction phobique.) Elle le regarde, lui sourit et lui dit sans parole : (« Vous dites ? ») Parfait, vous avez répondu à ma question. Monsieur, acceptez-vous cette réponse ? Vous rappelez-vous que la dernière fois que j'ai touché son bras à cet endroit, elle a eu une réaction phobique ? J'ai associé cette ancre à sa réaction phobique et je vous ai démontré que je contrôlais sa phobie. Je tends le bras, je touche le sien et que fait-elle ? Elle me regarde et ses yeux me disent : « Vous voulez quelque chose ? » Cette réaction en dit beaucoup plus long que tout commentaire verbal qu'elle pourrait me donner. Je ne vous dis pas de ne jamais demander de commentaire verbal conscient à vos clients ; sachez par contre que lorsque vous en demanderez, vous ferez appel à la composante individuelle qui a *le moins* d'informations à vous donner : le conscient.

Voici un autre moyen de vérifier. Gisèle, je voudrais que vous me rendiez un petit service. Nous allons faire une expérience scientifique. Y a-t-il des ponts dans cette ville ? Je voudrais que vous fermiez les yeux et que vous vous voyiez traverser un pont au volant de votre voiture. Vous procéderez cependant d'une façon particulière. *Je voudrais que vous soyez vraiment au volant de la voiture* ; vous ne vous regarderez pas de l'extérieur. Je voudrais que vous voyiez ce que vous verriez si vous traversiez vraiment le pont au volant de votre voiture. Que se passe-t-il lorsque vous faites cela ?

Gisèle : (Elle fronce les sourcils, a l'air intriguée.) J'ai traversé le pont au volant de ma voiture.

« J'ai traversé le pont au volant de ma voiture. » Pourriez-vous trouver une réponse plus éloquente ? Si elle m'avait dit : « J'étais extrêmement heureuse de traverser le pont au volant de ma voiture », je lui aurais répondu : « Pardon ? Attendez un peu, c'est un pont comme il y en a tant d'autres ! »

Gisèle : Mais jusqu'à maintenant, chaque fois que je traversais un pont au volant de ma voiture, je me conditionnais en disant : « Que vais-je faire lorsque ma voiture tombera à l'eau ? »

Progresser

Et que nous a-t-elle dit ? « J'ai traversé le pont au volant de ma voiture. » Lorsque vous associez votre force et votre confiance en vous à ces stimuli auditifs et visuels, traverser un pont au volant de votre voiture devient une simple activité humaine comme tant d'autres, une expérience identique à celle que tous les autres participants vivent depuis si longtemps lorsqu'ils traversent un pont au volant de leur voiture. Cette vérification nous permet aussi de savoir que nous avons bien progressé. Nous connaissons la mine qu'elle faisait lorsqu'elle manifestait sa réaction phobique. Si ces indices de réaction phobique avaient refait surface, nous aurions su que l'intégration ne s'était pas opérée. Nous aurions alors identifié le problème et répété le procédé. Elle nous a répondu : « J'ai traversé le pont au volant de ma voiture. » Un peu plus tôt, lorsque nous avons travaillé avec

Line, nous avons dit qu'il était possible de choisir dans le milieu de vie d'une personne, un élément qui deviendrait l'ancre associée à la nouvelle réaction. Dans ce cas, nous avons fait une vérification et nous avons par le fait même jeté un pont et cheminé vers l'avenir.

Chapitre XIII

ORIENTER LE CHANGEMENT

Employer seul ce procédé à certaines conditions

Une participante : Pouvez-vous employer seul ce procédé ?
Oui. À deux conditions. Demain, nous vous parlerons d'un procédé appelé le « recadrage ». Nous vous enseignerons alors à vous développer un système de communication intérieure raffiné et sophistiqué. À l'aide d'un tel système de communication intérieure, vous pouvez aller vérifier tout seul à quel point vos composantes personnelles sont compatibles. Si vous voyez intérieurement un « feu vert », vous pouvez sûrement procéder seul. Si vous captez un message d'hésitation, le recadrage vous aidera à devenir cohérent, c'est-à-dire à conclure une entente avec vous-même.

Et la deuxième condition : vous aurez besoin d'une excellente ancre pour vivre une expérience productive, positive et très stimulante, c'est-à-dire qui vous permettrait de vous remettre sur pied si vous faisiez une rechute et éprouviez encore une fois vos anciens sentiments désagréables. Sinon, refaire l'expérience de sentiments désagréables ne vous servirait à rien. J'ai déjà eu une ancre très efficace. Assurez-vous que vous en avez bien une. Si vous avez une réaction phobique très intense, je vous suggère de demander à quelqu'un de vous assister. Ce n'est pas très difficile à faire et c'est rapide. Trouvez-vous une personne qui vous redonnera l'ancre de secours, lorsque vous referez l'expérience de sentiments désagréables. Vous pourriez lui dire pendant que vous éprouvez une légère réaction phobique : « Regarde-moi, observe bien mes réactions physiques et ma respiration ; si tu vois les mêmes réactions, serre-moi la main. » Vous pouvez faire le reste seul.

Une participante : Pouvez-vous employer cette approche avec des enfants ?

Avec les enfants, employer une approche voilée

Je crois que peu d'enfants ont des phobies. Cette approche vise à aider ceux qui en ont une. Quel que soit votre mode d'intervention auprès des enfants, je vous suggère d'avoir recours à une approche voilée. L'enfant de l'un de mes amis, âgé de neuf ans, ne savait pas épeler. Je lui ai donc dit : « Regarde bien cette liste de dix mots à épeler. » Il a regardé les mots ; puis j'ai ajouté : « Ferme tes yeux et répète-moi les dix mots que tu as vus ; je ne te demande pas de les épeler. » Il a eu de la difficulté à répéter les mots. Il ne savait pas très bien visualiser. Je lui ai alors dit : « Te rappelles-tu le drôle de personnage dans le film : *La Guerre des étoiles* ? Te rappelles-tu ses dents ? On pouvait les voir lorsqu'il ouvrait la bouche comme ceci ? » Et il s'est exclamé : « Oh oui ! » Il les a immédiatement visualisées. Je lui ai donc demandé d'écrire les mots sur les dents de ce personnage. Si vous examinez l'histoire personnelle de quelqu'un, vous trouverez toujours *une* expérience qui offre les éléments dont vous avez besoin. Associez cette expérience et la tâche que vous voulez accomplir et inventez un jeu. Ceci est particulièrement vrai dans le cas des enfants et ne pose pas de problèmes. « À ton avis, qu'est-ce que ce drôle de personnage verrait s'il te regardait faire cela avec ton père ? » C'est là une autre façon de créer la dissociation.

Les enfants ont un rythme de fonctionnement très rapide. Vous êtes des adultes et vous êtes donc beaucoup plus lents que les enfants. Vous passez moins vite qu'eux d'un état de conscience à un autre. Nous enseignons aux gens qui travaillent avec des enfants à se servir tout d'abord des ancres pour stabiliser ce qu'ils veulent changer, pour ralentir l'enfant et pour pouvoir faire face à la situation. Je vous le dis, les enfants vont très vite.

Prendre ses distances par la double dissociation

Une participante : Pourquoi employez-vous la double dissociation ?

Vous n'en avez pas *absolument* besoin. Cette approche vous permet tout simplement d'être certain que votre client ne fera pas une rechute, n'éprouvera pas une fois de plus les sentiments désagréables. Si nous avions demandé à Line de procéder à une dissociation simple et si elle avait vécu à nouveau son expérience ancienne, nous aurions eu beaucoup de difficulté à l'aider à s'en sortir. Parce que nous avons procédé à une double dissociation, nous aurions facilement pu l'aider à reprendre ses distances si elle avait commencé à revenir en arrière pour recommencer au premier niveau de dissociation. Observez les changements dans la position du corps, le teint, le rythme respiratoire, etc., et vous saurez si elle est hors de son corps ou si elle est retournée à l'intérieur de son corps. Grâce à ces informations, je peux intervenir lorsque je me rends compte qu'elle retourne au premier niveau de dissociation ; je peux lui serrer la main ou lui dire : « Elle revit l'expérience à votre place. De votre poste *ici*, en haut, vous la regardez faire. » Ces moyens me permettent d'être certain qu'elle ne refait pas encore une fois l'expérience des vieux sentiments.

Inventer les images qui soutiennent sa transformation

Une participante : Vous avez demandé à Gisèle de penser à son sentiment et de se voir en bas âge. Et si elle ne trouvait pas d'images ?

Cette information nous renseignerait sur le travail du *thérapeute* et sur la démarche du client. On aurait grand avantage à bien saisir que c'est là un commentaire sur l'intervention du thérapeute. Cette réaction indique au thérapeute qu'il devrait modifier son comportement ou faire son intervention différemment.

Permettez-moi de répondre à votre question de la façon suivante. Je crois que Gisèle n'a jamais vécu l'expérience qu'elle s'est vue « revivre ». Peut-être l'a-t-elle déjà vécue, peut-être ne l'a-t-elle jamais vécue ; je l'ignore. En fait, peu importe. Un jour, un thérapeute de grande renommée est venu nous visiter. Durant sa visite, nous avons reçu un appel d'urgence à propos d'une femme qui voulait se suicider. Son psychiatre avait démissionné : « Voulez-vous vous occuper de cette femme ? Je n'ai plus aucune autre option à lui offrir. » Comme ce thérapeute de grande renommée était en visite chez nous, nous avons décidé que c'était là l'occasion idéale de lui faire la démonstration de certains procédés d'hypnose que le docteur Erickson nous avait enseignés. À cette époque, ce thérapeute disait que l'hypnose était malsaine. À son avis, il s'agissait d'un procédé de « manipulation ». Nous lui avons donc dit : « À certains points de vue, l'hypnose "ericksonienne" est beaucoup moins manipulatrice que toutes les approches thérapeutiques conscientes d'introspection dont nous avons été témoins. Permettez-nous de vous faire une démonstration avec cette femme. »

Nous avons commencé notre séance. Notre visiteur était assis dans la pièce ; il regardait et écoutait. Après dix minutes de consultation, il a eu une révélation. C'était bien évident ! Je lui ai demandé : « Voudriez-vous nous proposer de faire quelque chose ? » Je n'avais jamais eu l'occasion de l'observer à l'œuvre. Il nous a remplacés et il s'est adressé à la dame : « Sang… escalier…, enfance, jeune frère… maman pleure… crie. » Il a inventé ce rêve fantastique qu'il a en quelque sorte fait avaler par la suite à la dame. Elle lui a d'abord répondu : « Je n'ai aucun souvenir de ce genre. » Un peu plus tard, elle a ajouté : « Aaahhh ! C'est ça ! C'est évidemment de ma faute ! » Cette intervention ressemble au procédé de Virginia Satir, la « réorganisation de la famille ». Vous en avez peut-être déjà fait l'expérience. Soudain la dame a créé de nombreux liens intérieurs ; notre invité a fait toutes ses interventions thérapeutiques à partir de cette expérience passée et le comportement de la dame a radicalement changé, et de façon durable. Elle devint une cliente régulière.

Lorsqu'elle revint nous voir deux semaines plus tard, nous n'avons pu résister à la tentation. Nous l'avons menée à un état de transe somnambulique et nous lui avons donné une ancre de perte de la mémoire de façon à pouvoir effacer ultérieurement tout ce que nous allions faire durant cette séance. Elle allait très bien et nous ne voulions pas nous interposer. Nous voulions tout simplement savoir ce qui s'était vraiment passé. Nous avons alors demandé à son inconscient de nous dire si notre cliente avait oui ou non vécu antérieurement l'expérience décrite par le thérapeute au cours de la séance précédente, ou une expérience semblable. Il nous a répondu « non » sans aucune équivoque. Et au fond, c'est ce qui s'est passé ici aujourd'hui. Si l'expérience que Gisèle a vue comporte tous les éléments de son expérience ou de son ensemble d'expériences premières, elle lui servira de symbole et *ce symbole sera aussi efficace qu'une représentation réelle du passé*. Et grâce à mes perceptions sensorielles, je peux vous garantir qu'elle a été efficace.

Une participante : Je me pose encore des questions sur ce que vous faites lorsqu'une cliente est paralysée parce qu'elle s'attendait à voir l'image d'une expérience qu'elle a vraiment vécue et qu'elle n'en retrouve aucune.

D'accord. C'est là une question de choix ; tout comme lorsqu'un client dit de façon conséquente : « Je ne sais pas. » Demandez-lui de deviner, d'inventer, de mentir, de rêver ; peu importe.

La régression dans le temps est au fond très facile à provoquer. Nous avons dit à la dame : « Revenez en arrière dans le temps. » Au niveau conscient, elle ne comprenait pas très bien ce que nous entendions par là et pourtant, elle a réagi spontanément.

Observer les réactions sur le visage

Un participant : Que pouviez-vous voir exactement sur son visage ?

La même réaction qu'elle avait eue plus tôt lorsque nous lui avions demandé de penser aux sentiments associés à sa phobie. Je l'ai regardée régresser dans le temps et, à un moment donné, j'ai perçu une manifestation très intense de cette réaction. Elle avait une tache jaune sur la joue, des taches blanches autour des yeux et sur les deux côtés de la tête. Elle a serré les mâchoires. Elle suait davantage, surtout au niveau de l'arête du nez. Lorsque cette réaction s'est intensifiée, je lui ai dit : « Regardez cette image, celle-là. »

Si votre client fronce les sourcils lorsque vous lui demandez de reculer dans le temps, il vous donne un signal. Et vous pourriez alors lui jouer un tour et lui dire : « Avancez dans le temps », « Traversez le temps, faites des bonds à rebours dans le temps », « Tournez autour du temps ». N'importe quoi. Cela importe peu. Les mots que vous employez sont sans importance aucune. Ce qui compte, c'est que vous obteniez la réaction que vous désirez.

Retrouver son expérience par le chevauchement des sens

Vous pouvez aussi vous dire que toute personne qui a la phobie de quelque chose connaît les *sentiments* associés à sa phobie. Elle a donc en mains une composante de son expérience et elle peut identifier le reste par *chevauchement*. Vous voulez aller au magasin, mais vous avez oublié où sont vos clés ; comment faites-vous pour les retrouver ?

Une participante : Je cherche dans mes poches.

Un participant : Je cherche partout dans la maison.

Un participant : Je réfléchis, je retourne en arrière et j'essaie de visualiser l'endroit où je les ai déposées.

Une participante : Je secoue mon sac à main et j'écoute.

D'accord. Et si rien n'y faisait, vous pourriez sortir de la maison et entrer à nouveau. Pensez à toutes ces réponses et vous verrez qu'elles touchent aux trois principaux systèmes de représentation. Lorsque vous avez une composante de votre expérience en mains, vous pouvez retrouver toutes les autres par chevauchement. Elle éprouvait les sentiments. J'ai associé une ancre à ces sentiments pour stabiliser son état de conscience. Tout ce à quoi elle a eu accès pendant qu'elle avait les yeux fermés et revoyait son histoire personnelle passée avait une chose en commun : ses sentiments. À ce moment-là, elle pouvait seulement choisir une expérience qui entrait dans la catégorie des expériences dites phobiques.

C'est à l'aide de ce même principe que je l'ai aidée à visualiser une image claire d'elle-même durant son enfance. Au début, son image n'avait pas de contexte. Je lui ai demandé de me dire la couleur de ses chaussures. J'ai alors présumé qu'elle pouvait voir ses pieds et ses chaussures, et qu'elle pouvait percevoir correctement les couleurs. Elle a accepté ma présupposition et elle m'a répondu « noires ». Elle pouvait voir ses chaussures ; elle pouvait donc évidemment et très « logiquement » voir la surface sur laquelle étaient ses chaussures, où elle se tenait debout. Je lui ai demandé de me la décrire. La surface étant décrite, les murs et les arbres apparurent, les autres détails de l'image se précisèrent. C'est un processus de chevauchement, ou de croisement, qui me permit de l'aider à reconstituer son image petit à petit.

Adapter une réaction positive à une situation pénible

Un participant : Quelle différence y a-t-il entre cette approche et la désensibilisation systématique ?

Une différence d'environ six mois. C'est la principale différence et elle coûte *cher* ! À mon avis, c'est du pur conditionnement. Nous avons tout simplement associé un nouvel ensemble de sentiments, à savoir sa force et son aptitude, aux stimuli auditifs et visuels.

Il y a une autre différence très importante. Nous ne nous contentons pas d'essayer d'éliminer un ensemble de sentiments ; nous en associons d'autres aux stimuli. Les gens que j'ai observés pendant qu'ils faisaient de la désensibilisation systématique essayaient presque toujours d'éliminer un type de comportement au lieu de tenter de le remplacer par une réaction positive. Lorsque vous demandez à leurs clients : « Comment allez-vous ? » ils vous répondent : « Pas mal, merci ! »

Nous soutenons que tout comportement a une fonction positive. C'est la meilleure option qu'un individu puisse choisir dans un contexte donné. Il valait sûrement mieux que Gisèle ait la phobie des ponts plutôt que de n'avoir aucun programme. Si vous faites de la désensibilisation systématique sans remplacer le type de comportement « négatif » par une réaction positive, vous devrez consacrer beaucoup de temps à vos consultations parce que vos clients vous résisteront. C'est leur seul mécanisme de défense. C'est pourquoi vos clients devront vous consulter pendant six mois ; en effet, ils seront obligés de trouver au hasard du temps un comportement qui pourra remplacer le comportement éliminé.

La détente n'est pas toujours la meilleure réaction

Un participant : Les méthodes de relaxation offrent ce nouveau comportement : la détente.

Tel est parfois le cas. La relaxation ne répond pas aux besoins de tous les individus lorsqu'ils manifestent leurs réactions phobiques. Admettons par exemple que vous traversiez un pont au volant de votre voiture ; vous ne voulez pas vous détendre soudainement. Lorsque quelqu'un a vraiment besoin de faire face à la musique, il n'y parviendra peut-être pas si vous lui avez communiqué un sentiment de détente. Et que se passerait-il s'il y avait vraiment du danger ? De deux choses l'une : soit que la réaction phobique refasse surface, par mesure de protection, soit que l'individu ait un accident. Nous avons donné à Gisèle une ancre solide associée à sa confiance en elle et à ses ressources de femme adulte, plutôt que de faire appel à la détente. Elle était très *alerte* durant le déroulement du processus. La désensibilisation était une étape importante de l'évolution de la thérapie ; cette approche a permis de guérir de leurs phobies bon nombre de personnes. À mon avis, il suffit d'y ajouter quelques éléments. Au lieu d'exploiter la relaxation et de l'associer *à tout,* essayez d'associer autre chose aux situations. Les êtres humains possèdent déjà des ressources beaucoup plus efficaces que la détente.

Employer les éléments fondamentaux de toute thérapie

Jusqu'à maintenant, et il en sera ainsi jusqu'à la fin de ce stage de formation et durant les stages avancés, nous ne vous avons rien donné qui ne fasse pas déjà partie du comportement des gens. Notre rôle de formateurs a consisté à identifier les éléments primordiaux et les éléments inutiles de vos expériences personnelles. Toute approche thérapeutique comporte une étape de dissociation, de même que l'emploi de procédés d'examen du comportement, qu'il s'agisse de chaises, d'ancres données au genou ou de mots. Toute approche thérapeutique devrait d'abord et avant tout comporter *un* moyen de faire tout cela : examiner le comportement, effectuer la dissociation, faire l'intégration. Les noms que vous leur donnez sont sans importance et la grande majorité des psychothéologies n'ont également aucune importance. Ce que nous avons fait diffère *très peu* de ce que les tenants de la Gestalt font lorsqu'ils demandent à un client de revenir en arrière dans le temps. Les thérapeutes qui ont adopté l'analyse transactionnelle parlent de « redécision ». Toutes ces approches se ressemblent énormément.

Nous avons examiné tous ces procédés et nous avons essayé d'identifier les éléments essentiels d'une démarche thérapeutique et les éléments superflus. Nous avons ensuite fondu les éléments essentiels pour créer un procédé efficace en toutes circonstances. À mon avis, la désensibilisation systématique n'a rien de mal ; par contre, ce procédé ne produit pas toujours les résultats escomptés. Pourquoi ? Parce qu'il comporte plusieurs éléments superflus sans pour autant comporter tous les éléments essentiels. Certaines gens font de la désensibilisation et y ajoutent inconsciemment les éléments essentiels qui manquent. Cependant, lorsqu'ils enseignent à quelqu'un à faire de la désensibilisation, ils ne leur parlent pas de ces éléments parce qu'ils en sont inconscients. Notre rôle de formateurs consiste à examiner ces composantes.

Un biofeed-back naturel

Et j'ignore de quel type de désensibilisation vous voulez parler. On se sert parfois d'appareils et de chronomètres. Je peux donner un *biofeed-back* beaucoup plus raffiné et beaucoup plus précis que tous ces appareils. Je me sers d'instruments de perception sensorielle et de réactions internes vraiment sophistiquées pour intensifier ou modérer certains éléments d'une réaction que je provoque. C'est en partie ce qui permet à mes clients d'apprendre quelque chose en une seule leçon lorsque nous employons les ancres comme nous l'avons fait ici.

Quand il n'est pas facile de visualiser

Un participant : Que se passe-t-il lorsqu'un client ne peut absolument pas percevoir d'images visuelles ?

Vous pouvez employer ce procédé pour aider un client qui a une phobie et qui ne peut pas visualiser des images ; le même procédé peut être appliqué auditivement ou kinesthésiquement. Il n'est pas nécessaire qu'un individu puisse visualiser pour employer ce procédé. Nous voulions vous faire une démonstration et toucher à tous les systèmes. Mais nous n'avons pas besoin d'exploiter tous les systèmes. Vous pouvez aussi vous réserver un peu de temps pour enseigner tout d'abord à votre client à visualiser à l'aide du principe de chevauchement.

L'importance de toucher

Une participante : Pourriez-vous employer ce procédé sans toucher votre client ?

Bien sûr ! Vous pouvez donner des ancres auditives en variant le ton de votre voix, ou des ancres visuelles. Vous pouvez appliquer ce procédé sans toucher votre client. Je vous suggère cependant de le toucher. Les ancres kinesthésiques sont très efficaces. Lorsque vous touchez votre client, il le sent vraiment. Il se pourrait qu'il regarde ailleurs ou qu'il ait les yeux fermés au moment où vous lui donneriez un signal visuel.

Ancrer par le ton de la voix

Un participant : Un ton de voix particulier pourrait donc servir d'ancre de secours ?

Oui. Dans notre société, les ancres du ton de la voix sont les plus efficaces parce que la plupart des gens sont inconscients de ce qu'ils entendent. Personne n'entend consciemment ici, sauf les musiciens professionnels et quelques autres individus.

En Angleterre, on trouve très important de distinguer les membres des différentes classes sociales. Pour faire ces distinctions, les gens doivent savoir percevoir auditivement les différents accents linguistiques et les diverses tonalités. Les Anglais peuvent donc mieux percevoir les variations de tons que nous. Toute personne bilingue ou polyglotte qui a appris une langue tonale sera très sensible à ces types de variations.

La grande majorité des gens n'entendent réellement ni l'enchaînement des mots ni les différentes intonations lorsqu'ils parlent ou lorsque quelqu'un d'autre parle. Ils sont uniquement conscients de leurs images, de leurs sentiments et de leur dialogue intérieur, c'est-à-dire de leur *réaction* à ce qu'ils entendent. Rares sont ceux qui peuvent répéter avec la même intonation ce que vous leur avez dit. Nous entendons les autres de façon *minimale*. Nous n'ajoutons rien à ce qu'ils nous disent, et n'en soustrayons rien. La richesse de l'expérience de l'audition est unique ; pourtant, durant des années, nous n'en savions rien. Nous croyions que tous les individus entendaient les mots.

Découvrir les gens par leur voix

Notre travail a vraiment commencé le jour où nous avons décidé de nous dire que les mots émis correspondaient à une description littérale du vécu des gens qui les employaient et pas seulement comme des images. Nous avons commencé à communiquer avec les gens en faisant comme s'ils ressemblaient vraiment aux descriptions qu'ils nous faisaient. Et nous avons découvert que cette ressemblance existait vraiment. Lorsque quelqu'un dit : « Quand je pense à ces idées, j'ai l'impression qu'elles sont correctes ; j'ai aussi l'impression qu'elles ne m'apportent pas ce que je veux », il décrit littéralement son expérience intérieure.

Intervenir au niveau du processus

Nous voudrions maintenant vous inviter à vous choisir un partenaire, de préférence une personne que vous connaissez peu. Il est plus facile d'intervenir au niveau du processus auprès d'étrangers ; leur comportement risque moins d'être une ancre associée au vôtre. Étant donné vos formes de communication habituelles, nous présumons que vous réussirez tous à aider votre partenaire à changer. Cette activité vise essentiellement à vous permettre de découvrir un nouveau procédé et à l'appliquer, à découvrir si vous pouvez l'intégrer à votre propre forme de communication. Vous ne le saisirez vraiment qu'au moment où toutes vos voies sensorielles se seront impliquées pour jouer avec du nouveau matériel. Pour le comprendre à fond, vous devez pouvoir le saisir au niveau de tous vos systèmes de représentation, y compris votre comportement.

Essayer la double dissociation

Nous voudrions que vous vous exerciez à appliquer le procédé de la double dissociation que nous avons employé pour aider Gisèle : dissociation visuelle, dissociation kinesthésique. Ce procédé, tout comme le procédé de « modification de l'histoire personnelle », aide à résoudre tous les problèmes dont j'ai entendu parler. Les ancres vous apporteront tout ce que vous désirez. Lorsque vous aurez terminé, jetez des ponts, cheminez vers l'avenir pour vous assurer que la réaction sera provoquée par la situation dans laquelle votre partenaire en aura besoin. Allez-y.

Ça va. Tout s'est bien passé ? Aimeriez-vous nous poser des questions ?

Employer un langage de contenu vague et de processus précis

Une participante : Je me suis rendu compte que j'étais distraite parce que les mots de mon partenaire ne correspondaient pas toujours à mon expérience intérieure.

Vous devez alors intervenir très délicatement. Vous lui dites par exemple : « Bouclez-la ! » Ou vous lui donnez un coup de pied sur la jambe !

Vous pouvez tous tirer une leçon de cette expérience : vous pourriez apprendre très facilement à employer un langage qui corresponde à l'expérience de votre client. Nous vous en expliquons la méthode d'apprentissage dans notre premier volume sur l'approche de Milton Erickson. Nous y décrivons les formes de langage qui donnent l'impression d'être précises et qui sont en fait de simples directives concernant le processus, des directives sans contenu.

Voici un petit exercice que vous pouvez tous faire. Asseyez-vous bien confortablement et fermez les yeux. Prenez deux bonnes respirations et détendez-vous.

Au cours des cinq dernières années, vous avez tous vécu une expérience intense qui vous a permis de faire plus ample connaissance avec l'être humain que vous êtes. Vous êtes peut-être conscients de cette portion de votre histoire personnelle, peut-être non. Je voudrais que vous permettiez à cette expérience de faire surface ; prenez-en conscience. Immobilisez-vous un instant, sentez-vous vraiment bien dans votre peau, ressentez votre force et rappelez-vous que vous êtes ici en ce moment. Munis de votre bien-être et de votre force, revoyez ce que vous avez vécu à ce moment-là, entendez les sons et les bruits. Vous pouvez faire d'autres découvertes à partir de cette expérience. Je voudrais que vous vous entendiez et voyiez revivre cette expérience, que celle-ci, qui est tirée de votre histoire personnelle, vous permette de comprendre autre chose, de faire de nouveaux apprentissages.

Lorsque vous aurez vu et entendu quelque chose qui soit valable à vos yeux, je voudrais que vous pensiez à une expérience que vous êtes certains de vivre au cours des deux prochaines semaines. Regardez, écoutez, tout en demeurant conscients de votre bien-être et de votre force. Puis déterminez l'usage que vous pourriez faire de ce nouvel apprentissage dans cette situation qui se présentera au cours des deux prochaines semaines. Ce faisant, vous exploitez agréablement votre propre histoire personnelle, ainsi que ce que vous avez appris à un moment précis de votre histoire, dans une autre situation ; vous exploitez enfin votre esprit de créativité pour vous inventer de nouvelles options au moment présent. Prenez bien votre temps, rien ne presse ; lorsque vous aurez terminé, revenez au présent et joignez-vous à nous...

Certains d'entre vous ont sans doute une notion précise de ce qu'ils ont réussi à faire alors que d'autres se sentent tout simplement très bien, ont la sensation de ne pas avoir compris le détail de ce qu'ils ont pu accomplir pendant qu'ils exploitaient d'une façon différente une expérience personnelle passée particulièrement intense...

Je voudrais maintenant que vous reveniez lentement au présent. Sachez que si vous avez complété cette démarche au meilleur de vos connaissances conscientes, vous avez réussi... Si vous n'avez pas encore terminé, sachez que vous avez entrepris une démarche que vous pouvez très bien terminer inconsciemment pendant que vous reviendrez dans cette pièce...

Dites-moi, que vous ai-je dit au juste ? Je ne vous ai *rien* dit. Rien. Cette communication verbale n'avait aucun contenu. « Quelque chose qui soit valable à vos yeux... des apprentissages... compréhension inconsciente de cette expérience personnelle passée. » Ces expressions n'ont pas de contenu. Ce sont là des directives qui touchent uniquement au *processus*.

Si vous pouvez percevoir sensoriellement, vous pouvez *voir* le processus se dérouler sous vos yeux. C'est là où toute votre attention est requise.

Faisons une expérience très différente. Je voudrais que vous fermiez les yeux et que vous visualisiez un câble... lequel est *vert*.

Qui avait déjà donné une couleur à son câble ? Si je vous donne des directives qui ont un contenu, comme je viens de le faire, je risque fort de violer votre expérience intérieure. Je « n'accompagne » alors pas votre vécu.

Communiquer sans manipuler

Tout professionnel de la communication doit savoir donner des directives touchant uniquement au processus, des directives sans aucun contenu. C'est ce que j'entendais lorsque je vous ai dit un peu plus tôt que l'hypnose ericksonienne est moins manipulatrice que toute autre approche psychothérapeutique dont j'ai été témoin. Lorsque vous émettez un message qui a un contenu, vous communiquez *inévitablement* vos convictions et vos valeurs qui deviennent alors des présuppositions. Par contre, lorsque vous limitez votre intervention au processus, aux messages verbaux sans contenu, vous garantissez par le fait même à vos clients que vous respectez leur intégrité. Lorsque vous faites de la thérapie secrète, vous ne pouvez absolument pas mettre leurs convictions et leurs valeurs en question parce que vous n'en avez jamais entendu parler. Vous ignorez ce que vos clients font ; et vous n'avez pas besoin de le savoir non plus.

Ne pas laisser de gestes dissociés

Une participante : Pourquoi intégrez-vous l'ancre négative ? Pourquoi ne pas tout simplement l'ignorer ?

Bon nombre de gens qui veulent cesser de fumer consultent un hypnotiseur. Celui-ci les hypnotise et leur dit : « À partir de maintenant, vous aurez un très mauvais goût dans la bouche lorsque vous aurez envie de fumer. » Il les ramène à la réalité et les renvoie chez eux. Exact ? Et ces gens-là ne fument plus parce que la cigarette a mauvais goût. Par contre, il leur reste des gestes habituels maintenant dissociés. Et il en va de même pour les alcooliques. Les Alcooliques Anonymes disent : « Alcoolique un jour, alcoolique pour la vie. » Cette déclaration m'indique que leur approche néglige l'intégration des gestes d'habitude qui peuvent ressurgir à l'avenir si l'alcoolique anonyme a de l'alcool sous les yeux. Et il suffit alors d'un seul verre pour qu'il se remette à boire à l'excès, ou d'une seule cigarette et l'ancien fumeur se remet aussitôt à fumer régulièrement.

S'ils ne sont pas intégrés, les gestes d'habitude peuvent toujours être provoqués à nouveau. Si vous amenez un client à faire une dissociation et à examiner ses comportements, rassemblez ensuite les morceaux. Ne laissez pas les gestes d'habitude dissociés à la traîne ! C'est l'une de vos responsabilités professionnelles. Les gens font déjà face à un nombre suffisant de dissociations, ils n'ont pas besoin que vous les aidiez à s'en créer d'autres.

Chapitre XIV

INTÉGRER LES MULTIPLES PERSONNALITÉS

Comprendre les personnalités multiples

Un participant : Avez-vous déjà traité un client qui avait de multiples personnalités ?

Le cas des personnalités multiples présente un problème complexe. Et tout dépend de la source du problème. Vous devez absolument vous renseigner au sujet de l'approche du thérapeute qui a détraqué cette personne. Je n'ai jamais rencontré un individu qui ait eu des personnalités multiples qui n'avaient pas été *créées par un thérapeute*. Je ne veux pas insinuer que de tels cas n'existent pas ; je n'en ai jamais rencontré. J'imagine qu'il en existe quelques-uns ici et là ; j'ajouterai cependant que les thérapeutes en créent davantage et ils m'amènent ensuite leurs clients !

Nous étudions ce problème depuis déjà plusieurs années. Nous avons écrit à un homme qui avait rédigé une thèse au sujet des personnalités multiples. En réponse à notre lettre, il nous a invités à rencontrer l'une de ses clientes. Elle s'appelait Hélène. Elle avait une vingtaine de personnalités différentes qui se camouflaient toutes derrière le nom de Hélène. Phénomène fascinant, toutes ses personnalités étaient plus intéressantes qu'elle !

Son thérapeute avait une conception très détaillée de ses multiples personnalités. Elle avait son côté organisatrice : une personnalité très structurée qui faisait le travail d'une secrétaire, et le reste. J'ai demandé au thérapeute : « Faites ressortir ce côté-là s'il vous plaît. » Il fit alors une fantastique analogie non verbale. Il s'est levé et lui a crié : « Jocelyne ! Jocelyne ! sors de là ! » Il a ensuite frappé sa patiente sur le front, clac, et elle a subi de nombreuses transformations. Ouf ! Un véritable film d'horreur ! De la magie noire ! Cet homme-là exorcise des gens dans une université catholique, et ceux qui nous disent *bizarres* portent beaucoup de respect à ce psychiatre ! Il a toujours de seize à vingt clients qui ont des personnalités multiples et il n'arrive pas à comprendre pourquoi les autres psychiatres et les psychologues n'acceptent pas sa grande découverte : une épidémie de personnalités multiples.

Intégrer les multiples personnalités

La personnalité organisatrice de cette femme a fait surface et je me suis présenté à elle. Je lui ai ensuite dit : « Vos autres personnalités se rappellent rarement ce que cette personne-là vit. Vous êtes la personne organisée et j'imagine donc que vous savez tout. » « Oh oui, je me souviens de tout. » Et j'ai poursuivi : « Comment en êtes-vous arrivée à avoir toutes ces personnalités ? » Et elle m'a répondu : « On dirait qu'il y a plusieurs parties différentes qui sont traversées en leur centre par une seule longue aiguille. Lorsque j'ai rencontré le docteur Untel, il a pris la tête de l'épingle entre ses doigts et l'a enlevée. » C'est là sa réponse à peu près textuellement ; et elle n'a jamais terminé ses études secondaires.

En passant, disons qu'il ne s'agissait pas d'un jugement négatif de sa part. C'était une description : il a enlevé l'épingle et il est paru plus évident que ces parties étaient séparées. Ils allaient les examiner tous les deux et les réunir ensuite à nouveau. Phénomène tragique, lorsqu'il réintégrait celles-ci, Hélène perdait complètement la mémoire. À mon avis, elle devenait un légume ! Pourtant, elle avait beaucoup de côtés fascinants. Elle avait un côté aguichant qui me donnait des frissons ! Elle avait un côté vraiment enjoué, car elle aimait raconter des blagues. Elle avait un côté très timide et modeste. Son psychiatre l'avait guérie et elle n'avait aucun souvenir de son passé ; elle n'avait à sa disposition aucune des ressources que ses personnalités auraient pu lui offrir. Somme toute, elle était vraiment moche.

Je crois qu'on ne peut effacer aucun aspect d'un individu. Je lui ai donc répété à de nombreuses reprises le nom des personnalités que j'aimais et elle m'a offert des réactions inconscientes *fascinantes*. Ces côtés-là existaient toujours ; elle n'était tout simplement pas en contact étroit avec eux.

À mon avis, pour vraiment aider un client qui a de multiples personnalités, vous avez besoin de prendre connaissance de la conception du thérapeute qui les a créées. Certains thérapeutes croient qu'il y a plusieurs personnalités qu'un inconscient programme. C'est là une conception très répandue. Pour intégrer ces personnalités, il faudrait procéder de différentes façons, dépendant de la conception adoptée. Celle du thérapeute en question était la suivante : d'un côté, il y avait trois personnalités qui avaient leur propre inconscient ; un deuxième inconscient contrôlait deux autres personnalités, un troisième inconscient contrôlait ces deux inconscients, et ainsi de suite. Somme toute, il y avait une foule de couches superposées. Pourtant, il faut toujours intégrer les personnalités selon le même niveau logique. À mon avis, c'est ce que le thérapeute avait négligé de faire et c'est pourquoi il avait provoqué cette totale amnésie.

Pratiquer l'assemblage visuel et gestuel

Pour aider un client qui a de multiples personnalités, vous pouvez vous servir d'un procédé que nous appelons « l'assemblage visuel », lequel consiste en une intégration visuelle qui s'effectue à l'aide d'ancres visuelles. Vous tendez les deux bras, repliez les mains vers vous comme si vous vous regardiez dans deux miroirs ; vous voyez un de vos côtés sur la gauche, et un autre sur la droite ; vous les regardez et les écoutez. Puis, vous approchez lentement vos deux images l'une de l'autre et vous les regardez s'assembler visuellement. Vous observez ensuite les différences que cette nouvelle image projette. Si vous l'aimez, vous répétez le même processus par le geste et vous assemblez les deux images en rapprochant les deux mains l'une de l'autre. Vous amenez ensuite l'image intégrée à l'intérieur de votre corps.

Nous avons découvert ce procédé par ricochet. Au début, nous avions l'impression que c'était un phénomène bien étrange. Nous avons changé d'idée le jour où nous avons commencé à étudier la neurologie. C'est une excellente métaphore de la métaphore qu'on appelle « neurologie ». En passant, permettez-moi de vous dire que seuls les naïfs refusent de croire que la neurologie est une métaphore. Toujours est-il que nous avons découvert une ressemblance très étroite entre leur métaphore et la nôtre. Appliquez-la et vous verrez ; c'est une approche puissante et très efficace.

Ce procédé tout simple m'a déjà permis de guérir un client qui avait de multiples personnalités. J'ai abordé un niveau à la fois et j'ai assemblé toutes les personnalités.

Un jour, j'ai reçu un appel téléphonique d'un thérapeute d'un centre éloigné. Il m'a dit qu'il avait lu mon volume, mais qu'il n'avait trouvé aucun passage traitant des personnalités multiples. Il ne croyait d'ailleurs pas à ce phénomène. Par contre, la cliente qui était dans son cabinet de consultation à ce moment-là avait de multiples personnalités et notre thérapeute était vraiment pris au dépourvu. Je lui ai donné des directives au téléphone durant quarante-cinq minutes. « D'accord, lui ai-je dit. Demandez à votre cliente de tendre les bras et de replier les mains vers elle. Dites-lui de visualiser Jeanne dans sa main droite, et Marie dans sa main gauche. Assemblez ensuite les deux images et faites-en une seule. Dites-lui ensuite d'intégrer cette image dans son corps. Puis, demandez-lui de visualiser sa nouvelle image intégrée et de l'assembler à une autre personnalité. » Vous intégrez ainsi toutes les personnalités une à une. Sa cliente fut guérie.

Noter ces consignes par rapport aux personnalités multiples

Rares sont ceux qui posent des questions aux gens qui ont de multiples personnalités. J'ai posé des questions à tous ceux que j'ai rencontrés ; je voulais identifier leur fonctionnement. Deux cas de personnalités multiples peuvent être très différents.

Un jour, une cliente m'a décrit toutes ses personnalités ; elles participaient toutes du même processus. Ses représentations étaient très visuelles ; elle avait une image de chaque personnalité. En coulisse, dans sa tête, il y avait un long divan sur lequel toutes ces femmes étaient assises ; elles se faisaient les ongles et parlaient ensemble. De temps à autre, une femme se levait et venait se placer sur la scène, au premier plan. Lorsqu'elle traversait le rideau de scène, elle venait habiter le corps de ma cliente. Certaines femmes étaient informées des agissements des autres parce qu'elles s'avançaient et venaient la regarder à la dérobée. J'ai hypnotisé ma cliente et je suis allé en coulisse avec elle. Nous avons fait l'assemblage visuel et nous avons intégré toutes ses personnalités.

L'assemblage visuel est un procédé très efficace d'intégration d'incompatibilités séquentielles en cela qu'il leur permet de coexister dans un état de dissociation. Lorsque vous avez une incompatibilité séquentielle, à mon avis, vous ne pouvez vous représenter à la fois les deux parties (ou personnalités) qu'au niveau du système visuel. En effet, vous auriez besoin d'un système auditif très complexe pour entendre deux « personnes » parler simultanément, et non à tour de rôle ; et les gens n'arrivent pas à faire coexister deux personnalités de façon kinesthésique. Par contre, à l'aide d'un procédé de dissociation visuelle kinesthésique, vous pouvez faire exister simultanément les incompatibilités séquentielles, les intégrer en rapprochant les deux mains, et transposer ensuite cette intégration au niveau des autres systèmes.

Je ne saisis pas la signification du mouvement des deux bras. Je sais cependant que lorsque vous employez l'assemblage visuel, votre client doit tendre les bras puis les rapprocher pour que l'intégration s'opère. Je n'en connais *réellement* pas la raison. J'ai fait l'expérience de ce procédé les bras tendus et les bras abaissés ; lorsque le client ne tend pas les bras et ne se regarde pas les mains, l'intégration n'a pas lieu. Cela ne veut pas dire pour autant que les gens doivent se regarder les mains pour se défaire d'une phobie. Par contre, il semble que les gens qui ont de multiples personnalités doivent le faire pour obtenir de bons résultats. Telle est la situation, bien que je n'y comprenne rien logiquement. Si je voulais faire une généralisation, je soutiendrais l'inverse. Et pourtant, l'expérience m'a appris que tel était le cas.

Découvrir en allant à l'encontre de ses intuitions

Nous acceptons beaucoup plus volontiers que la grande majorité des gens d'aller à l'encontre de nos intuitions et de faire des expériences. Habituellement, un individu qui a une forte intuition la suit. Très souvent nous ne le faisons pas pour la seule raison que nous voulons voir ce qui se produira, et ce, tout particulièrement en présence d'un client qui nous rencontre régulièrement parce que nous voulons pouvoir faire face aux conséquences de nos actes. Ce type d'expériences nous a permis de faire des découvertes très intéressantes et de développer des procédés très utiles.

Passage d'une homosexualité à une hétérosexualité

Une cliente tomba amoureuse d'un homme après avoir eu des relations homosexuelles durant plusieurs années. Elle était terriblement désemparée. Un côté d'elle voulait fermement qu'elle devienne hétérosexuelle et un autre côté d'elle craignait de perdre son homosexualité. Elle fit l'assemblage visuel, un côté dans chaque main. Elle essaya de se rapprocher les deux mains et se lamenta : « Je ne peux pas faire cela ! Je ne peux pas procéder de cette façon ! » Richard et moi étions à ses côtés, l'un à sa droite, l'autre à sa gauche. Nous nous sommes regardés, lui avons saisi chacun une main et les avons brusquement rapprochées l'une de l'autre. Des transformations merveilleuses se sont alors produites chez elle !

Provoquer des changements

Vous pouvez provoquer des changements sans faire de manières ; je crois que c'est ainsi que les gens procèdent constamment. Vous ne pouvez par contre pas prévoir les effets secondaires d'une telle intervention ; et nous avons toujours tenté de déterminer les effets de nos interventions avant de les faire. Mais au moment d'agir avec cette femme, nous ne nous sommes posé aucune question. Bah ! Nous avons réuni brusquement les deux mains. Elle a changé, elle a obtenu ce qu'elle voulait et les transformations ont été durables ; je le sais puisque je suis encore en contact étroit avec cette femme. J'ignore par contre encore les effets secondaires de notre intervention. Elle est insatisfaite à plusieurs points de vue et je me demande à quel point notre intervention pourrait avoir engendré ces insatisfactions. Elle va évidemment mieux qu'auparavant. Et au moment de notre intervention, nous voulions vraiment savoir ce qui allait se produire.

Pour obtenir des résultats durables, généralisés ou spécialisés

Lorsque vous commencez à raffiner vos interventions et que vous les perfectionnez, vous vous améliorez et vous provoquez des changements plus subtils. Alors, vous pouvez également anticiper plus précisément les résultats de vos interventions. Et il se peut que vous obteniez des résultats plus durables ; ce facteur est très important à mon avis. Si vous pouvez faire une intervention mineure et obtenir les résultats souhaités, il se produira un phénomène de généralisation et d'autres transformations vraiment nécessaires, bien que non signalées, s'opéreront. Plus une intervention est mineure mais appropriée, plus ce phénomène de généralisation se produira par lui-même dans d'autres contextes ou au niveau d'autres contenus. C'est là, entre autres, une raison qui nous motive à parler si souvent d'interventions adéquates : soyez précis lorsque vous faites de la thérapie.

Tout est bien différent lorsque votre intervention vise seulement à aider vos clients à acquérir des procédés pour exploiter leurs possibilités. Habituellement, les gens d'affaires s'intéressent à l'exploitation des stratégies. Lorsque vous animez un stage de formation pour des vendeurs, vous n'avez besoin de vous poser qu'une question : quelles stratégies voulez-vous que ces vendeurs développent et comment pouvez-vous les aider à le faire ? Le programmeur neurolinguistique leur dirait : « Très bien. Nous allons faire un vendeur de cet individu ; les clients feront ceci, et pour répondre cela, vous aurez besoin des trois stratégies suivantes... » Il pourrait ensuite les interpeller et les cloîtrer de façon qu'aucun facteur inutile ne vienne les distraire. Ces participants n'ont pas besoin de généraliser ces stratégies aux autres domaines de leur vie. Ils en ont besoin seulement en affaires. Il serait peut-être souhaitable qu'ils fassent cette généralisation, mais ce n'est pas essentiel.

Lorsqu'un individu ne parvient pas à fonctionner efficacement au travail à cause de certains problèmes personnels, vous pouvez encercler ces problèmes d'une barrière de façon à les séparer de ses stratégies d'affaires. En affaires, vous pouvez obtenir toutes sortes de résultats qui demeurent par contre en soi assez limités.

Si vous êtes avocat par exemple, vous exploitez des stratégies à peu près constamment ; vous ne vous préoccupez pas de mettre un dispositif en place. Vous vous souciez uniquement de la stratégie à employer pour obtenir un résultat prédéterminé : convaincre les jurés que le témoin est un imbécile, convaincre votre client qu'il a toutes les raisons au monde d'avoir confiance en vous, etc.

Comment recouvrer la confiance de l'autre

Un jour, un avocat vraiment digne de confiance est venu me consulter. Personne n'avait confiance en lui. Ses analogies non verbales étaient atroces et incitaient les gens à se méfier de lui. Il avait un problème : il ne pouvait pas défendre adéquatement ses clients parce qu'ils ne se révélaient pas suffisamment à lui. Et pour compliquer la situation davantage, il était très souvent appelé à aller en cour. Au fond, il avait besoin d'une réorganisation complète de son système d'analogies. Je me suis cependant contenté de lui enseigner un petit rituel. Il se met à table avec son client et lui dit : « Pour que je puisse vous défendre, j'ai besoin que vous ayez confiance en moi. Vous devrez donc vous poser une question très importante : "Comment est-ce que je décide d'avoir confiance en quelqu'un ?" » Et il poursuit : « Avez-vous déjà vraiment eu confiance en quelqu'un ? » Il se lève, s'approche de son client, et lorsque celui-ci a accès à sa confiance, il lui donne une ancre. Il lui pose ensuite une autre question : « Comment avez-vous pris cette décision ? » Il lui suffit alors d'écouter son client lui décrire sa stratégie :

« J'ai vu cela et je l'ai entendu dire ceci et je me suis senti ainsi. » Et notre avocat lui répète de la façon suivante les informations qu'il reçoit : « Je suis assis ici ; je veux que vous voyiez ceci ; je vous dis cela et je me demande si vous pouvez sentir ceci », et il lui donne alors l'ancre associée aux sensations de confiance de son client. Je lui ai enseigné ce rituel et il n'a eu besoin de rien d'autre.

Par contre, ces résultats sont énormément différents des résultats que vous voulez obtenir lorsque vous faites de la thérapie. La thérapie est un processus de transformation beaucoup plus spécifique. Contrairement à l'avocat par exemple, le thérapeute n'a pas besoin d'être aussi flexible du point de vue de l'exploitation d'une stratégie. L'avocat doit passer maître dans cet art. Vous pouvez passer maître dans l'art de provoquer des réactions si vous apprenez de nombreux procédés. Vous devez amener une douzaine de personnes à réagir de la même façon. Réfléchissez à *cela*. Imaginez-vous que vous avez douze clients que vous devez amener à être d'accord alors que vous n'êtes pas là ! Vous devrez être très habile !

Passer par le leader du groupe ou de la famille

Vous pouvez par exemple identifier le ou les membres du groupe qui sauraient convaincre les autres d'accepter leur opinion à l'aide de leurs stratégies personnelles. Tout se passerait au niveau d'un système. Peu importe qui vous réunissez ainsi que la durée de leur rencontre, les systèmes se mettront à réagir. Je tente habituellement d'identifier le membre de la famille qui provoque le plus de réactions chez les autres : en effet, lorsque je réussis à l'amener à travailler à ma place, ma tâche devient vraiment facile. Il s'agit très souvent du membre de la famille qui ouvre rarement la bouche. Fiston dit quelque chose et adopte certains comportements. À ce moment-là, la mère a une réaction intérieure intense. Son comportement extérieur la laisse transparaître très subtilement ; ses signaux sont presque indiscernables. Et pourtant, *tous les autres membres* de la famille réagissent. Lorsque le père adopte un certain comportement perceptible, un enfant réagit et il ne se produit presque rien d'autre. Lorsque la jeune fille fait quelque chose, un seul membre de la famille réagit.

Je veux identifier la personne qui fait réagir *tous les autres* membres de la famille. Je veux aussi déterminer s'il y a ou non un membre de la famille qui puisse provoquer *cette première* personne à réagir à volonté. Admettons que la mère réagisse chaque fois que son fils adopte un comportement. Si je réussis à identifier le processus de stimulus-réponse, je pourrai amener le fils à effectuer un changement mineur ; et la mère réagira et incitera, à ma place, tous les autres à réagir. Je consacre toujours au moins la moitié de mon temps de consultation à recueillir des informations et à en vérifier l'exactitude. Je lance une phrase anodine à l'un et je tente de prévoir la réaction d'un autre, et ce, jusqu'à ce que je sois absolument certain que la transformation du fils amènera la mère à changer de telle sorte que tous les autres membres de la famille réagiront et changeront eux aussi. Cette intervention me permet de créer un nouveau système équilibré. Si je procédais autrement, je risquerais fort de créer un système déséquilibré, ou d'amener mes clients à fonctionner d'une certaine façon pendant qu'ils sont dans mon cabinet de consultation et à reprendre leurs vieilles habitudes dès qu'ils en sortent. Je veux provoquer des changements durables chez mes clients, des changements qu'ils exploiteront dans d'autres situations que la consultation.

Si je peux effectuer un seul changement et créer par là un nouveau système stable, celui-ci persistera à l'intérieur de la famille. À mon avis, les thérapeutes familiaux commettent une erreur de taille : ils en font trop en une seule séance. Lorsque vous travaillez avec un seul individu, vous pouvez faire mille et une choses avec lui sans aucun problème, sauf si ce client doit ensuite retourner au foyer familial. Au début de la première consultation, je pose toujours la même question à mon nouveau client : « Pouvez-vous me décrire votre milieu de vie ? » Je veux ainsi déterminer le nombre d'ancres auxquelles je fais face. Si mon client vit avec une seule personne, le problème n'est pas sérieux. Vous devez absolument vous assurer qu'il n'y a pas d'avantages secondaires, c'est-à-dire que votre client n'est pas en quelque sorte récompensé lorsqu'il adopte le comportement qu'il désire modifier.

Esquiver la tendance à la dépendance

Un participant : Vos clients deviennent-ils dépendants ?

Nous faisons tout ce qui est en notre pouvoir pour appliquer très efficacement un procédé de transfert et de contre-transfert lorsque nous établissons un rapport avec un client ; et dès que ce rapport est établi, nous *ne* nous en servons *plus*. Nous n'en avons plus besoin. Et parce que nos clients n'ont pas l'occasion de nous parler de leurs problèmes, nous ne risquons pas de devenir leurs confidents. Vous courez de sérieux risques lorsque vous faites de la thérapie de contenu ; vous pourriez très bien devenir le meilleur ami de votre client. Et au bout d'un certain temps, il vous verserait des honoraires pour venir en visite à votre cabinet de consultation et bavarder avec vous parce que personne d'autre ne veut l'écouter radoter sur tout ce qui va mal. Nos clients en viennent rarement à dépendre de nous parce que nous leur enseignons à se servir tout seuls d'un outil de travail appelé « recadrage ». Nous en reparlerons plus tard.

Demandez aux participants qui sont venus nous aider à faire les expériences ; ils vous diront fort probablement que nous ne sommes pratiquement pas responsables des transformations qui se sont opérées chez eux ; nous y sommes pour très peu, pour beaucoup moins que les thérapeutes traditionnels qui se préoccupent du contenu.

C'est là un des nombreux avantages de la thérapie secrète. Thérapeute et client risquent peu de créer une relation de dépendance.

Nos clients ont habituellement confiance en nous. Ils savent que nous connaissons notre affaire. Certains clients sont en colère contre nous, mais, d'un autre côté, ils parviennent à effectuer les changements désirés. Et nous travaillons très vite, ce qui élimine certains risques de dépendance.

Changer par les métaphores

En consultation privée – nous en faisons maintenant très peu parce que nous voulons jouer notre rôle de formateurs dans d'autres domaines – nous racontons des histoires à nos clients. Lorsqu'un client entre dans mon cabinet, il ne me dit rien, je ne veux rien entendre. Et je lui raconte des histoires. La métaphore est un procédé d'avant-garde associé à ce que nous avons fait ici jusqu'à maintenant. Si ce sujet vous intéresse, je vous suggère de consulter l'excellent ouvrage de David Gordon traitant des métaphores thérapeutiques. Je préfère les métaphores parce qu'elles ont une dimension artistique. Je ne suis pas obligé d'écouter les jérémiades de mes clients et j'ai l'occasion de raconter des histoires fascinantes. Mes clients sont habituellement ahuris et furieux de devoir me payer pour écouter mes histoires. Par contre, les changements qu'ils désirent opérer se produisent sans qu'ils aient besoin de me remercier. Cela me va ! C'est là un autre moyen d'enrayer les risques de relations de dépendance. Votre intervention est si voilée que votre client ignore totalement ce que vous faites ; et il se rend compte plus tard qu'il change.

Quelqu'un a-t-il déjà consulté Milton Erickson ? Il vous a raconté des histoires, n'est-ce pas ? Et six mois, huit mois ou un an plus tard, vous vous êtes rendu compte qu'il s'opérait chez vous des changements associés d'une manière ou d'une autre aux histoires qu'il vous avait racontées ?

Un participant : Oui.

C'est habituellement ce qu'on en dit. Six mois après la consultation avec Milton Erickson, les gens se rendent soudain compte qu'ils ont changé et ils ne comprennent pas ce qui se passe. Et tout à coup, ils réentendent Milton Erickson leur parler d'une ferme dans la prairie ou de je ne sais quoi. Lorsque vous étiez en compagnie du docteur Erickson, vous êtes-vous senti légèrement désorienté, fasciné et transporté par son langage ?

Le même participant : Je m'ennuyais.

L'ennui est l'une des principales armes de Milton Erickson. S'il était ici, il déciderait peut-être de vous ennuyer à mourir. Vous seriez tôt ou tard dans la lune, et il vous aurait dans le creux de sa main. Je n'emploie jamais cette tactique parce que je m'ennuie trop facilement. Milton Erickson a soixante-seize ans ; il est assis dans sa chaise roulante et il est prêt à y mettre le temps. Et il vous ennuie d'une manière exquise.

Créer des changements dans l'inconscient

Durant une courte période de temps passée ensemble, nous avons réussi avec brio à surexploiter vos ressources conscientes. Nous l'avons fait délibérément parce que nous savions que votre inconscient faisait la grande majorité des apprentissages et qu'il opérait presque tous les changements. Nous avons explicitement demandé aux deux parties de vous-même de permettre à votre inconscient de créer des représentations qui vous seront utiles et vous aideront à évoluer, de sorte qu'au cours des jours, des semaines et des mois qui viennent, vous serez agréablement surpris de découvrir que vous avez adopté de nouvelles formes de comportement.

Et nous invitons votre inconscient à exploiter les ressources naturelles du sommeil et du rêve pour examiner les expériences que vous avez vécues ici, identifier les éléments que votre inconscient croira utile de vous rappeler, et pour vous en créer une représentation au niveau inconscient, tout en vous permettant de jouir d'un sommeil calme et profond ; ainsi, au cours des jours, des semaines et des mois qui suivront, vous vous surprendrez de faire des choses que vous avez apprises à votre insu et vous continuerez à développer inconsciemment votre répertoire de réactions face aux gens qui viennent vous demander de les aider. Et vous ne saviez même pas que tout cela existait en vous. Absolument pas.

La dernière fois où je suis allé rencontrer Milton Erickson, il m'a dit quelque chose que je n'ai pas compris sur le moment. La grande majorité de ses métaphores voilées ont depuis joué un rôle inestimable dans ma vie. Je n'ai compris que beaucoup plus tard. Il m'a dit : « Vous dites que vous n'êtes pas thérapeute, pourtant, vous l'êtes. » Je lui ai répondu : « Non, pas vraiment. » Il a ajouté : « Parfait, supposons que vous êtes un thérapeute qui aide les gens. Ce qui importe au fond... lorsque vous jouez au thérapeute... c'est de comprendre... que vous n'êtes pas vraiment thérapeute... Vous jouez et c'est tout... Et si vous jouez vraiment bien le jeu, vos clients prétendront qu'ils changent. Et ils oublieront qu'ils prétendent… jusqu'à la fin de leurs jours. Ne vous laissez cependant pas berner. » Puis il m'a regardé et m'a dit : « Au revoir. »

TROISIÈME PARTIE

SE TRANSFORMER

« Se recadrer » :
découvrir de nouvelles avenues

Chapitre XV

S'ALLIER AVEC SON INCONSCIENT

Principes fondamentaux

Pour nous mettre dans un état que nous trouvons propice à l'intervention thérapeutique, nous nous basons sur plusieurs postulats organisationnels. D'abord, il vaut mieux avoir une option que de ne pas en avoir du tout. Et puis il y a le concept du choix inconscient. Nous soutenons aussi que les êtres humains possèdent déjà les ressources dont ils ont besoin pour changer ; on peut les aider à pouvoir compter sur ces ressources appropriées au moment opportun. Quatrièmement, tout comportement joue un rôle positif dans *une situation donnée*. Il serait à notre avis irresponsable de se contenter de modifier le comportement des gens sans tenir compte du concept très important des « avantages secondaires ». Nous présumons que le comportement d'un individu est la meilleure réaction qu'il puisse avoir dans une situation donnée, si bizarre ou inadéquat qu'il nous *paraisse*.

La partie immergée de l'iceberg

Habituellement, la situation à laquelle votre client doit faire face se compose à quatre-vingt-dix pour cent de son vécu intérieur et à dix pour cent de données extérieures. Par conséquent, lorsque vous avez l'impression qu'un comportement est bizarre ou inadéquat, vous avez là un signal qui vous indique que vos sens ne peuvent alors percevoir plusieurs éléments importants de la situation qui provoque cette réaction chez votre client. Il réagit à quelqu'un ou quelque chose qu'il se représente intérieurement : sa mère, son père, un événement de son passé, etc. Et votre client est très souvent inconscient de cette représentation. Line et Gisèle pourraient nous certifier que les réactions qu'elles ont changées lorsqu'elles ont travaillé avec nous étaient des réactions à des événements passés.

Se « recadrer » pour intégrer

Cela ne devrait surprendre personne ici. Je suis convaincu que vous avez tous vécu des expériences qui viennent prouver la véracité de notre présupposition. Et quelle réaction cette perception provoque-t-elle chez nous ? Nous nous rendons maintenant bien compte que tout être humain est un organisme complexe et équilibré. Lorsque vous aidez un client à changer, vous pouvez intégrer cet élément de complexité à vos interventions en employant un procédé que nous appelons le « recadrage », lequel vous permettra d'entrer en contact avec ce côté – nous n'avons pas encore trouvé un meilleur terme – ce côté d'une personne qui l'incite à adopter tel comportement ou qui l'empêche d'adopter tel autre. Grâce à ce procédé, vous pourrez identifier les avantages secondaires d'un comportement et les intégrer au processus d'évolution de votre client.

Exemple d'avantage secondaire

Un exemple illustrera plus clairement ce procédé. Un jour, une cliente nous a été envoyée par son psychiatre. Elle voulait perdre vingt kilos. Elle avait déjà maigri à plusieurs reprises, mais chaque fois elle avait repris son poids. Elle pouvait perdre vingt kilos ; cependant, elle n'arrivait pas à se maintenir après avoir maigri. Le recadrage nous a permis de découvrir qu'aucun côté d'elle n'avait d'objection à ce qu'elle soit mince. Par contre, le côté d'elle qui la poussait à trop manger cherchait en fait à sauvegarder son mariage. Saisissez-vous le lien ? J'expliquerai en détail pour ceux qui ne comprennent pas. Ce côté d'elle croyait que lorsqu'elle maigrissait et atteignait le poids désiré, elle était très belle et très aguichante. Les hommes risquaient donc de lui parler et de lui faire des avances. Et ce côté d'elle croyait qu'elle n'avait pas les ressources dont elle avait alors besoin pour prendre de bonnes décisions ; elle ne savait pas dire « non ». Aucun côté d'elle ne voulait qu'elle soit obèse. Un côté d'elle se servait *par contre* de ce problème de poids pour l'obliger à choisir une seule option : ne pas faire face à la situation. Justement parce qu'il la croyait incapable d'y faire face adéquatement et qu'elle risquerait donc ainsi de mettre son mariage en danger. C'est ce que nous appelons un avantage secondaire.

Le recadrage repose sur la distinction que nous faisons entre l'*objectif*, il s'agissait ici de préserver le mariage de cette femme, et le *comportement*, manger à l'excès. Après avoir fait cette distinction, vous pouvez trouver de nouveaux comportements plus acceptables qui permettront d'atteindre le même objectif.

Bien peu de gens comprennent que leurs symptômes leur donnent quelque chose. Tant et aussi longtemps que l'excès de poids lui permettait d'atteindre son *objectif*, ce côté d'elle a fait en sorte qu'elle demeure obèse. Lorsqu'il eut découvert de nouveaux moyens de sauvegarder son mariage, il put lui permettre de maigrir, ce qu'elle fit sans se mettre au régime.

Changer secrètement : se recadrer (expérience)

Faisons une expérience. Quelqu'un désire changer ?
Richard : Secrètement...

Identifier le comportement à changer

D'accord, Richard. Nous voudrions que le contenu demeure votre secret. Les autres participants seront alors plus aptes à observer le procédé. Soit que Richard fasse quelque chose sans pouvoir choisir de le faire ou non, adoptant compulsivement un comportement qu'il voudrait remplacer par un autre, soit qu'il veuille faire quelque chose qu'il n'arrive jamais à faire. Voilà deux aspects exprimés verbalement qui rendent compte d'une infinité de possibilités.

Richard : C'est le premier.

D'accord. Si vous n'avez aucune objection, nous appellerons « X » cette forme de comportement que vous avez et que vous voulez remplacer par une autre plus adéquate. Je présume que votre jugement conscient trouve que la tendance X représente mal votre organisme de personne adulte. Nous avons identifié la forme de comportement, ce que notre client veut changer. Nous avons franchi la première étape du procédé.

S'allier à l'inconscient

À l'étape suivante, nous entrerons en communication avec le côté qui est responsable de la tendance X que Richard désire changer.

Cette approche repose sur un concept que je lui énoncerai directement et sur lequel je voudrais attirer votre attention. Richard, je respecte sincèrement ce côté de vous qui vous a amené à adopter la forme de comportement X à maintes et maintes reprises. Vous avez survécu jusqu'à aujourd'hui. Vous êtes assis dans cette pièce et vous pouvez faire une foule de choses, et très bien les faire. Je suis convaincu que ce côté de vous qui contrôle la tendance X cherche vraiment à vous rendre service même si vous n'appréciez pas ce comportement au niveau conscient. Je ne provoquerai des changements qu'à partir du moment où ce côté responsable de la tendance X trouvera lui aussi que les changements proposés *lui* rendront de meilleurs services et vous aideront davantage en tant qu'organisme humain entier.

Ces explications ont du sens à la condition que vos convictions personnelles vous amènent à conclure ceci : « Écoute, s'il pouvait consciemment contrôler ce comportement, il l'aurait déjà modifié. » Un côté *inconscient* de cet homme contrôle cette forme de comportement.

Je vous garantis que quatre-vingt-dix-neuf pour cent des gens qui veulent changer et qui viennent vous demander de les aider vous présenteront une dissociation, un conflit entre leurs désirs conscients et leurs modes de fonctionnement inconscients. Et les éléments inconscients ont beaucoup plus de pouvoir que les éléments conscients. L'inconscient possède *beaucoup plus* d'informations que le conscient au sujet des besoins de l'individu, *beaucoup plus* que je ne pourrais en avoir puisque j'observerai cet inconscient de l'extérieur. Je deviens donc immédiatement l'allié de l'inconscient de mon client ; c'est ce que j'ai fait il y a quelques secondes. J'ai procédé *d'une* façon bien particulière, verbalement et explicitement : « Je ne m'adresse plus à votre conscient. Je m'adresse au côté qui est responsable de la tendance de comportement X. C'est lui qui contrôle la situation. Je serai son consultant. » J'aurais pu procéder de bien d'autres façons.

Contourner le conscient

Comment communiquez-vous avec ce côté d'une personne ? Admettons que vous entriez dans un édifice d'administration publique ; vous voulez rencontrer un administrateur qui est habilité à apposer sa signature au bas d'un document officiel que vous avez entre les mains. Votre tâche est très complexe puisque 450 personnes travaillent dans cet édifice et vous avez besoin de la signature d'une personne en particulier. Vous perdriez beaucoup de temps si vous adoptiez la stratégie suivante : vous vous arrêtez à l'entrée de l'édifice, vous parlez à l'agent de sécurité et vous lui demandez d'apposer sa signature au bas de votre document et il refuse ; vous circulez ensuite dans les longs corridors, vous passez d'un bureau à un autre à la recherche de la personne qui est autorisée à apposer sa signature au bas de votre document. Cette stratégie serait inefficace pour obtenir ce que vous voulez dans ces dédales bureaucratiques. Cette métaphore illustre très bien l'approche de bon nombre de thérapeutes.

Les thérapeutes ont appris à accorder beaucoup d'importance aux demandes conscientes de leurs clients. Et habituellement, c'est le conscient qui a *le moins* d'informations au sujet du fonctionnement du comportement d'un individu. Un client entre dans mon cabinet de consultation et me dit : « Je X et je ne veux plus X ; aidez-moi à changer. » Il m'indique par là qu'il a déjà essayé de changer, qu'il a eu recours à toutes ses ressources personnelles conscientes et qu'il a échoué sur toute la ligne. À mon avis, il serait aussi absurde de discuter de ces options avec son conscient que de vous adresser à l'agent de sécurité, puis à chaque personne travaillant dans l'édifice lorsque vous voulez la signature d'une personne en particulier. Je veux me rendre immédiatement au bureau de la personne qui peut apposer sa signature au bas de mon document. Je veux m'adresser directement au côté de Richard qui contrôle au niveau inconscient son comportement dans une situation donnée.

Je présume également que ce côté de vous qui vous incite à X, ce qui vous déplaît au niveau conscient, agit à votre place, vous rend vraiment service. J'ignore ses bonnes intentions et vos réactions m'indiquent que vous en êtes inconscient puisque vous voulez changer ce comportement.

Communiquer avec l'inconscient

Entrons officiellement en relation avec ce côté de vous. C'est la deuxième étape du procédé. C'est déjà fait, mais répétons cette prise de contact officiellement. Richard, savez-vous vous servir des mots pour dialoguer intérieurement avec vous-même ? D'accord. Je voudrais que vous vous retiriez dans votre for intérieur et que vous vous posiez une question. Je formulerai la question. Lorsque vous vous serez posé cette question, vous prêterez attention à toutes les modifications de sensations physiques, à tous les changements kinesthésiques, à toutes les images, à tous les sons, c'est-à-dire à toutes vos réponses à cette question. Le côté qui contrôle cette forme de comportement vous communiquera ses besoins par la voie d'un de vos sens. Votre tâche consiste tout simplement à être attentif et réceptif de façon à pouvoir détecter sa réponse.

Je voudrais que vous lui posiez cette question : « Le côté de moi qui est responsable du comportement X accepterait-il de communiquer avec moi au niveau conscient ? » Soyez ensuite attentif à tout ce qui se produit ; décelez les changements de sensations, d'images ou de sons.

Détecter la réponse

Et vous, chers participants, vous observez. Pendant que Richard procède à cette opération, vous l'observez parce que vous obtiendrez toujours la réponse à la question posée avant qu'il ne vous la communique verbalement. Et il nous a déjà répondu. C'est tout à fait normal. Nous vous avons parlé auparavant d'une option, d'un mode de communication : les métacommentaires. Dans un contexte comme celui-ci, je vous suggère très fortement de *ne pas* faire de métacommentaires, sauf si vous avez uniquement l'intention de secouer votre client. Si vous pouvez détecter la réponse à votre question avant que votre client ne vous la communique verbalement, c'est dire que vous avez réussi à établir une voie de communication directe très efficace avec son inconscient et que votre client en est inconscient ; ce lien vous permet de déterminer très efficacement le niveau de compatibilité. Lorsque la réponse que vous avez observée est différente de celle que votre client vous communique consciemment, vous possédez un autre indice important.

Richard, qu'avez-vous vécu après avoir posé la question ?
Richard : De la confusion.

Vérifier l'aspect inconscient de la réponse

Très bien. Le mot « confusion » est un nom que vous donnez à votre expérience ; il ne s'agit pas vraiment de ce que vous avez vécu. C'est un jugement conscient de votre expérience. Discuter d'un tel jugement conscient ne nous donnerait rien puisque Richard a déjà exploité toutes ses ressources conscientes pour essayer de changer et il a toujours échoué. Nous avons besoin de travailler à partir de son vécu. Sur quelle expérience avez-vous apposé l'étiquette « confusion » ? Qu'est-ce qui vous a permis de savoir que vous étiez confus ?

Richard : Un afflux de sang.

Vous avez donc senti un afflux de sang, vous avez remarqué une modification de votre tension artérielle. Est-ce qu'un changement de température a accompagné cette modification ? Ou avez-vous eu une sensation de tension quelconque ? Ces changements se sont-ils opérés dans une partie précise de votre corps ?

Richard : Un mélange des deux, surtout au niveau de l'estomac.

Au niveau de votre estomac. D'accord. Il s'agit là d'une réaction non verbale très raffinée. Nous vous suggérons fortement de vous en tenir aux systèmes de représentation primaires : sentiments ou sensations, images, sons, lorsque vous emploierez le procédé du recadrage. Oubliez les mots ; ils sont trop facilement influencés par le conscient. Les signaux non verbaux kinesthésiques de ce genre sont très intéressants parce qu'ils sont « involontaires ». Et vous pouvez faire des vérifications pour être certains qu'ils sont vraiment involontaires. Richard, pouvez-vous provoquer consciemment cet afflux de sang ?

Richard : Peut-être.

Essayez.

Richard : Non.

C'est là un excellent moyen de convaincre subjectivement un client qu'il est en communication avec un côté de lui qu'il ne peut habituellement pas rejoindre au niveau conscient. Et la grande majorité des approches d'hypnose et de *biofeed-back* reposent évidemment sur ce principe : on peut modifier l'état de conscience d'un individu et entrer en contact avec les éléments de son système nerveux et d'autres physiologiques qu'on ne peut habituellement pas atteindre. Notre question requérait une réponse simple : oui ou non. La réponse a été un changement kinesthésique, une modification des sensations éprouvées. En fait, nous avons une simple réaction ; nous en ignorons la signification : oui ou non ? Richard n'est pas conscient de la signification de sa réaction.

Éviter d'étiqueter sa réaction

Les gens se créent parfois de sérieux problèmes parce qu'ils jouent aux psychiatres avec eux-mêmes alors qu'ils ne sont pas compétents dans ce domaine. Ils interprètent les messages que leurs différents côtés leur donnent. Ils éprouvent quelque chose et ils donnent un nom à leurs sensations : « de la peur », par exemple. Au fond, il pourrait très bien s'agir d'une manifestation d'enthousiasme, ou de joie de vivre, ou de toute autre chose. Ils donnent un nom à leurs sensations, orientent leur comportement à partir de ce jugement et, ce faisant, ils donnent une fausse interprétation à leurs propres messages intérieurs aussi facilement qu'ils le font pour les messages extérieurs. Nous voudrions éliminer ce risque et nous disposons d'un moyen de déterminer la signification d'un signal.

Convenir d'un code avec l'inconscient

Richard, je voudrais que vous vous retiriez dans votre for intérieur et que vous le remerciiez de vous avoir donné cette réponse de façon qu'il sache que vous accordez beaucoup d'importance à votre voie de communication. Et dites-lui ensuite ceci : « Je voudrais comprendre ton message correctement. Je ne voudrais pas donner une fausse interprétation à ce que tu me communiques. Si tu me dis : "Oui, j'accepte de communiquer avec toi au niveau conscient", s'il te plaît, intensifie le signal que tu m'as donné plus tôt : l'afflux de sang au niveau de mon estomac. Si tu me dis : "Non, je refuse de communiquer avec toi au niveau conscient", fais l'inverse et diminue l'intensité du signal. »

Pendant que Richard procède à cette opération et que vous l'observez pour tenter de détecter la réponse avant qu'il ne nous la communique verbalement, je voudrais vous expliquer quelque chose. Lorsqu'un client reçoit un signal visuel, une image, nous lui demandons tout simplement de varier l'intensité du signal : une image plus lumineuse signifierait « oui » et une image plus sombre signifierait « non ». Lorsque le signal est auditif, nous faisons la même chose : une augmentation du volume signifierait donc « oui » et une diminution du volume signifierait « non ». Vous éliminez ainsi le danger d'une fausse interprétation consciente des divers signaux intérieurs kinesthésiques, visuels ou auditifs. Nos échanges avec ce côté de Richard qui est responsable de la forme de comportement à modifier seront donc très clairs. Et c'est évidemment ce côté de Richard qui connaît la procédure à suivre pour effectuer les changements désirés.

Ce processus vous offre une occasion idéale de vous exercer à percevoir ce qu'on appelle dans le langage traditionnel les réactions hypnotiques. Milton Erickson a plusieurs définitions du profond état de transe dont la suivante qui est des plus utiles : il s'agit d'une « concentration de son attention sur un point à l'intérieur de soi ».

C'est ce que nous avons demandé à Richard de faire : concentrer toute son attention sur le signal intérieur qu'il a perçu. Et les changements qui accompagnent cette opération, à savoir les modifications de la texture de la peau, de la respiration, du teint, de l'épaisseur de la lèvre, etc., représentent ce que les hypnotiseurs professionnels appellent les caractéristiques d'une personne en transe.

Richard, revenez avec nous dans cette pièce. Que s'est-il passé ?

Richard : J'ai éprouvé la même sensation.

La sensation est devenue plus intense. Vous avez fait la vérification nécessaire. Nous sommes en communication avec ce côté de vous : nous avons un signal « oui ou non ». Nous pouvons maintenant poser n'importe quelle question à ce côté de vous et obtenir un « oui » ou un « non » sans équivoque. Nous avons une voie de communication intérieure que Richard contrôle lui-même. Nous ne faisons pas le travail. Nous le consultons pour préparer la prochaine étape. Richard a donc créé une voie de communication intérieure qui lui permet d'entrer en contact avec ce côté qui est responsable de la forme de comportement qu'il désire changer. Vous n'avez besoin de rien d'autre. Vous pouvez maintenant faire tout ce qu'il vous plaît.

Distinguer comportement et objectif

La troisième étape consiste à faire une distinction entre la tendance X et l'objectif du côté qui en est responsable. Richard, ce côté de vous qui réagit au niveau inconscient tente d'atteindre un *objectif*, de vous rendre un service. Au niveau conscient, vous n'acceptez pas sa *façon de procéder*. À l'aide de votre voie de communication, nous collaborerons avec lui et lui offrirons de meilleurs moyens d'atteindre son objectif. Lorsqu'il aura des moyens plus efficaces que celui qu'il a employé jusqu'à maintenant, vous pourrez satisfaire vos désirs conscients *et* il pourra continuer de prendre soin de vous comme il l'entend.

Je voudrais que vous vous retiriez dans votre for intérieur encore une fois et que vous posiez une autre question à votre inconscient. Lorsque vous la lui aurez posée, vous prêterez attention à votre système de signaux. Posez-lui cette question : « Acceptes-tu de me révéler au niveau conscient l'objectif que la tendance X te permet d'atteindre ? » Vous attendrez ensuite qu'il vous donne un signal « oui ou non »... (Richard sourit à pleines dents.)

Je vous ai seulement demandé de nous donner un « oui » ou un « non ». Je ne vous ai pas dit : « Donnez-moi les informations reçues. » Ceux qui observaient Richard ont pu remarquer qu'il s'est produit un phénomène important. Il a demandé à ce côté de lui donner un signal « oui ou non » et il a obtenu ce signal et des informations sur son objectif.

Richard : Ce qui m'a fait grand plaisir.

Ce qui lui a fait grand plaisir et m'a pris au dépourvu. La thérapie est maintenant terminée. Vous êtes maintenant conscient de l'objectif que ce côté qui contrôlait la forme de comportement X tentait d'atteindre à votre place au niveau inconscient. Auparavant, Richard, vous ignoriez ce qu'il cherchait à faire, n'est-ce pas ?

Richard : Je n'en savais rien. J'en ai par contre eu un indice pendant que vous parliez, avant que je ne me retire dans mon for intérieur. J'ai eu la sensation qu'il...

Lorsque nous faisons une démonstration, nous avons un problème parce que nous avons déjà passé deux jours avec vous et nous avons établi un excellent rapport avec votre inconscient. Et vous avez par conséquent tendance à aller plus vite que le violon !

Richard est donc maintenant conscient de l'objectif visé par le côté responsable de la tendance X. Richard, ai-je raison de dire que vous voulez bien qu'un côté de vous assume la responsabilité de prendre soin de vous à ce point de vue, même si vous n'acceptez pas sa façon précise de procéder ? Vous n'appréciez peut-être pas qu'il vous amène à adopter la tendance X ; reconnaissez-vous par contre que vous voulez que son objectif fasse intégralement partie de votre existence ?

Richard : Oui.

L'objectif du côté inconscient et la compréhension consciente de cet objectif sont maintenant compatibles.

Créer de nouvelles options

Nous sommes prêts à passer à la quatrième étape : créer de nouvelles options qui pourront remplacer la tendance X, des options *plus* satisfaisantes que celle-ci, et qui permettront à ce côté d'atteindre son objectif et à Richard de satisfaire ses désirs conscients. Nous conserverons cet objectif, le résultat désiré, et nous identifierons divers moyens de l'atteindre jusqu'à ce que nous en ayons trouvé de *meilleurs* en vue d'obtenir le résultat souhaité, c'est-à-dire des moyens qui n'occasionneront pas de problèmes aux autres côtés de Richard.

Richard, avez-vous un côté que vous appelez votre côté créateur ?

Richard : Ah oui !

Le côté créateur de Richard a fait surface ! « Bonjour ! Me voilà ! Que voulez-vous ? » J'espère que vous comprenez ce que j'entendais lorsque j'ai dit un peu plus tôt que les personnalités multiples représentent des réactions involontaires. Vous avez donc un côté que vous appelez votre côté créateur ?

Richard : Ça oui !

Je voudrais que vous vous retiriez dans votre for intérieur et que vous demandiez à votre côté créateur de vous dire s'il accepte d'accomplir la tâche suivante. Écoutez tout d'abord mes explications. Je voudrais que vous lui demandiez d'aller au niveau inconscient demander à son tour au côté responsable de la tendance X de lui expliquer son objectif, le service qu'il vous rend. Demandez-lui ensuite de créer plusieurs moyens que ce côté pourrait employer pour atteindre son objectif. Il inventera dix, vingt ou mille moyens d'obtenir le résultat désiré ; et il sera alors très irréfléchi. Sa tâche consiste uniquement à trouver toutes sortes de moyens d'obtenir le résultat désiré, sans les évaluer, ni identifier ceux qui seront efficaces. Le côté responsable de la tendance X examinera les options offertes pour ensuite identifier les moyens qui seront valables à son avis et qui lui permettront d'atteindre plus efficacement son objectif. Il devra choisir au moins trois moyens qui seront *tout aussi* efficaces que la forme de comportement X dont il s'est servi jusqu'à maintenant pour atteindre son objectif. Espérons que ces nouveaux moyens seront encore plus efficaces ! Saisissez-vous ce que je veux dire ?

Richard : Oui, je crois.

Accepter de créer de nouvelles réponses

Retirez-vous maintenant dans votre for intérieur et demandez à votre côté créateur de vous dire s'il accepte ou refuse de faire ce que vous lui demanderez. Lorsqu'il vous dira « oui », dites-lui de se mettre au travail. Et je voudrais que ce côté de vous vous donne le même signal qu'auparavant lorsqu'il accepte une option qui lui est présentée. Demandez-lui de vous procurer la même sensation qu'un peu plus tôt. Il se peut que vous soyez conscient de la nature des nouvelles options et il se peut que vous en demeuriez inconscient, peu importe. Nous atteindrons nos objectifs de toute façon.

Richard : J'ai l'impression qu'il s'agit d'une lourde tâche.

Oui, vous avez raison. Par contre, des milliers de gens l'ont déjà fait auparavant partout au monde. C'est une tâche qu'un être humain peut accomplir et vous êtes un être humain. Vous devez vous retirer dans votre for intérieur et expliquer la démarche à votre côté créateur et à votre autre côté ; s'ils acceptent de le faire, vous leur donnez le signal de départ. Bref, vous exploiterez vos propres ressources de créativité pour réorganiser votre comportement... (Longue pause.)

Richard, avez-vous reçu trois fois votre signal convenu ? (Non.) Combien de fois l'avez-vous reçu ? (Aucune.) Aucune, vous n'avez pas encore reçu le signal. Retournez dans votre for intérieur et demandez à ce côté de vous dire si « oui ou non » le côté créateur lui a offert de nouvelles options... (Il acquiesce de la tête.) D'accord. Il a reçu de nouvelles options ?

Richard : Semble-t-il.

Nous avons fait une vérification et nous savons que le côté créateur a inventé une foule d'options. D'accord. Encore une fois, retirez-vous dans votre for intérieur ; demandez à ce côté de vous dire s'il trouve certaines options acceptables. Y avait-il des options qui pourraient lui permettre d'atteindre son objectif plus efficacement qu'en adoptant la tendance X ?

Plus efficace que les conseils

J'aimerais maintenant m'adresser à ceux qui aiment donner des conseils à leurs clients. Tous vos conseils sont moins efficaces que ceux que vos clients pourraient découvrir par eux-mêmes si vous leur donniez des directives pertinentes et les ameniez à exploiter leurs propres ressources. Vous êtes des êtres humains uniques ; tout client est aussi un être humain unique. Il se pourrait que vos conseils chevauchent leurs idées et il se pourrait qu'il n'y ait aucun chevauchement, comme vous avez pu le découvrir lorsque nous vous avons demandé plus tôt d'halluciner. Certains ont alors réussi à deviner le contenu des expériences de leur partenaire d'une façon assez extraordinaire. Certaines gens n'y parviennent jamais. Lorsqu'il y a cet incroyable chevauchement, vous pouvez donner de bons conseils. Et cela n'a rien de mal si vous demeurez attentif aux réactions que vos conseils provoquent chez votre client. Encore là, cependant, il vaudrait mieux que vous aidiez votre client à exploiter ses propres ressources. (Richard hoche la tête de gauche à droite.)

Si l'inconscient s'objecte

Vous avez reçu le signal « non ». Aucune nouvelle option acceptable. Votre côté créateur a découvert une foule d'options et aucune d'entre elles n'est plus efficace que la tendance X. Pourriez-vous demander au côté qui est responsable de cette forme de comportement d'aller retrouver votre côté créateur et de lui servir de conseiller pour l'aider à découvrir de meilleurs moyens d'atteindre l'objectif visé ? Demandez-lui d'expliquer au côté créateur les facteurs d'inefficacité des options présentées. Richard, comprenez-vous bien cette directive au niveau conscient ? D'accord, retirez-vous dans votre for intérieur, expliquez la procédure à suivre à ce côté de vous, et demandez-lui de vous indiquer s'il accepte ou refuse de le faire. S'il vous dit « oui », donnez-lui le signal de départ.

Cette approche diffère de façon significative des approches habituelles de thérapie et d'hypnose. Nous sommes les consultants du conscient de notre client. Richard fait tout le travail lui-même. Nous ne faisons rien à sa place. Nous ne sommes en communication directe qu'avec son conscient et nous lui décrivons la marche à suivre. Il assume l'entière responsabilité de sa démarche ; c'est lui qui doit créer et entretenir les voies de communication entre ses côtés inconscients avec lesquels il a besoin d'entrer en contact pour pouvoir changer. Lorsqu'il aura appris à le faire, cette démonstration lui servira d'exemple et il pourra refaire cette démarche sans notre aide. C'est là un autre avantage de notre approche. Elle a pour effet d'aider nos clients à devenir plus autonomes.

Richard, avez-vous reçu le signal trois fois ?

Richard : Je n'en suis pas certain.

D'accord. Retirez-vous dans votre for intérieur et demandez à ce côté de vous dire s'il a trouvé ou non au moins trois nouvelles options intéressantes, peu importe que vous soyez conscient ou inconscient de la nature de ces options. Il doit s'agir de trois options qui lui permettront d'atteindre son objectif plus efficacement que la tendance X. Il est important de toujours retourner au même signal et il est aussi très important que vous ayez au moins trois nouvelles options. Lorsque vous les avez, vous pouvez commencer à nuancer votre comportement.

Richard : J'ai reçu un « oui ».

D'accord. Il a maintenant une réaction affirmative ; ce côté de lui a dit : « Oui, j'ai au moins trois options plus efficaces que la tendance X. » Et pourtant, Richard est inconscient de la nature de ces nouvelles options.

Confirmer l'adoption de nouveaux comportements

À la cinquième étape, vous vous assurez que ce côté accepte d'adopter ces nouveaux comportements. Richard, nous voudrions que vous posiez maintenant la question suivante à ce côté de vous : « Tu disposes de trois nouvelles options plus efficaces que la tendance X. Acceptes-tu d'assumer la responsabilité de m'inciter à adopter ces comportements aux moments opportuns ? » Demandez-lui d'employer le même signal pour vous répondre. Si la sensation devient plus intense, c'est dire qu'il accepte ; si la sensation devient moins intense, il refuse. Exact ?

Richard : Je n'en suis plus certain.

D'accord. Demandez à ce côté de vous donner le signal du « oui » pour qu'au moment où vous lui poserez la question vous sachiez s'il accepte ou refuse. Si les signaux s'inversaient, l'affaire risquerait de se gâcher quelque peu.

Richard : Oui, je… j'ai… je ne sais plus où j'en suis.

Je sais. C'est pourquoi je vous ai demandé de faire cette vérification avant de poursuivre. Retirez-vous dans votre for intérieur et demandez-lui de vous donner un signal vous indiquant qu'il croit ou non que les trois options seront plus efficaces que la tendance X.

Richard : Ça, c'était un « oui ».

Très bien. Demandez-lui maintenant de vous dire s'il accepte ou refuse d'assumer la responsabilité de remplacer la tendance X par ces trois nouvelles options et de les intégrer à votre comportement au cours, disons, des six prochaines semaines pour que vous puissiez en faire l'expérience.

Richard : « Oui. »

Vérifier l'accord interne

À mon avis, c'est la sixième étape du procédé qui lui donne tout son raffinement et toute son élégance. Il s'agit de la vérification d'accord interne. C'est notre façon de reconnaître explicitement que Richard, de même que tout être humain ici présent, est un organisme vraiment complexe et équilibré. Si nous nous contentions de remplacer la tendance X par d'autres options sans tenir compte des répercussions de cette modification sur les autres côtés et les autres comportements de Richard, nous serions extrêmement imprudents. Nous voulons le protéger contre tout danger.

Richard, nous voudrions que vous remerciiez ce côté d'avoir fait tout ce travail pour vous. Il a déjà ce dont il a besoin et il en est vraiment satisfait. Nous voudrions maintenant déterminer si d'autres côtés de vous réagissent à ces options et si tout est en ordre. Posez la question suivante : « Est-ce que d'autres côtés de moi s'opposent aux nouvelles options que je veux mettre en application ? » Soyez ensuite attentif à toutes les réactions que vous pouvez avoir provoquées au niveau de tous les systèmes : sensations et sentiments, images, sons…

D'accord, vous avez une réponse. Et puis ?

Richard : Aucune objection.

Comment se fait-il que vous sachiez cela ? Cette question est très importante. Je voudrais que vous prêtiez attention à tous vos systèmes. Vous êtes revenu ici et vous m'avez dit : « Non, aucune objection. » Comment faites-vous pour savoir qu'il n'y a aucune objection ?

Richard : Je n'ai senti aucune tension.

Vous n'avez senti aucune tension. Avez-vous observé des changements quelconques au niveau visuel, auditif ou kinesthésique ?

Richard : De la détente.

De la détente. D'accord. Tout votre corps s'est détendu. Pour être bien certain qu'il n'y a aucune objection, faites une évaluation de la compatibilité. Remerciez le côté qui vous a aidé à vous détendre et posez-lui cette question : « Si ce signal signifie qu'il n'y a aucune objection, aide-moi à me détendre encore plus. S'il y a une objection quelconque, produis de la tension. » Encore une fois, nous varions l'intensité du signal donné pour obtenir un « oui » ou un « non » sans équivoque. Il est tout à fait arbitraire qu'une intensification du signal signifie « oui » et qu'une diminution d'intensité signifie « non ». Vous pouvez faire l'inverse. Peu importe.

Traiter une objection

Richard : Il y a une objection quelque part.

D'accord. Décrivez-nous votre expérience. Avez-vous remarqué une modification de votre tonus musculaire ?

Richard : Oui, autour des yeux.

D'accord. Lorsque vous posez une question et que vous obtenez une réponse d'ordre général, il est important que vous alliez vérifier pour être absolument certain que vous en avez bien saisi la signification. Remerciez ce côté d'avoir créé de la tension autour de vos yeux pour vous répondre. Posez-lui ensuite cette autre question : « T'objectes-tu aux nouvelles options ? » et demandez-lui d'intensifier la tension pour vous dire « oui » ou de la relâcher pour vous dire « non »…

Richard : La tension a diminué.

D'accord. Ce type de tension est relativement inhabituel. À l'étape de la vérification d'accord interne, les clients remarquent habituellement une accélération du rythme cardiaque. Et ils concluent presque toujours que ce signal leur indique qu'ils ont peur ou qu'ils se sentent angoissés. Lorsque je leur dis de mettre fin à leurs hallucinations et de demander au côté impliqué d'accélérer le rythme pour leur dire « oui » ou de le ralentir pour leur dire « non », dans la plupart des cas le rythme ralentit. Je soutiens qu'un côté du client donne ce signal pour manifester l'enthousiasme suscité par ce qui se passe.

Richard : J'ai également pris conscience de pulsations dans mes mains ; j'avais l'impression que la variation de tension autour des yeux était plus marquée que ces pulsations ; c'est pourquoi j'ai parlé de la tension sentie autour des yeux.

Bon. Allons vérifier. Retirez-vous dans votre for intérieur et remerciez cet autre côté de vous avoir donné le signal des pulsations dans vos mains. Puis, posez-lui la même question : « As-tu des objections ? Intensifie les pulsations pour me dire "oui" et diminues-en l'intensité pour me dire "non". »

Richard : La sensation est devenue moins intense.

Une diminution ; ce côté n'a donc aucune objection.

Si un ou plusieurs côtés s'étaient objectés, nous aurions tout simplement répété les quatre dernières étapes du procédé. Nous aurions eu un signal « oui ou non », les pulsations dans les mains. Nous aurions fait la distinction entre l'objection de ce côté et son objectif. Et nous aurions répété ces mêmes étapes du procédé jusqu'à ce que nous ayons intégré toutes les objections.

Habituellement, nous stabilisons les trois premières options et nous demandons aux côtés qui ont des objections de se trouver de nouveaux moyens d'accomplir ce qu'ils ont besoin de faire, sans faire obstacle aux trois premières options. Vous pourriez aussi inviter les deux côtés concernés à joindre leurs efforts et à rencontrer le côté créateur pour lui demander de découvrir des options qu'ils pourraient accepter tous les deux.

La vérification d'accord interne est extrêmement importante. Bon nombre de personnes ici présentes ont déjà fait des interventions très précises et amené leur client à avoir un comportement harmonieux pendant qu'il était dans leur cabinet de consultation. Ce client est ensuite rentré chez lui pour se rendre compte qu'un autre côté de lui faisait surface et exprimait ses besoins liés au contexte que le client avait examiné. Et chez lui, le client n'arrivait plus à retrouver ce qu'il avait à sa disposition lorsqu'il était chez son thérapeute ou en présence de son groupe de thérapie. Certains côtés de lui savent que s'il apportait les changements anticipés, il perdrait l'amitié d'un tel, ou détruirait une certaine relation personnelle, etc. La vérification de l'accord interne vous permet d'être vraiment certain que la nouvelle forme de comportement de votre client ne fera pas obstacle aux côtés de sa personne qui lui rendent de précieux services. L'expérience est évidemment le seul *véritable* moyen de faire cette vérification. Il n'en demeure pas moins que la vérification d'accord interne est le meilleur moyen de garantir à votre client que les nouvelles options produiront des résultats positifs.

Chapitre XVI

FRANCHIR LES OBSTACLES AU CHANGEMENT

Si l'ancienne forme de comportement réapparaît

Richard, admettons que six ou sept semaines se soient écoulées et que vous vous aperceviez que vous adoptez à nouveau la vieille forme de comportement X. Que se passerait-il alors ? Que seriez-vous censé faire ? Vous pourriez vous dire que le côté concerné vous donne un signal pour vous indiquer que les nouvelles options ne lui permettent pas d'atteindre son objectif de façon satisfaisante. Vous pourriez ensuite répéter une partie du procédé et demander à votre côté créateur de lui présenter trois autres options. La forme de comportement vous sert de baromètre et vous permet de déterminer le degré d'efficacité des nouvelles options. Si elle refaisait surface à la fin d'une période de mise à l'épreuve des nouvelles options, cela confirmerait que ces dernières sont moins efficaces qu'elle. Elle vous fait signe de répéter le procédé et de créer de meilleures options.

Adopter à nouveau le comportement original n'est pas signe d'échec. C'est un signe d'inefficacité : ce signe vous dit que vous avez besoin de faire marche arrière et de résoudre le problème. *Le recadrage produit les résultats escomptés.* Je vous garantis que le comportement de votre client changera. Et si l'ancienne tendance refaisait surface un peu plus tard, ce serait un signal lui indiquant clairement que les nouveaux comportements lui procurent moins efficacement ce résultat que l'ancienne tendance. Il ferait donc alors marche arrière, répéterait le procédé, identifierait l'avantage secondaire en question et créerait de nouveaux moyens de se le procurer.

Un symptôme est un signal

Si vous ne concluez pas explicitement que ce symptôme est signe d'un besoin de réorientation, votre conscient dira que vous avez « échoué » chaque fois que le symptôme surgira. Lorsqu'un client sait que le symptôme est un signal, il lui prête attention et en fait un *message*. De toute manière, ce symptôme a fort probablement toujours été un message que le client s'entêtait à ne pas percevoir. Cette nouvelle conception lui permet de développer un mécanisme de rétroaction. Et il se rend compte qu'il reçoit ce signal dans certaines situations bien définies.

Prenons un exemple. Un client me consulte parce qu'il a souvent la migraine. Nous faisons un recadrage, tous ses côtés sont heureux, tout va bien dans le meilleur des mondes durant deux semaines, et tout à coup les maux de tête recommencent dans un contexte précis. Ses maux de tête donnent un signal : les opérations précédentes n'ont pas suffi. Ce type peut alors se retirer dans son for intérieur et demander : « Qui est mécontent ? Qui me donne ce signal ? » Si un côté lui dit : « Les autres te mènent par le bout du nez et tu ne dis pas un mot ; tu m'avais promis que tu t'affirmerais », de deux choses l'une : soit qu'il choisisse d'avoir la migraine, soit qu'il s'affirme.

Satisfaire à la demande signalée

Une femme est venue me voir parce qu'elle avait parfois des maux de tête qui l'obligeaient à se mettre au lit. Un côté d'elle voulait jouer de temps à autre, et s'il ne pouvait pas lorsqu'il le voulait, les autres côtés de cette femme ne pouvaient pas faire ce qu'ils voulaient eux non plus ! Ce côté lui infligeait une terrible migraine. Par conséquent, elle décida de consacrer une période de temps déterminée à des activités de jeu. Durant le week-end suivant notre rencontre, elle décida de préparer sa déclaration d'impôts au lieu de jouer comme elle l'avait promis ! Son côté joueur la condamna à se mettre au lit immédiatement. Elle entra en communication avec moi et me dit : « Je n'ai pas tenu ma promesse et j'ai la migraine encore une fois. Que devrais-je faire ? » Je lui ai répondu : « Je ne peux pas répondre à cette question. Ça n'est pas mon problème. Adressez-vous à votre côté concerné. Je n'ai pas mal à la tête, moi. »

Ce qu'elle fit. Et elle obtint réponse à sa question. Ce côté d'elle lui a dit : « Sors de la maison, et en voiture ! Va en promenade et amuse-toi, sinon… ! » Sa migraine disparut dès qu'elle fut en voiture. Ses maux de tête devinrent non plus un fardeau mais une invitation à réagir le plus tôt possible. Elle découvrit que ses maux de tête lui faisaient signe de sortir de chez elle et d'aller s'amuser.

Voudriez-vous nous poser des questions au sujet du processus dont nous avons fait la démonstration avec Richard ?

Les options inconscientes

Une participante : Ai-je bien compris que Richard n'a pas besoin d'être conscient de la nature des options ?

Nous préférons qu'il n'en soit pas conscient. S'il en prenait conscience, ce serait simplement un obstacle de plus à franchir.

La même participante : Richard, vous êtes inconscient de la nature précise de vos trois options ?

Richard : En effet. D'un côté, cela me donne l'impression d'avoir échoué, en ce sens que je ne peux pas penser aux options.

La même participante : Comment sait-il qu'il a ses trois options ?

Son inconscient lui en a donné le signal, sa sensation kinesthésique de détente. Au niveau conscient, il ne connaît pas ses options.

Richard : Mais j'ai la sensation que ça va, ici, en dedans.

Les secrets de l'inconscient

Son inconscient connaît les options, et c'est tout ce qui compte. C'est son inconscient qui mène le bal, qui contrôle ce domaine de son comportement, n'est-ce pas ? Pour vous aider à mieux comprendre, nous ferons une autre expérience. Richard, pourriez-vous vous retirer dans votre for intérieur et demander à ce côté de vous de se servir du même signal « oui ou non » pour vous dire s'il accepterait que vous preniez conscience d'une nouvelle option pour vous démontrer qu'il sait des choses que vous ignorez ?

C'est ce que nous appelons un élément de persuasion, une intervention qui ne joue absolument aucun rôle dans le processus de changement, mais qui peut par contre apaiser le conscient des gens.

Richard : Il refuse.

Et il a bien raison de refuser. Si j'étais à la place de l'inconscient de Richard, je ne le lui dirais pas non plus. Son conscient essaierait de me faire obstacle. Qu'a-t-il fait un peu plus tôt ? L'inconscient a refusé de lui donner des informations au sujet des options et son conscient a immédiatement fait naître des sentiments d'échec ! Je ne communiquerais pas avec un conscient qui agit de la sorte ! Et parce qu'il s'agit d'un signal involontaire, le « non, je ne te permettrai pas de prendre conscience de la nature d'une option » est aussi convaincant qu'un « oui » l'aurait été. Exact ?

Richard : Exact !

Incidemment, permettez-moi de souligner la nature paradoxale de la demande faite à la deuxième étape du procédé. Nous avons alors posé la question suivante : « Acceptes-tu de communiquer avec moi au niveau conscient ? » *N'importe quel* signal que Richard pouvait alors détecter aurait évidemment été une réponse donnée au niveau conscient. Si ce côté de Richard avait répondu : « Non, je refuse », il aurait quand même donné un signal au niveau conscient.

Voici comment j'interpréterais une réponse négative : au fond, ce côté ne chercherait pas à éviter de communiquer avec Richard au niveau conscient, il déclarerait tout simplement qu'il se méfie de lui. En d'autres mots, il refuserait de lui donner des informations sur le contenu au niveau conscient. Et je respecterais sa méfiance. Je suis convaincu que l'inconscient a droit à sa totale liberté de parole ; il a même le devoir de cacher au conscient toute information dont ce dernier n'a pas besoin.

À une certaine époque, nous amenions tous nos clients dans un état de transe très profonde. Un homme est alors venu nous voir et nous a dit qu'une foule d'obstacles l'empêchaient d'être heureux. Je lui ai demandé : « Voudriez-vous me décrire ces obstacles ? » Et il m'a répondu : « Oh, non ! Je veux entrer en transe et tout changer. Voilà pourquoi je suis venu me faire hypnotiser. » J'ai accepté tous ses comportements, je l'ai hypnotisé, je l'ai conduit à un état de transe profonde, j'ai donné congé à son conscient, puis j'ai dit : « Je veux parler seul à seul avec votre inconscient. » Cette phrase *n'a absolument aucun sens* pour moi. Pourtant, lorsque vous en faites la demande, les gens acquiescent. Ils vous parlent et c'est une tout autre personne qui vous adresse la parole, la deuxième sait des choses que la première ignore. Ai-je créé cette séparation ? Existait-elle déjà ? Je n'en sais rien. J'en ai fait la demande et je l'ai obtenue.

Corriger une orientation sexuelle faussée

Son conscient était, et je serai poli dans la mesure du possible, son conscient était inepte. Par contre, ses ressources inconscientes étaient extrêmement intelligentes. Je lui ai donc dit : « Dites-moi une chose. Vous en savez beaucoup plus long que moi ; je voudrais donc que vous me décriviez les comportements que votre inconscient a besoin de changer. » Et j'ai obtenu cette réponse : « Il est homosexuel. »

« Qu'a-t-il besoin de changer ? »

« Il a besoin de changer son orientation sexuelle parce qu'elle repose sur une erreur. »

« Quelle erreur ? »

Et son inconscient m'a donné l'explication suivante :

« À cinq ans il est allé à l'hôpital pour se faire enlever les amygdales. C'était la première fois de sa vie qu'il devait s'affirmer physiquement, c'est-à-dire tenter de se défendre contre une attaque violente. L'anesthésiste a appliqué le masque d'éther sur son visage. Il a essayé de le repousser, il s'est défendu, puis s'est endormi en se débattant. L'anesthésie est alors devenue une ancre associée à la colère. À la suite de cette expérience, chaque fois qu'il s'est mis en colère ou qu'il a eu peur, son corps a flanché. Et son conscient a conclu qu'il était par conséquent homosexuel. » Et cet homme avait entretenu des relations homosexuelles durant vingt-cinq ans.

Transformation « inconsciente »

Ses ressources inconscientes m'ont dit : « Ne parlez pas de cette erreur à son conscient. Cette découverte le tuerait. » Et j'étais d'accord. Il n'avait pas besoin de savoir qu'il avait miné toutes ses relations personnelles durant vingt-cinq ans. Une seule chose comptait : il devait changer puisqu'il voulait se marier. Et il ne pouvait pas épouser une femme parce qu'il *savait* qu'il était homosexuel. Son inconscient refusait catégoriquement de lui permettre de découvrir qu'il avait commis une erreur parce qu'il aurait alors conclu que toute sa vie était une erreur et cette prise de conscience l'aurait terrassé. Je voulais lui donner la fausse impression qu'il avait évolué malgré cela et qu'il avait graduellement développé un nouveau comportement.

En collaboration avec son inconscient, je lui ai préparé une expérience spirituelle qui allait l'amener progressivement à s'épanouir et à devenir un être hétérosexuel. Son inconscient était d'accord avec moi : c'était là la meilleure façon de procéder. Il a changé sans avoir une seule représentation consciente de la séance d'hypnose et sans découvrir les origines de ces changements. Il pense encore aujourd'hui que ces changements se sont produits à la suite d'une expérience impliquant l'usage d'une certaine drogue. Il a fumé de la marijuana et a eu une expérience cosmique. Il a conclu que la marijuana avait cette propriété. Il ignore que la séance d'hypnose y est pour quelque chose. Cette intervention lui a permis d'opérer les changements désirés.

Collaborer avec son inconscient

Une foule de gens ont des côtés qui font exactement la même chose. Un côté refuse de permettre au conscient de découvrir ce qui se passe parce qu'il est convaincu que le conscient ne peut pas se servir de ces informations à bon escient. Il se peut qu'il ait raison. Dans certains cas, j'ai conclu l'entente suivante avec l'inconscient du client concerné : il permet au conscient de découvrir graduellement ce qui se passe, petit à petit ; ceci nous permet de déterminer si le conscient peut ou ne peut pas faire face à la situation. L'inconscient découvre habituellement que le conscient peut accepter les informations reçues. Dans certains cas par contre, l'inconscient m'a répondu de façon catégorique : « Non. Je refuse catégoriquement de faire cela. Aucun argument ne me convaincra du contraire. Je ne veux pas que le conscient ait ces informations. Je changerai tous les comportements, mais je ne donnerai aucun renseignement au conscient. » Et les gens changent. Tout compte fait, la grande majorité des changements s'opèrent au niveau inconscient. C'est d'ailleurs tout récemment qu'on a commencé en Occident à tenter d'expliciter la notion de changement.

Si le côté de Richard avait répondu qu'il refusait de révéler son objectif au conscient, nous serions tout simplement passés à l'étape suivante puisque cette information ne joue aucun rôle dans le procédé. Nous aurions donc invité ce côté à aller rejoindre le côté créateur directement et à lui demander de concevoir de nouvelles options. De fait, si nous avons dû consacrer autant de temps à sa démarche, c'est sans doute parce que son inconscient a révélé ces informations à son conscient. Je vous l'assure. Autant que je sache, la prise de conscience est toujours sans importance, sauf lorsque vous avez l'intention d'écrire des livres sur la modification de votre comportement. Vous n'avez pas besoin d'être conscient lorsque vous communiquez avec quelqu'un, que ce soit intérieurement avec vous-même ou extérieurement avec une autre personne. Son conscient joue un rôle limité durant le procédé : il perçoit les fluctuations du signal et nous en informe, et il pose les questions qui provoquent ces réactions.

Il est fort possible, voire certain, que le conscient *ait ignoré* l'objectif du côté inconscient, qu'il ait également ignoré la nature des nouvelles options. Et pourtant, les changements seront aussi durables et aussi efficaces qu'ils le seraient s'il avait eu toutes ces informations. Je dirais même que les changements seront encore plus efficaces.

S'allier ouvertement à son inconscient

Un participant : Et si vous n'obteniez aucune réaction ?

Ma foi, si votre client ne réagit pas du tout, il est fort probablement mort. Et si les réponses qu'il obtenait ne le convainquaient pas, je deviendrais l'allié de son inconscient et je lui dirais : « Écoutez, ce côté refuse de communiquer avec vous et je suis d'accord avec lui ; je ne voudrais pas communiquer avec vous, moi non plus. Vous n'avez pas encore compris que ce côté de vous vous rend un service très important et même vital. Il vous a souvent rendu ce service et vous avez passé votre temps à vous battre contre les processus internes qui tentaient d'intervenir en votre faveur. Je les salue et je leur offre mes sincères félicitations. Et à mon avis, vous devriez leur présenter des excuses. » Et je demanderais à ce client de se retirer dans son for intérieur et de présenter littéralement des excuses à ce côté de lui, de lui demander pardon de lui avoir rendu la tâche si difficile alors qu'il tentait de lui rendre vraiment service.

Et si cela ne marchait pas, vous pourriez menacer votre client. « Si vous ne respectez pas immédiatement ce côté de vous, je *l'aiderai* à vous détruire. Il vous infligera un terrible mal de tête et vous fera engraisser de quinze kilos. » Habituellement, le client commence alors à bien communiquer avec son inconscient. Pendant qu'il vous dira par exemple : « À mon avis, cela n'est pas tout à fait juste », sa tête réagira à ce que vous avez dit et vous approuvera.

Faire confiance à l'inconscient

Une participante : À la troisième étape, vous avez demandé à ce côté de communiquer son objectif, ce qu'il cherchait à faire à l'aide de la forme de comportement X. Comme il importe fort peu que vous le sachiez, avez-vous vraiment besoin de poser cette question ?

Non. Par contre, la grande majorité des gens veulent le savoir. Si l'inconscient refusait de révéler son objectif, nous dirions à notre client : « Même si vous désirez consciemment changer la tendance X, acceptez-vous le fait que ce côté inconscient a de bonnes intentions ? Et acceptez-vous le fait qu'il agit en votre faveur, en faveur de toute votre personne lorsqu'il vous incite à X ? Si vous êtes prêt à accepter cela, ne tentons pas de prendre conscience du contenu, oublions-le et disons-nous : "D'accord, j'ai confiance en toi ; tu as de bonnes intentions. Je n'ai pas besoin d'examiner ni d'évaluer tes objectifs parce que j'accepte de croire que tu cherches à me rendre d'excellents services." » Et nous passerions ensuite à la quatrième étape.

Il y a quelques années, lors d'un stage de formation, nous avons rencontré une femme qui avait la phobie des autoroutes. Au lieu d'employer le procédé de traitement d'une phobie, le procédé le plus précis, disons-le en passant, j'ai employé le procédé de recadrage pour démontrer qu'on *peut* s'en servir pour guérir quelqu'un d'une phobie, bien que le procédé de dissociation visuelle et kinesthésique produise les mêmes résultats en moins de temps. Je lui ai dit : « Écoutez, un côté de vous vous donne une frousse terrible lorsque vous êtes aux abords d'une autoroute. Retirez-vous dans votre for intérieur et dites-lui que nous reconnaissons que son intervention est importante. Demandez-lui de vous dire s'il accepte ou refuse de communiquer avec vous au niveau conscient. » Elle reçut alors une réponse affirmative très intense. J'ai donc poursuivi : « Retirez-vous dans votre for intérieur et demandez à ce côté de vous révéler le service qu'il cherche à vous rendre lorsqu'il vous donne une frousse terrible aux abords d'une autoroute. » Ce qu'elle fit. Puis elle nous a dit : « Ce côté m'a répondu : "Non. Je ne veux pas te le dire." »

Au lieu de procéder à un recadrage au niveau inconscient, j'ai fait une intervention que vous trouverez peut-être étrange et que j'emploie par contre de temps à autre lorsque j'ai des soupçons, ou une intuition comme on dit habituellement. Je lui ai demandé de se retirer dans son for intérieur et de demander à son inconscient de lui indiquer s'il savait quel était son objectif ou s'il l'ignorait. Elle a fermé les yeux, puis les a ouverts et nous a dit : « Ma foi, je... je n'arrive pas... je ne peux pas croire ce qu'il m'a dit. » « Demandez-lui de vous indiquer s'il dit bien la vérité. » Elle s'est retirée dans son for intérieur une fois de plus puis nous a dit : « Je refuse de croire ce qu'il a dit. » « Que vous a-t-il dit ? » « Il m'a dit qu'il l'avait *oublié*. »

Aussi bizarre que cela puisse vous paraître, j'ai toujours pensé que cette réponse était merveilleuse. D'une façon, cette réponse est pleine de bon sens : elle prouve que vous êtes bien vivant. Admettons qu'un côté de vous développe un comportement pour vous rendre un service et que vous lui résistiez, que vous vous battiez farouchement contre lui ; il se pourrait alors fort bien qu'il oublie l'objectif premier de son comportement parce qu'il est occupé à se défendre contre vous. Vous êtes-vous déjà rendu compte, pendant que vous vous disputiez avec quelqu'un, que vous aviez oublié tout à coup votre objectif premier ? Tout comme vous, nos divers côtés peuvent oublier leurs objectifs.

Mettre son inconscient à son service

Au lieu de prendre toutes sortes de détours, j'ai dit à cette femme : « Écoutez, ce côté de vous est très fort. Avez-vous déjà réfléchi à son immense pouvoir ? Chaque fois que vous vous approchez d'une autoroute, ce côté de vous réussit à vous affoler au plus haut point. Fascinant, n'est-ce pas ? N'aimeriez-vous pas que ce côté soit vraiment à votre service ? » Et elle m'a répondu : « C'est du tonnerre ! J'ai un tel côté ? » Et j'ai poursuivi : « Retirez-vous dans votre for intérieur et demandez à ce côté de vous indiquer s'il est intéressé à vous rendre un service que vous apprécieriez, qui aurait de la valeur à vos yeux, et qui ferait appel à ses talents. » Ce côté lui a évidemment répondu : « Bien sûr ! » Et je lui ai dit : « Retirez-vous dans votre for intérieur et demandez à ce côté de vous indiquer s'il accepterait de vous aider à vous détendre, à être alerte et prudente, de vous stimuler à respirer calmement et à faire l'expérience de votre vécu sensoriel lorsque vous serez aux abords d'une autoroute. » Ce côté lui a répondu : « Oui, oui. Je peux le faire. » Je lui ai alors proposé de se représenter en rêve éveillé deux situations impliquant une autoroute. Auparavant, elle n'aurait pas pu le faire ; lorsqu'elle pensait à une autoroute, elle était saisie d'une terrible frayeur, une simple image suffisait à lui faire très peur. Cette fois-ci, elle put réagir convenablement. Puis elle est sortie de l'édifice, elle est montée à bord de sa voiture, elle est partie en promenade sur une autoroute et elle a fait un très bon voyage. Elle s'est tellement amusée qu'elle a voyagé quatre heures durant et a fait une panne sèche sur l'autoroute.

Vérifier tout signe de tension

Un participant : À un moment donné, j'ai cru voir des indices de tension sur le front de Richard. Je voudrais savoir s'il était alors agacé ou s'il cherchait à se concentrer.

Lorsque vous avez des doutes sérieux durant une séance de consultation avec un client, vous vous devez de vérifier l'exactitude de vos soupçons. Nous vous avons démontré le moyen le plus simple à employer pour ce faire. Je regarderais Richard et je lui dirais : « J'ai vu que vous fronciez les sourcils. C'est là parfois un indice de tension et parfois un signe de concentration. Quel est le cas en ce moment ? » Trente secondes suffisent : il se retirerait dans son for intérieur et demanderait à ce côté qui fronce les sourcils et hausse le niveau de tension de lui indiquer si cette réaction communique des données qu'il trouve importantes, et de diminuer la tension si ce n'est pas le cas. Vous feriez alors une vérification instantanément ; vous n'hallucineriez pas. Vous n'avez pas besoin d'halluciner et il n'a pas besoin d'essayer de deviner la réponse. Vous avez un système qui vous permet d'obtenir des signaux sensoriels directs qui répondent à vos questions.

Des signaux sensoriels directs

J'espère que les hypnotiseurs professionnels ici présents ont reconnu les procédés employés. Tout d'abord, le fractionnement : l'alternance entre le retrait intérieur et la prise de conscience du vécu sensoriel, de l'état de transe à la conscience.

Que vous soyez hypnotiseur ou non, vous avez fort probablement déjà entendu parler des signaux des doigts et des signaux idéomoteurs. Les hypnotiseurs concluent souvent l'entente suivante avec un client : celui-ci lèvera inconsciemment l'index de la main droite pour répondre « oui » et l'index de la main gauche pour répondre « non ». Nous avons employé un système identique à celui des signaux naturels des doigts. Les signaux des doigts sont ceux que les hypnotiseurs ont imposés très arbitrairement. Le recadrage donne beaucoup plus de liberté au client ; c'est lui qui se choisit un système de signaux de réponses qui est compatible avec ses besoins du moment. C'est un procédé naturel qui permet également au client de se trouver des signaux que son conscient ne pourra pas reproduire. La forme fondamentale et le principe demeurent cependant les mêmes. L'emploi des signaux naturels permet également aux divers côtés d'une personne de s'exprimer à l'aide des diverses voies sensorielles et non à l'aide d'un seul système.

Admettons qu'à un moment donné Richard ait eu les paumes plus humides, qu'il ait eu certaines sensations dans les cuisses, qu'il ait vu des images ou entendu le bruit d'une voiture de course ; tous ces signaux auraient été des réponses. Je lui aurais alors dit : « Je suis heureux que tant de côtés se soucient de vous. Si vous voulez faire cette démarche efficacement, retirez-vous dans votre for intérieur, remerciez-les de vous avoir donné toutes ces réponses et demandez-leur d'être très attentifs à ce qui se passe. Examinons tout d'abord le signal de la sueur dans vos mains ; nous travaillerons de concert avec ce côté de vous. Je promets à tous les autres côtés que nous n'opérerons aucune modification du comportement avant d'avoir fait la vérification d'accord interne, avant d'avoir vérifié s'ils acceptent tous les nouveaux comportements.

Vous pourriez aussi inviter tous les côtés à se réunir, à choisir ensemble un signal et à communiquer leurs besoins communs au côté créateur, et ainsi de suite.

Faire marche arrière au besoin

Un participant : À la cinquième étape, que se produirait-il si le côté en question refusait d'assumer sa responsabilité ?

Cela signifierait que le problème se situe à une étape précédente du procédé. Lorsque le côté qui a choisi les trois nouvelles options de comportement qui étaient à son avis plus efficaces que la tendance initiale répond : « Non, je n'assumerai pas cette responsabilité », il y a quelque chose qui ne tourne pas rond. C'est signe que les voies de communication du client se sont croisées à un moment donné. Vous retourneriez donc en arrière et remettriez les choses en ordre.

Faire face à un refus

Un participant : Qu'est-ce à dire si vous revenez à la quatrième étape et avez encore de la difficulté à choisir ? Vous dites au côté en question : « Choisis des options parmi celles qui te sont présentées » et il vous répond : « Non, je n'en choisirai pas. » Alors ?

Vous pourriez lui dire : « Bel imbécile ! Je t'offre des options plus efficaces que ta tendance actuelle et tu réponds "non" ! À quel jeu stupide est-ce que tu joues ? » Je suis sérieux. Ça marche presque toujours ! Vous obtenez immédiatement une réponse. C'est là une intervention que vous pourriez faire ; il y en a plusieurs autres. « Ah ! Tu es donc totalement satisfait de cette perte incroyable d'énergie ? » Faites une intervention qui vous vient naturellement et qui pourrait vous permettre d'obtenir la réaction que vous désirez.

Changer à son insu

Une participante : Lorsqu'ils ont adopté les nouveaux comportements, quels genres de commentaires est-ce que vos clients font ?

Les gens prennent habituellement conscience de leurs nouveaux comportements une semaine après les avoir adoptés. Le conscient est vraiment limité. C'est un commentaire qu'on nous fait très souvent. J'ai employé le recadrage pour aider une femme qui avait la phobie des ponts ; phénomène intéressant, elle avait seulement peur des ponts sous lesquels coulait une rivière ou un autre cours d'eau. Elle vivait à La Nouvelle-Orléans. Il y a de très nombreux ponts dans cette ville et de l'eau sous plusieurs d'entre eux, et l'un en particulier, le Slidell, qu'elle empruntait souvent. Elle le nommait le *Slide*ll*. Après s'être recadrée, elle prononçait le Slide*ll*. Cette différence dans la façon de le prononcer m'indiquait clairement que le recadrage avait produit les résultats désirés.

Noter le changement de vision

Cette femme a participé à trois jours de formation sans jamais prendre la parole. À la fin du stage, je lui ai demandé son opinion sur l'intervention que nous avions faite le vendredi : « Vous avez traversé des ponts au volant de votre voiture durant le week-end. Avez-vous eu une réaction phobique ? J'aimerais le savoir. » Elle m'a répondu : « Oh ! Je n'y pensais déjà plus. » Deux jours plus tôt, cette réaction lui posait vraiment un problème. Et elle nous disait maintenant : « Oh oui, ces autoroutes traversent des cours d'eau. » Gisèle nous a donné une réponse semblable à la sienne. Lorsqu'elle s'est imaginé qu'elle traversait un pont au volant de sa voiture, elle nous a dit : « Ma foi, j'ai traversé le

---

* *To slide* : glisser.

pont. » Ce geste avait perdu son impact extrême et ne provoquait plus la même réaction kinesthésique bouleversante. Les gens ont tendance à prendre conscience des résultats quelques jours plus tard et ceci a beaucoup plus de valeur à mes yeux que s'ils étaient étonnés et satisfaits immédiatement.

Identifier une peur déplacée

La même femme qui craignait tant les ponts nous a dit : « C'est vraiment renversant. Je n'ai plus la phobie des ponts !
— Si vous n'aviez pas la phobie des ponts, ai-je ajouté, pourquoi perdiez-vous le nord lorsque vous en traversiez un ?
— Parce qu'il y avait de l'*eau* sous les ponts. Lorsque j'étais enfant, j'ai failli me noyer, j'étais alors sous un pont, en train de me noyer.
— Avez-vous une piscine ?
— Puisque vous me le demandez, non.
— Faites-vous souvent de la natation ?
— Jamais. Je ne sais pas nager.
— Aimez-vous prendre un bain ou une douche ?
— Prendre une douche, oui. »
À un moment donné, au cours de son histoire personnelle, elle avait conclu ceci : « Si tu t'approches de l'eau, tu te noieras. » Lorsque ce côté d'elle la voyait s'approcher d'un pont, il lui disait : « Les ponts traversent des cours d'eau ; tu peux te noyer dans l'eau, tu devrais maintenant avoir peur. »

Vérifier les changements à long terme

Il y a toujours une suite à nos interventions. Nos clients reviennent nous voir ou ils entrent en communication avec nous. Nous voulons être certains que les changements qu'ils désiraient opérer se sont effectivement produits. Nous devons habituellement leur demander de nous donner un compte rendu ; et à mon avis, c'est vraiment approprié. Le changement est le seul élément permanent de mon expérience ; et la grande majorité des changements s'opèrent au niveau inconscient. Et c'est seulement depuis la création des approches psychothérapeutiques humanistes et de la psychiatrie que les gens prêtent consciemment attention aux changements qui s'opèrent chez eux.

Il y a quelque temps, j'ai aidé une femme qui avait une phobie quelconque. Au début, j'ignorais le contenu de sa phobie ; j'ai plus tard découvert qu'elle avait la phobie des chiens. Lorsqu'elle eut complété le processus, elle est allée en visite chez une amie qui avait un chien. Elle était fascinée parce qu'elle était entrée dans la maison, avait vu le chien et avait eu l'impression qu'il était beaucoup plus petit qu'auparavant. Elle s'était exclamée : « Grand Dieu, où ton chien est-il passé ? Il a rétréci ! »

Contourner une réponse négative

Un participant : Le système de signaux de Richard lui a indiqué que son côté créateur avait présenté trois nouvelles options satisfaisantes. Que se serait-il passé si la réponse avait été négative ?

Peu importe que vous obteniez un « oui » ou un « non ». Il est par contre important que vous obteniez soit l'un, soit l'autre. Les signaux « oui ou non » servent à distraire le conscient de votre client. Lorsque vous obtenez un « non », vous lui proposez une autre façon de procéder. « Vous devrez donc entrer en communication avec votre côté réticent et lui dire de coopérer avec votre côté créateur. Jouez-lui un vilain tour et présentez-lui de nouvelles options. » Qu'importe votre façon de procéder.

Je lui aurais fort probablement demandé de se forger un côté créateur. Sa voie de communication avec son esprit de créativité ne m'aurait pas satisfait. Je sais qu'il existe mille et une façons d'obtenir le même résultat. Vous pourriez dire à quelqu'un : « Connaissez-vous quelqu'un qui puisse aussi le faire ? Je veux que vous examiniez de très près ce qu'il fait : imaginez-vous les images, les sons, les sensations, et demandez à ce côté de vous de réfléchir à ces options. » C'est là une façon de faire ce que nous appelons « déplacement du point de référence ».

Chapitre XVII

DÉCOUVRIR SES RESSOURCES CACHÉES

Construire sa créativité

Que se passerait-il si vous demandiez à un client : « Avez-vous un côté que vous appelez votre côté créateur ? » et qu'il vous réponde : « Non. » Que feriez-vous ? Ou s'il hésitait et vous disait : « Euh, je ne sais pas. » C'est très facile de forger un côté créateur à l'aide des systèmes de représentation et des ancres. Vous dites à votre client : « Pensez à cinq moments où vous avez au cours de votre vie, agi de façon efficace et innovatrice sans comprendre vraiment ce que vous faisiez, sans comprendre votre façon de le faire, tout en sachant par contre que ce que vous faisiez était nouveau et très approprié. » Pendant qu'il réfléchit à ces cinq expériences les unes à la suite des autres, vous leur associez une ancre. Et vous avez une ancre qui vous permettra d'atteindre l'esprit de créativité de cette personne à volonté. Vous lui avez forgé un esprit de créativité. Vous avez organisé son histoire personnelle. Vous pourriez aussi lui demander ceci : « Avez-vous un côté qui planifie vos activités ? Si oui, demandez-lui de vous proposer trois moyens de planifier un nouveau comportement. » Le mot « créateur » représente une façon parmi tant d'autres de planifier vos activités.

Demeurer flexible et polyvalent

Lorsque vous employez ce type de procédé, il y a une excellente façon de vous enliser : appliquer le procédé avec rigidité. Si vous demandez à un client : « Avez-vous un côté que vous appelez votre côté créateur ? » et qu'il vous réponde : « Non » en vous regardant dans les yeux, vous vous inventerez de nouveaux mots. « Vous rendez-vous compte que vous avez un côté qui est responsable de toutes vos activités innovatrices ? Et saviez-vous que pour entrer en contact avec lui, il vous suffit de vous toucher les tempes ? » Vous pouvez inventer *n'importe quoi* pourvu que votre client se trouve de nouveaux moyens d'atteindre son objectif. Ces procédés sont aussi ouverts que votre propre esprit de créativité. Et si vous n'avez pas de côté créateur, vous vous en forgerez un !

Une foule d'autres *problèmes* auraient pu se présenter. Vous rendez-vous compte que c'est ce qui se passe ici en ce moment ? Vous avez tous pu voir que ce procédé produit d'excellents résultats et vous me demandez : « Quels sont les *problèmes* qui peuvent se présenter ? » Je suis convaincu que vous pourriez inventer mille et une façons d'empêcher ce procédé de produire de bons résultats. Et plusieurs personnes ici présentes en inventeront. En fait, une seule chose compte : si ce que vous faites ne donne rien, faites *autre chose*. Si vous persistez à modifier votre intervention, vous découvrirez sûrement un moyen de produire les résultats désirés. Nous voulons que vous fassiez tous l'expérience des bons résultats de façon que vous ayez un point de référence. Choisissez un partenaire inconnu et faites l'expérience du recadrage. Nous serons là pour vous aider si vous en avez besoin.

Le recadrage (expérience)

1. *Identifier la forme de comportement* (X) à changer.
2. *Entrer en communication* avec le côté qui est responsable de cette forme.

a) « Est-ce que le côté de moi qui est responsable de la forme X accepte de communiquer avec moi au niveau conscient ? »

b) Déterminer le sens du signal « oui ou non ».

3. *Distinguer entre le comportement*, la tendance X, *et l'objectif* du côté qui est responsable de ce comportement.

a) « Serais-tu disposé à me révéler au niveau conscient le service que tu me rends à l'aide de la tendance X ? »

b) Si la réponse est affirmative, vous invitez le côté à vous révéler son objectif.

c) Votre conscient accepte-t-il cet objectif ?

4. *Créer de nouvelles options de comportement* qui permettent d'atteindre l'objectif visé. Au niveau inconscient, le côté responsable de la tendance X communique son objectif au côté créateur et choisit certaines options parmi celles que ce dernier lui présente. Chaque fois qu'il en accepte une, il vous donne le signal « oui ».

5. Poser la question suivante au côté concerné : « Acceptes-tu d'*assumer la responsabilité* de m'amener à adopter les trois options aux moments opportuns ? »

6. *Vérifier l'accord interne* : « Un autre côté de moi a-t-il des objections au sujet des trois nouvelles options ? » Si la réponse est affirmative, répéter le procédé à partir de la deuxième étape.

Toute forme de comportement contient une ressource

Un jour, nous animions un atelier à un institut d'analyse transactionnelle et j'ai dit aux participants que je croyais que tous les côtés d'un individu constituent une ressource de grande valeur. Et une femme s'est exclamée :

« Je n'ai jamais rien entendu d'aussi stupide !

— Je n'ai pas dit que c'était vrai. J'ai dit que les thérapeutes qui partagent cette conviction font beaucoup plus de chemin que ceux qui en doutent.

— Ridicule, tout à fait ridicule.

— Pourquoi croyez-vous que c'est ridicule ?

— J'ai des côtés qui n'ont aucune valeur. Ils me nuisent et c'est bien tout.

— Nommez-m'en un.

— Chaque fois que j'essaie de faire quelque chose, peu importe quoi, ce côté-là me dit que je ne sais rien faire, que j'échouerai. Et je dois dépenser deux fois plus d'énergie qu'il n'est nécessaire pour le faire. »

Elle m'expliqua qu'adolescente elle avait abandonné ses études. Et lorsqu'elle décida de retourner étudier pour terminer son cours secondaire, ce côté-là lui avait dit : « Tu n'y arriveras jamais, tu n'as pas les aptitudes nécessaires, tu ne comprends rien. Ce sera l'échec de ta vie. Ça ne sert à rien, tu ne pourras jamais le faire. » Pourtant, elle avait terminé ses études secondaires. Lorsqu'elle décida de faire des études universitaires, ce même côté lui dit : « Tu n'y arriveras jamais. Tu n'es pas capable ! »

Découvrir ses ressources cachées

Je lui ai donc dit : « Je voudrais m'adresser directement à ce côté de vous. » En passant, les tenants de l'analyse transactionnelle sont presque toujours pris au dépourvu lorsque j'emploie cette tactique parce qu'elle ne fait pas partie de leur intervention. Je fixe ensuite mon regard au-dessus de leur épaule gauche pendant que je leur parle et ils perdent la tête. C'est un excellent mécanisme d'ancres parce qu'à partir de ce moment-là, chaque fois que je pose mon regard au-dessus de leur épaule gauche, seul ce côté peut m'entendre.

« Je sais que ce côté de vous vous rend un important service et que sa façon de procéder est son secret. Il est très rusé. Et bien que vous ne l'appréciiez pas, moi, je reconnais sa valeur. Je voudrais lui dire que s'il permettait à cette femme de prendre conscience du service qu'il lui rend, elle lui offrirait peut-être la reconnaissance qu'il mérite. »

Je lui ai ensuite proposé de se retirer dans son for intérieur et de demander à ce côté de lui révéler le service qu'il cherchait à lui rendre. Et ce côté lui a spontanément répondu : « Je te motivais à agir. » Après m'avoir communiqué cette réponse, elle s'est exclamée : « Comme c'est étrange ! »

La stratégie des réactions d'opposition

Et j'ai répondu à cette femme : « Écoutez, je suis convaincu que vous ne pourriez pas vous avancer et venir faire une démonstration devant les autres participants. » Défiante, elle s'est levée, elle a traversé la pièce et elle s'est assise à côté de moi. Ceux qui ont étudié le concept des stratégies et qui comprennent le phénomène des réactions d'opposition reconnaissent sûrement que ce côté d'elle était en fait un simple programmeur neurolinguistique qui saisissait très bien la notion d'exploitation du processus. Je savais que s'il lui avait dit : « Mais oui, tu peux faire des études universitaires et tu peux obtenir ton diplôme », elle lui aurait répondu : « Non, c'est impossible, je n'y arriverai jamais. » Par contre, lorsqu'il lui disait : « Non, tu n'y arriveras jamais », elle lui répondait : « Ah oui ? » puis elle se mettait à l'œuvre et le faisait.

Procéder à la vérification

Que se serait-il produit si cette femme avait réussi à empêcher ce côté d'elle de lui rendre ce service, sans rien changer d'autre ? Elle n'aurait eu aucune source de motivation personnelle ! C'est pourquoi nous avons ajouté la sixième étape au procédé : vérifier l'accord interne, laquelle permet de vous assurer que tous les côtés de votre client acceptent la nouvelle forme de comportement. Au cours des cinq premières étapes du procédé, nous avons essentiellement établi un système de communication entre le conscient du client et son côté inconscient qui est responsable de la forme de comportement qu'il désire changer. Et nous avons réussi à trouver de nouvelles options de comportement qui satisfont ce côté. Ceci étant fait, j'ignore évidemment toujours si *tous les autres côtés* bénéficieront également de ces nouvelles options ou s'ils en souffriront.

Éviter un mouvement de balancier

Permettez-moi de vous donner un autre exemple. J'ai rencontré des gens de petite taille qui ont participé à un stage de formation à l'affirmation de soi et qui sont par la suite devenus très agressifs. Ils sont devenus si agressifs que leur conjoint les a laissés et que leurs amis ne voulurent plus entendre parler d'eux. Ils hurlent chaque fois qu'ils adressent la parole à quelqu'un et ils s'affirment à l'excès ; ils sont si irritants que personne ne peut les supporter. C'est un type d'inversement de la polarité, un mouvement de balancier. Pour éviter de tomber dans ce piège, on peut employer un moyen de vérification, la vérification d'accord interne par exemple.

Lorsque vous avez complété votre échange et offert de nouvelles options de comportement au côté qui était auparavant responsable du comportement problématique, vous invitez tous les autres côtés à examiner les répercussions des nouvelles formes de comportement. « Un autre côté de moi s'oppose-t-il pour une raison ou une autre à mes nouvelles options de comportement ? » Si un côté avait une objection quelconque, il émettrait fort probablement un signal distinctif. Il aurait peut-être recours au même système que le premier côté, mais le signal se situerait au niveau d'une autre partie du corps. Si vous sentiez vos épaules se contracter, vous vous diriez : « Parfait, mon conscient est limité. Me contracterais-tu davantage les épaules pour me dire "oui" et diminuerais-tu la tension pour me dire "non" ? » Une objection est un résultat fascinant. C'est signe qu'un autre côté de vous, une autre ressource s'implique et veut vous aider à opérer ce changement. Vous retournez donc à la deuxième étape et répétez le procédé.

Employer un langage précis

À mon avis, une des différences intéressantes entre un professionnel de la communication vraiment efficace et un autre qui l'est moins est que le premier emploie un vocabulaire très précis ; son langage vous aide à obtenir ce que vous désirez. Les gens qui se servent du langage de façon négligée obtiennent des résultats négligeables. Virginia Satir se sert du langage avec beaucoup de soin et Milton Erickson plus encore. Lorsque vous formulez vos questions soigneusement, vous obtenez des informations précises. Prenons un exemple. Un participant a dit à son partenaire : « Retirez-vous dans votre for intérieur et demandez au côté responsable de ce comportement de vous dire s'il est prêt à changer ou non. » Il leur a répondu : « Non ! » et c'est tout à fait compréhensible ! Ils ne lui ont offert aucune nouvelle option. Ils ne lui ont pas demandé : « Acceptes-tu de communiquer avec moi ? » ils lui ont demandé : « Acceptes-tu de changer ? »

Un autre participant a dit ceci : « Toi, ce côté de moi qui est responsable de cette forme de comportement, acceptes-tu les options que mon côté créateur te présente ? » Et ce côté lui a répondu : « Non ! » Et avec raison ! Votre côté créateur ne sait rien au sujet de ce comportement. C'est le côté responsable de ce comportement qui doit choisir les nouvelles options. C'est lui qui comprend ce comportement.

Quand le conscient fait obstacle au changement

Un participant : Et si le côté créateur inconscient refuse de présenter de nouvelles options ?

Si vous le respectez vraiment, il ne refusera jamais. Si vous, le thérapeute, ne respectez ni le côté créateur de votre client ni son inconscient, ils refuseront tout simplement de communiquer avec vous.

Une participante : Mon partenaire et moi avons découvert que c'était notre conscient qui faisait obstacle aux changements.

Je suis tout à fait d'accord avec vous. Et c'est tout particulièrement le cas chez les thérapeutes lorsque leur inconscient refuse de leur révéler les nouvelles options. Les autres groupes sociaux connaissent moins ce problème. Et c'est très compréhensible. Les thérapeutes ont un conscient très fouinard. La très grande majorité des psychothéologies que je connais soutiennent que pour changer, un individu doit être conscient. C'est absurde !

Une participante : Je ne saisis plus la différence entre « être conscient » et « prises ». En Gestalt, on parle de l'importance de la prise de conscience et…

Être conscient selon Perls

Lorsque Fritz Perls dit : « Laisser la pensée et reprenez vos sens », reprenez conscience, il veut parler de l'expérience à mon avis. Je crois qu'il soupçonne que vous pouvez avoir des perceptions sensorielles sans que votre conscient intervienne.

Il a parlé dans l'un de ses ouvrages du « DMZ » de l'expérience ; il soutient que le dialogue intérieur a très peu à voir avec l'expérience même. Il affirme également que la fabrication d'images visuelles se rapproche un peu plus de l'expérience. Et il croit qu'éprouver des sensations et des sentiments est ce qui se rapproche le plus de l'expérience même, et que le DMZ est très différent de l'agir et du vécu dans le monde réel.

Je crois qu'il veut dire que vous pouvez vivre une expérience sans y réfléchir consciemment ; c'est ce qu'il appelle « vivre au moment présent ». Nous nommons cela le « temps optimal ». C'est à l'aide de cette stratégie que nous organisons nos perceptions et nos réactions durant ce stage de formation. En temps optimal, vous ne dialoguez pas avec vous-même, vous ne percevez pas des images, vous n'éprouvez ni sensations ni sentiments. Vous avez tout simplement accès à votre vécu sensoriel et réagissez directement à ce vécu.

En Gestalt, il y a une règle implicite : les signaux d'accès sont illégaux parce qu'ils indiquent que vous fuyez. Si vous regardez dans le vide, vous fuyez. Et lorsque vous regardez dans le vide, vous vivez une expérience intérieure ; c'est ce que nous appelons le « temps minimal ». Fritz Perls veut que nous vivions toujours au temps optimal. Il est par contre important de souligner qu'il *entretient alors un dialogue intérieur* tout en se disant qu'il vaut mieux vivre au temps optimal ! Perls est très inventif et je crois que c'est là ce qu'il entend. Par contre, on peut très difficilement en être certain.

Quand le recadrage ne produit pas de résultats

Une participante : Vous nous avez dit que nous verrions des situations où le recadrage ne produit pas les résultats escomptés.

J'en ai sûrement été témoin pendant que je circulais dans la pièce ! Vous en ferez l'expérience et n'obtiendrez pas les résultats désirés. Mais cela ne mettra pas en cause le procédé lui-même. Vous démontrerez que vous manquez d'esprit de créativité et que vous ne savez pas encore vous servir du recadrage, que votre expérience sensorielle est trop limitée et que vous n'acceptez pas par conséquent tous les signaux qu'on vous donne. Si vous évitez de conclure que cette « absence de résultats » prouve que vous êtes sot, incompétent et stupide, et si vous acceptez que c'est signe que vous en avez encore beaucoup à apprendre et à découvrir, la thérapie deviendra pour vous une occasion sans pareille d'évoluer, et non une occasion de vous critiquer vous-même.

Utiliser toute réponse

J'ai fait cette découverte lorsque j'enseignais l'hypnose. À mon avis, c'est l'une des raisons pour lesquelles l'hypnose est si peu répandue dans notre société. Un hypnotiseur amène une personne dans un état de transe et lui lance un défi quelconque : « Vous ne pourrez pas ouvrir les yeux », par exemple. La grande majorité des gens *refusent* de se mettre à l'épreuve de cette façon. On me pose très souvent une question durant mes ateliers de formation à l'hypnose : « Que se passerait-il si mon client refusait d'obéir à la suggestion que je lui ferais ? » Et je réponds toujours la même chose : « Vous lui en feriez *une autre* ! » Bon nombre de gens croient qu'ils ont échoué lorsqu'ils n'obtiennent pas les résultats qu'ils escomptaient, au lieu de profiter de l'occasion pour réagir de façon créatrice.

Il y a un piège qu'il est très important d'éviter. Lorsque vous définissez la nature d'une réponse « valable » avant de commencer à communiquer avec votre client, vous risquez fort de ne pas obtenir cette réponse. Lorsque vous faites une intervention, lorsque vous procédez à une manœuvre pour ensuite prêter attention à votre vécu sensoriel et observer la réponse que vous obtenez, vous découvrez que *toute réponse est valable et utile*. Il n'y a ni bonnes ni mauvaises réponses. Toute réponse est une bonne réponse lorsque vous vous en servez à l'étape suivante du procédé. Vous échouez seulement lorsque vous abandonnez la partie et refusez de consacrer le temps nécessaire à la démarche. Vous pourriez bien sûr faire cent fois la même chose et encaisser par conséquent maintes et maintes fois le même échec !

Cesser d'employer les moyens inefficaces

Je pense que vous devriez tous être informés d'une étude qui a été faite il y a quelque temps. Le tiers des sujets était en thérapie, un autre tiers était sur une liste d'attente et le dernier tiers regardait des films de séances de thérapie. Les sujets qui étaient sur la liste d'attente se sont améliorés autant que les autres sujets ! Cette conclusion nous donne des informations sur le projet de recherche et c'est tout ! On m'a présenté cette découverte en me disant qu'elle nous informait sur l'espèce humaine. Lorsque j'ai dit que cette découverte était une preuve de l'incompétence des thérapeutes qui avaient participé à ce projet de recherche, mes interlocuteurs m'ont dit qu'ils n'avaient jamais pensé à cette idée et qu'il s'agissait là d'une hypothèse valable.

Avant de travailler dans le domaine de la psychologie, j'étais mathématicien. Lorsque j'ai abordé la psychologie, je me suis tout d'abord rendu compte que les interventions et les approches des thérapeutes ne produisaient pas de résultats, du moins chez les patients qui étaient encore hospitalisés, ou chez les clients qui étaient encore en thérapie. Les autres étaient rentrés chez eux ! J'ai alors conclu tout simplement que *je ne voulais pas faire* la même chose qu'eux pour essayer d'aider mes clients. Certaines choses ne valaient pas la peine d'être apprises : ce qu'ils faisaient et qui ne produisait pas de résultats.

J'ai rencontré mon premier client dans le cabinet de consultation d'une thérapeute. Je suis entré et durant une heure j'ai observé une thérapeute travailler avec un jeune homme. Elle était très chaleureuse, très empathique et très sympathique à l'égard de son client qui lui parlait de ses problèmes familiaux. Il lui disait : « Écoutez, ma femme et moi, nous ne nous rencontrions presque jamais à un moment donné ; la situation était devenue insupportable. Mes besoins existaient toujours et ils étaient très pressants. Alors, j'ai eu une aventure. » Elle lui a répondu : « Je comprends que vous ayez fait cela. » Et ils ont poursuivi sur le même ton une heure durant.

Faire face

Après une heure, elle m'a regardé et elle m'a demandé : « Voudriez-vous ajouter quelque chose ? » Je me suis levé, j'ai regardé le jeune homme et je lui ai dit : « Je voudrais vous dire que je n'ai jamais rencontré un individu plus moche que vous ! Vous sautez dans le lit d'une autre femme à l'insu de votre épouse et vous venez vous lamenter ici et pleurer dans les bras de cette thérapeute. Vous n'arriverez à rien de cette façon. Vous changerez et cesserez d'être aussi misérable à la seule condition que vous vous preniez en mains, que vous vous donniez un bon coup de pied au cul et que vous alliez parler à votre femme de l'attitude que vous désirez qu'elle ait à votre égard. Expliquez-lui très clairement ce que vous voulez pour qu'elle sache précisément quels gestes poser. Si vous ne lui en parlez pas vous serez aussi misérable qu'en ce moment pour le reste de vos jours et *personne* ne pourra vous aider. » Mon intervention était tout à fait contraire à celle de la thérapeute. Il était désarmé, complètement désarmé. Il s'en est allé, il est rentré chez lui et il a résolu son problème avec son épouse. Il a fait tout ce que je lui avais dit de faire et il est ensuite entré en communication avec moi pour me dire qu'il avait vécu l'expérience la plus importante de sa vie.

De son côté, la thérapeute m'a totalement convaincu que j'avais fait une très mauvaise intervention ! Elle m'a expliqué tous les principes fondamentaux de la thérapie et m'a prouvé l'inefficacité de mon intervention.

Sortir des sentiers battus

Un participant : Pourtant, elle ne vous a pas empêché de faire votre intervention !

Elle *ne pouvait pas* m'en empêcher ! Elle était stupéfaite ! Et elle avait bien raison de l'être. Mon intervention ne l'aurait pas aidée, elle. C'était pourtant *la* meilleure chose à faire pour aider ce jeune homme. À tout le moins, mon intervention était à l'opposé de tout ce qu'elle avait fait jusqu'alors. En soi, mon intervention n'était pas plus efficace que les siennes ; elle était plus appropriée dans cette situation puisque tout ce que la thérapeute avait fait n'avait rien changé. Le comportement de cette thérapeute n'avait aucune flexibilité. Elle faisait la seule chose qu'elle pouvait faire. Elle ne pouvait pas faire de la thérapie gestaltiste parce qu'elle ne pouvait engueuler personne. Elle n'avait pas cette option. Elle était tellement gentille ! Je suis convaincu que certaines personnes n'ont jamais fait l'expérience de ce contact *chaleureux* et sont influencées par l'attitude de cette thérapeute qui leur offre de vivre une expérience toute nouvelle. Cette approche ne les aiderait cependant pas à opérer les changements précis qu'elles désirent effectuer durant leur thérapie.

L'illusion du contrôle conscient

Une participante : Mon partenaire et moi avons demandé à notre conscient : « Acceptes-tu de ne rien saboter, de ne pas essayer de... »

Oh, vous présupposiez donc que le conscient peut vous saboter ! Vous pourriez ignorer totalement votre conscient. Il ne peut pas saboter l'inconscient. Il ne peut pas saboter l'option originale dont il ne veut plus, et il ne pourra pas saboter les nouvelles options non plus.

Lorsque vous vous recadrez, vous offrez la variété requise à votre inconscient. Avant que vous ne fassiez votre démarche, votre conscient avait une seule option de comportement lui permettant d'atteindre son objectif. À la suite de votre démarche, il en a au moins quatre, les trois nouvelles et l'ancienne. Et le conscient n'a encore aucune nouvelle option. Pensez à la loi de la variété requise et dites-moi qui sera à la barre. Celui qui avait le contrôle avant que vous ne veniez ici, et il ne s'agit évidemment pas de votre conscient.

Certaines gens éprouvent le besoin d'avoir l'illusion que leur conscient contrôle leur comportement. C'est un type de démence qui afflige un grand nombre de professeurs d'université, de psychiatres et d'avocats. Ils croient qu'ils mènent leur vie consciemment. Ceux qui partagent cette conviction peuvent faire une expérience. La prochaine fois qu'on vous tendra la main, je voudrais que consciemment vous ne tendiez *pas* la main, vous verrez bien si votre bras se lève ou non. Je parie que votre conscient se rendra compte que c'est le moment d'intervenir et d'interrompre votre comportement lorsque vous aurez déjà le bras à mi-chemin. Et ceci vous indiquera clairement qui est à la barre.

Chapitre XVIII

TRANSFORMER UN DÉSAVANTAGE EN AVANTAGE

Le recadrage de groupe

Un participant : Peut-on employer ce procédé en groupe ?
J'espère que vous avez remarqué notre façon de l'employer ici ! Lorsque vous vous recadrez, votre client fait soixante-dix à quatre-vingts pour cent du travail seul pendant que vous attendez seul qu'il vous réponde. Durant ce temps, vous pourriez mettre un autre client en route. Richard et moi avions l'habitude de travailler avec chacun dix à quinze personnes à la fois. Un seul facteur peut limiter le nombre de personnes avec lesquelles vous travaillez simultanément : il s'agit de la quantité de données sensorielles dont vous pouvez tenir compte à la fois. Votre limite, c'est le niveau de raffinement de votre appareil de perception des données sensorielles.

Je connais un homme qui applique ces procédés en groupe ; tous les participants procèdent ensemble étape par étape. « Chacun identifie une forme de comportement. Chacun se retire dans son for intérieur. Qu'avez-vous découvert ? » « J'ai entendu des sons. » « Augmentez-en le volume. Qu'avez-vous découvert ? » « J'ai perçu une image. » « Votre image devient plus lumineuse. » Et les autres attendent. C'est une autre façon de procéder et vous pourriez facilement le faire avec un groupe homogène.

Recadrer un cancer

Un participant : Je suis curieux. Avez-vous déjà employé cette approche pour aider quelqu'un qui souffrait d'un cancer ? Il se serait retiré dans son for intérieur et il aurait communiqué avec le côté responsable du cancer ?

Oui. J'ai été consultant chez les docteurs Simontons. J'avais alors six clients qui avaient un cancer incurable. Nous avons travaillé en groupe et cela a très bien fonctionné. Je pouvais travailler de cette façon parce que j'avais suffisamment d'expérience au niveau sensoriel et parce que le groupe était très homogène. Les Simontons provoquent de bonnes réactions et *ils n'emploient pas la visualisation*. Autant que je sache, il n'y a aucune limite lorsque vous ajoutez tous les systèmes de représentation à leur approche. Je voudrais bien en connaître les limites. Et le meilleur moyen d'obtenir réponse à cette question, c'est de présumer que je peux faire tout ce que je veux et d'agir.

L'un de nos étudiants a aidé un client à se guérir totalement de son cancer. Et il a une autre plume à son chapeau, qui me fascine encore davantage : en moins de deux semaines, l'une de ses clientes a éliminé un kyste qu'elle avait sur un ovaire et qui était aussi gros qu'une orange. Dans le monde de la médecine, on croit que personne ne peut se guérir de cette façon. Pourtant, cette femme soutient qu'elle possède toutes les radiographies dont elle aurait besoin pour prouver qu'elle a bien raison.

Réorienter la pensée médicale

Je voudrais dire à ceux qui ont fait des études médicales que vos professeurs vous ont rendu un mauvais service. Je m'explique. Le mode de pensée médical repose sur une démarche scientifique. En sciences, on raisonne comme suit : « Dans une situation complexe, pour comprendre scientifiquement les phénomènes qui se produisent, vous devez contrôler toutes les variables moins une. Ensuite, vous changez la valeur de cette variable et vous observez les changements qui s'opèrent dans le système. » À mon avis, il s'agit là d'un excellent moyen d'identifier des phénomènes de cause à effet dans l'univers de l'expérimentation. Par contre, je crois qu'il est contre-indiqué d'employer un tel procédé pour communiquer avec un autre être humain qui désire changer. Au lieu de chercher à contrôler tous les comportements de votre interlocuteur, vous modifiez le vôtre au petit bonheur ; vous faites tout ce que vous avez besoin de faire pour provoquer la réaction que vous désirez obtenir.

Dans le monde de la médecine, une foule de gens acceptent depuis très longtemps le fait que les êtres humains « peuvent se rendre malades » à l'aide de leurs pouvoirs psychologiques. Ils savent que les mécanismes cognitifs psychologiques peuvent créer une maladie et qu'on peut guérir quelqu'un à l'aide d'un remède factice. Cependant, dans notre culture, on n'exploite toujours pas ces connaissances de façon profitable. Le recadrage est un moyen d'entreprendre cette démarche.

Recadrer des symptômes psychosomatiques

Le recadrage est le remède par excellence à prescrire à tout individu qui a des symptômes psychosomatiques, quels qu'ils soient. Vous pouvez présumer que tout symptôme physiologique est un symptôme psychosomatique et procéder au recadrage après avoir vérifié que votre client a épuisé toutes les ressources médicales. Nous présumons que toutes les maladies sont psychosomatiques. Nous *doutons* par contre que ce soit la vérité. Il n'en demeure pas moins que si nous faisions comme si c'était vrai, nous pourrions intervenir de façon appropriée et efficace auprès des gens qui ont des problèmes dont les médecins ne reconnaissent pas la nature psychosomatique. Nous avons travaillé avec des aphasiques, des paralysés d'origine organique, c'est-à-dire des gens dont le dossier médical indiquait que leur paralysie n'était pas hystérique, et nous avons très souvent provoqué des modifications de comportement. Vous pourriez dire que ces gens-là prétendaient qu'ils avaient changé ; en tout cas, en ce qui me concerne, je suis satisfait s'ils savent prétendre avec assurance jusqu'à la fin de leurs jours qu'ils ont changé. C'est tout ce que je leur demande.

La « vérité » de l'« efficacité »

Nous ne cherchons pas à découvrir *la vérité*. Nous voulons découvrir un système de valeurs qui soit utile aux professionnels de la communication. Admettons que vous soyez médecin et que quelqu'un vienne vous voir parce qu'il s'est fracturé le bras ; je crois que vous devriez logiquement remettre ses os en place et éviter de jouer au philosophe. Admettons maintenant que vous soyez un professionnel de la communication ; vous commettriez une grave erreur si vous empruntiez le modèle médical pour créer des changements psychologiques. Ce n'est tout simplement pas une bonne façon d'aborder le problème.

Je crois qu'un jour on découvrira fort probablement un remède à la schizophrénie et à la névrose ; je ne crois pas par contre que ces remèdes devront être pharmaceutiques. Malgré cela ils le seront sans doute parce que les programmes de formation offerts ont engendré un nombre inestimable de psychothérapeutes incompétents. Les thérapeutes n'obtiennent tout simplement pas de résultats. Quelques-uns réussissent à en obtenir, mais leur approche ne se répand pas à un rythme assez rapide. À mon avis, c'est l'un de nos rôles : formuler nos informations de sorte que les gens les comprennent facilement et qu'elles puissent être communiquées rapidement partout.

Traiter l'alcoolisme comme un trouble psychosomatique

Nous abordons aussi le problème de l'alcoolisme de cette façon : il s'agit d'un processus psychosomatique. Et les allergies, et les maux de tête, et les douleurs imaginaires à un membre. L'alcool est une ancre au même titre que toutes les autres drogues. En fait, l'alcoolique se sert de son alcoolisme pour vous dire : « J'ai un seul moyen de vivre certains types d'expériences que je trouve importantes et positives en ma qualité d'être humain : passer de bons moments avec mes amis, fuir certains processus conscients, et le reste ; et ce moyen, c'est une ancre qu'on appelle l'alcool. » Tant et aussi longtemps qu'un autre comportement ne viendra pas lui offrir cet avantage secondaire, l'alcoolique retournera à son ancre, l'alcool. Le traitement de l'alcoolisme comporte donc deux étapes. La première consiste à découvrir une activité qui procurera à la personne qui en souffre son avantage secondaire : une activité qui lui permettra de passer de bons moments avec ses amis sans avoir besoin de consommer de l'alcool. Vous devez identifier très précisément son besoin, lequel varie d'un alcoolique à l'autre.

Lorsque vous lui avez offert des moyens d'obtenir efficacement son avantage secondaire sans éprouver le besoin de consommer de l'alcool, vous associez une ancre à un stimulus de remplacement pour qu'il ne soit pas obligé de passer au stade de l'alcool pour vivre les expériences qu'il désire vivre. Nous avons traité certains alcooliques en une seule séance et ils vont très bien ; il nous suffit de procéder soigneusement à ces deux étapes du processus.

Un participant : Présumez-vous parfois qu'un individu peut vous communiquer consciemment son avantage secondaire ?

Jamais ! Nous présumons toujours qu'il ne peut pas le faire.

Le recadrage comme stratégie de changement

Le recadrage en six étapes dont nous vous avons fait la démonstration comporte certains avantages que nous avons mentionnés. Cette formule permet par exemple à l'individu de développer un programme qu'il peut appliquer seul un peu plus tard pour modifier un autre aspect de son existence.

Vous pouvez aussi aborder cette question du point de vue behavioriste. En fait, c'est une stratégie de thérapie behavioriste au même titre que tout ce que nous avons fait ici. Habituellement, le thérapeute assume la responsabilité d'adopter des comportements verbaux et non verbaux visant à provoquer une réaction chez son client, à lui permettre l'accès direct aux ressources de ses divers côtés et à entrer en communication avec ces côtés. Et habituellement, en thérapie, le client devient ses divers côtés. Il pleure, se met en colère, est heureux, exalté, etc. Par l'entremise de toutes ses voies de communication, il démontre qu'il a modifié son état de conscience et qu'il est devenu le côté avec lequel je veux entrer en communication.

Lorsque nous recadrons, nous ajoutons une étape préalable au processus ; nous demandons à notre client de se créer un côté qui assumera la responsabilité d'établir et d'alimenter un système de communication intérieure efficace entre ses divers côtés. On pourrait par contre se servir de la même formule en six étapes pour élaborer d'autres types d'interventions thérapeuthiques plus traditionnelles. La première étape du processus, l'identification de la tendance à changer, correspond à une question que les thérapeutes traditionnels posent : « Que voudriez-vous changer aujourd'hui ? » Et le thérapeute tente d'obtenir une réponse conséquente.

Entrer en contact avec le côté caché de l'autre

En thérapie traditionnelle, il existe plusieurs moyens d'entrer en communication avec un côté du client ; il vous suffit de faire preuve de souplesse. Vous pouvez jouer le jeu des polarités par exemple. Admettons que je sois en présence d'un client très déprimé. Pour entrer en communication avec le côté qui est vraiment déprimé, je pourrais m'adresser directement à lui. Et si je voulais entrer en communication avec le côté de mon client qui ne veut pas qu'il se sente déprimé, je pourrais lui dire : « Sapristi, vous êtes vraiment démoralisant ! Je n'ai jamais rencontré un individu aussi démoralisant que vous. Je parie que vous avez toujours été déprimé. C'est la seule expérience que vous ayez jamais vécue. Vous n'en avez jamais vécu d'autres.

— Je ne dirais pas toujours, mais depuis que…

— Ah non ! Je suis convaincu que vous vous êtes toujours senti déprimé.

— Non, pas toujours, la semaine dernière, j'ai eu une heure de calme… »

Autrement dit, j'exagérerais la situation que mon client m'a présentée et, si j'étais conséquent, je provoquerais une réaction de polarité. Au moment où mon client recouvrerait l'autre pôle, je lui donnerais immédiatement une ancre.

Préparer le terrain

Une participante : Je sais qu'une cliente me répondra : « C'est ridicule. Je refuse de faire cela ! »

Très bien. Et puis ?

La même participante : Riez-vous ? Ou est-ce que, vous savez…

Non. Et, disons-le en passant, personne ne m'a jamais donné cette réponse. Peut-être parce que je fais beaucoup de « préparatifs » avant de commencer à recadrer. Je fais beaucoup d'accompagnement, d'appariement et de reflet. Vous pourriez donc conclure que vous n'avez pas suffisamment préparé votre cliente.

Communiquer au-delà de la parole

Vous pourriez aussi conclure que vous avez accès au côté avec lequel vous avez besoin d'entrer en communication. Son comportement vous transmet un message et sa communication verbale vous en transmet un autre. Si vous acceptiez que le côté qui serait alors à l'œuvre, celui qui vous dirait que votre suggestion est ridicule, était en fait le côté avec lequel vous aviez besoin d'entrer en communication, vous emploieriez un autre procédé que le recadrage en six étapes. Vous retourneriez immédiatement à la thérapie traditionnelle puisque vous seriez déjà en communication avec ce côté. Vous tendriez le bras à votre cliente et associeriez une ancre à sa réaction, comme nous vous l'avons expliqué plus tôt. Cette ancre vous permettrait de retrouver ce côté chaque fois que vous auriez besoin de lui. Et cette réaction est très utile en thérapie traditionnelle.

Soutenir le pouvoir inconscient

Que vous adoptiez le procédé en six étapes ou une approche thérapeutique plus traditionnelle comme celle que je vous ai décrite il y a quelques instants, vous auriez déjà établi une voie de communication. Et vous devriez alors tenir compte d'un facteur important : vous n'accepteriez pas les interprétations du conscient de votre cliente ; vous ne vous contenteriez que des comptes rendus objectifs. Si vous acceptiez les interprétations, vous auriez encore une fois le même problème qu'auparavant : la communication, entre ses perceptions conscientes et l'objectif de son inconscient, entrerait en contradiction. Si vous preniez parti, vous perdriez, sauf si vous preniez parti pour l'inconscient, parce que l'inconscient gagne toujours de toute façon.

Si votre cliente refusait catégoriquement de sonder son côté inconscient, vous pourriez lui dire ceci : « Écoutez, je vous garantis que le côté que votre conscient attaque, le côté qui réussit toujours à vous faire faire X, vous rend un service de grande valeur. Je l'aiderai à se défendre contre votre conscient jusqu'à ce qu'il ait trouvé des formes de comportement plus efficaces que votre tendance actuelle et jusqu'à ce que je sois satisfait. » Votre cliente pourrait alors très difficilement vous opposer de la résistance. C'est ce que l'expérience m'a appris.

Reconnaître les motifs et avantages de sa colère

La troisième étape correspond à la composante principale de la thérapie familiale. Admettons que votre père se mette très facilement en colère. Virginia Satir lui permettrait d'exprimer librement sa colère et elle lui dirait ensuite : « Permettez-moi de vous signaler qu'au cours de mes très nombreuses années d'expérience en thérapie familiale, j'ai rencontré une foule de gens qui étaient en colère, et une foule de gens qui pouvaient l'exprimer. À mon avis, il est important que tout être humain sache exprimer ce qu'il vit dans son for intérieur, qu'il soit heureux ou qu'il soit en colère comme vous. Je veux vous féliciter et j'espère que tous les autres membres de la famille ont cette option. » Elle accompagnerait le vécu de son client : « Acceptez, acceptez, acceptez. » Et elle irait immédiatement se placer tout près du père et lui dirait : « Seriez-vous prêt à me parler de vos sentiments de solitude et de douleur qui sont sous-jacents à votre colère ? »

Il y a d'autres types de recadrage behavioriste. Vous pourriez dire à votre client : « Exprimez-vous votre colère de cette façon face à n'importe qui ? Engueulez-vous votre mécanicien ? Essayez-vous de communiquer à votre épouse que ce qu'elle fait vous importe ? Est-ce là le motif de votre colère ? Autrement dit, j'ai remarqué que vous ne vous mettiez pas en colère contre les gens que vous n'aimez pas. Votre colère est donc un message d'affection. Saviez-vous que c'était sa façon à ce côté de vous montrer qu'il vous aime ? »

« Maintenant que vous le savez, que ressentez-vous ? » Avez-vous déjà entendu Virginia Satir prononcer cette phrase ?

C'est une question bizarre, qui ne comporte aucune signification. C'est par contre une question très efficace ! C'est là un autre exemple de recadrage behavioriste. Même principe. Une seule différence : on tient compte du contenu.

Inverser les présuppositions négatives

Carl Whittaker utilise un procédé de recadrage très intéressant qui lui est propre. Le mari se plaint et lui dit : « Personne ne s'occupe de moi depuis dix ans. Je fais tout moi-même ; j'ai été obligé d'apprendre à prendre soin de moi. Personne n'a d'égards envers moi. » Et Carl Whittaker lui répond : « Dieu soit loué ! Vous avez appris à vous tenir sur vos deux jambes. Je respecte beaucoup les hommes qui savent se tenir debout sur leurs deux jambes. N'êtes-vous pas content de cette réalisation personnelle ? » Il s'agit là d'une façon behavioriste de recadrer. Si un client lui disait : « Écoutez, je ne suis vraiment pas le mari parfait », il lui répondrait : « Dieu soit loué ! Je me sens si soulagé ! J'ai rencontré trois maris parfaits cette semaine et sapristi, je vous le dis, *ils étaient terriblement moches !* » Il inverse la présupposition que son client lui communique.

Canaliser les ressources d'un groupe

Nous avons commencé à énoncer le procédé de recadrage en observant Virginia Satir faire de la thérapie familiale. Nous l'avons aussi appliqué aux prises de décision en groupe, chose qu'on avait déjà commencé à faire il y a plusieurs années avec la mise en commun des idées du groupe.

Dans un tel partage des idées, du moins comme je le comprends, les participants évitent de passer les jugements qu'ils posent habituellement. On explique d'ailleurs cette règle à tous les participants. Ils peuvent faire des associations libres d'idées sans juger de la valeur ni de la qualité de ces idées. Lorsque les participants respectent vraiment les règles de la mise en commun, ils découvrent beaucoup plus d'idées que lorsqu'ils emploient n'importe quel autre procédé de travail de groupe.

Ce procédé repose sur un principe fondamental : les participants font une distinction très précise entre les *résultats*, c'est-à-dire l'usage qu'ils feront de leurs idées, et le *processus* de découverte des idées en collaboration avec d'autres êtres humains. Le recadrage repose sur ce même principe que nous avons tout simplement généralisé.

J'ai remarqué à maintes et maintes reprises qu'en situation de travail d'équipe, de thérapie de groupe ou de thérapie familiale, plusieurs membres d'un système veulent atteindre le même objectif. Ils commencent à discuter des caractéristiques ou des dimensions de cet état de fait futur, de ses avantages ou désavantages, et les autres personnes que le processus thérapeutique concerne se sentent alors obligées de leur expliquer qu'il existe certaines contraintes dans le groupe qui les empêcheront à coup sûr d'atteindre cet objectif.

Orienter le travail dans le temps

Il manque à ces personnes un élément : une perspective temporelle. Elles ont en effet raison. Certaines contraintes de groupe ou certaines contraintes familiales les empêchent concrètement d'adopter ce nouveau comportement dans l'*immédiat*. Lorsque vous faites de la consultation auprès d'un groupe ou d'une famille, vous pouvez enseigner aux personnes impliquées à faire la distinction entre leurs réactions qui sont conformes avec la description de la situation *future*, et leurs réactions qui reflètent la situation *actuelle*. Grâce à cette distinction, vous pourrez éliminer quatre-vingt-quinze pour cent des disputes qui éclatent très souvent durant les réunions de planification. Vous convaincrez les membres du groupe qu'ils doivent se sentir tout à fait libres de se limiter à la discussion d'une situation future, d'une situation souhaitée, à des suggestions qui n'ont rien à voir avec la situation actuelle. C'est là une façon de distinguer certaines dimensions de l'expérience, d'exploiter chacune efficacement et de les réintégrer un peu plus tard au système.

Exploiter une tendance à critiquer

Vous aurez également besoin d'un modérateur. Je suis certain que vous avez tous déjà vécu l'expérience suivante. Vous assistez à une réunion d'équipe ou à une rencontre familiale, et quoi qu'un participant dise, une autre personne le critique immanquablement. Quelle que soit la suggestion faite, quelqu'un croit que son rôle de membre du groupe consiste à faire de lui l'avocat du diable. Cette intervention peut être très profitable, comme elle peut être très nuisible. À quels procédés pourriez-vous alors avoir recours ? Quelqu'un peut-il nous proposer une intervention qui pourrait être efficace dans une telle situation ?

Une participante : Vous pourriez lui suggérer d'exagérer, de critiquer encore davantage.

Vous pouvez employer le truc de la Gestalt : exagérer. Quels résultats obtenez-vous habituellement ?

La même participante : Il arrête de le faire.

Formuler un symptôme

Il arrête de le faire. C'est une excellente approche de transfert. Cette participante emploierait l'un des trois procédés propres aux tenants de la thérapie rapide ; le procédé de *formulation du symptôme*. Lorsqu'une personne qui veut maigrir consulte Milton Erickson, il lui demande d'*engraisser* très exactement de cinq kilos au cours des deux semaines suivantes. Vous direz peut-être que son comportement est tout à fait irrationnel, mais peu importe puisque cette intervention s'avère très efficace. De deux choses l'une : soit que son client maigrisse, par réaction de polarité, obtenant ainsi le résultat désiré, soit que son client engraisse de *cinq* kilos. Et les clients qui engraissent, n'engraissent pas de quatre kilos et demi ni de cinq kilos et demi ; ils engraissent très exactement de cinq kilos. Et comme ils ont pu faire cela très précisément, Milton Erickson présume qu'ils peuvent contrôler leur poids. Que les clients maigrissent ou engraissent, ils sont en état de déséquilibre, ils ne sont plus stables. Je n'ai d'ailleurs jamais entendu parler d'une personne qui ait été vraiment stable. Il se produit toujours quelque chose. C'est ce que Salvador Minuchin fait lorsqu'il devient l'allié d'un membre de la famille : il met le système en déséquilibre. C'est là un excellent exemple d'application d'un procédé thérapeutique dans une situation de groupe.

Intégrer l'objecteur aux habitudes du groupe

Je vous donnerai un autre exemple d'exploitation d'une tendance. Dès que vous vous rendez compte que le comportement de remise en question est nuisible, vous interrompez et vous dites aux participants : « Écoutez, j'ai découvert qu'il est parfois utile de confier une tâche précise à chaque membre d'un groupe. De nombreux groupes ont fait appel à mes services de consultant et j'ai beaucoup travaillé avec des organismes. J'ai découvert que c'est une excellente façon d'organiser une réunion. Un membre du groupe prend les suggestions en note, et ainsi de suite. » Et vous confiez alors la tâche de remettre les idées en question à la personne que vous avez interrompue plus tôt. Lorsqu'un membre soumet une proposition en bonne et due forme au groupe, ou lorsque plusieurs idées ont été émises, cette personne les remet en question. Vous pouvez expliquer aux participants que la remise en question des propositions obligera ceux qui les soumettent à les raffiner de plus en plus jusqu'à ce qu'ils en arrivent à une formulation logique et adéquate. Et vous aurez alors donné une formulation du symptôme et vous l'aurez aussi fait passer dans les habitudes du groupe. Un jour, je me suis contenté de faire une formulation du symptôme et lors de la rencontre subséquente de ce groupe, le même problème a fait surface ; j'ai donc dû répéter le procédé. Pour être certain que vous ne serez pas obligé de faire cette même intervention à maintes reprises, vous faites passer votre formulation dans les habitudes du groupe, c'est-à-dire que vous confiez officiellement le rôle d'objecteur à cette personne.

Le judo psychologique

Tout compte fait, vous contrôlez ainsi le comportement en question. Vous pouvez orienter les interventions de l'objecteur. C'est là une façon d'exploiter la situation. Vous ne tentez pas d'éliminer le comportement problème, vous l'exploitez. Exprimé par une métaphore, ceci devient : je ne me bats jamais contre l'énergie qu'on me présente ni contre un côté quelconque d'un individu. Je l'accepte et en tire profit. L'exploitation de cette situation est le pendant psychologique des arts martiaux orientaux, l'aïkido et le judo par exemple. C'est une stratégie d'arts martiaux psychologiques. Vous acceptez toutes les réactions et toutes les réponses et vous les exploitez ; vous ne vous battez jamais contre elles ni ne les réfutez. À une exception près. Si votre client vous parle de son problème en vous disant qu'il marche sur les pieds de tout le monde, vous le brusquerez étant donné que son problème implique la tendance qu'il utilise : il obtient finalement ce qu'il veut. Mais il y a un paradoxe puisque s'il obtenait vraiment ce qu'il désirait, il ne serait pas dans votre cabinet de consultation.

Admettons que Jean soumette une proposition et que j'aie confié le rôle d'objecteur à Charles. Lorsque Charles interromprait Jean, je lui dirais : « Excellent ! Excellent travail, Charles ! Maintenant, écoutez-moi bien. Je voudrais que vous vous rendiez bien compte que nous n'avons pas encore permis à Jean de bien tendre le piège dans lequel il tombera. Permettez-lui d'élaborer la proposition ; les autres lui feront part de leurs réactions puis je vous ferai signe d'intervenir. D'accord ? » Je lui transmettrais donc essentiellement le message suivant : « Oui, mais pas tout de suite. »

Changer un système de l'intérieur

Une participante : Cette approche donne des résultats lorsque vous êtes un consultant qu'on a embauché, un consultant de l'extérieur. Que se passe-t-il lorsque vous faites déjà partie du système ?

Lorsque vous êtes un consultant de l'intérieur, ou lorsque vous faites déjà partie du système et que vous êtes sur le même pied que les autres, si vous intervenez et faites une proposition, vous risquez de provoquer les autres membres du groupe à vous en vouloir et à vous opposer de la résistance. Vous devrez donc articuler très soigneusement votre intervention. Vous pourriez leur dire que quelqu'un vous a soumis cette proposition et que vous croyez qu'elle pourrait être utile à tous les membres du groupe. Vous pourriez avoir recours à une métaphore et leur dire : « La semaine dernière, j'ai passé une soirée fascinante en compagnie d'un consultant en développement organisationnel ; il travaille pour de grandes sociétés. J'ai assisté à une soirée d'information et le conférencier nous a dit... » Et vous leur faites alors part de toutes les informations que je vous ai données il y a quelques minutes. Si votre message est conséquent, ils accepteront votre proposition. Vous pourriez aussi leur suggérer de mettre cette idée à l'épreuve pour déterminer à quel point elle les aiderait concrètement. Vous pourriez leur proposer d'en faire l'expérience pendant deux heures. Si ça marchait, ils poursuivraient, et si ça ne marchait pas, vous n'y auriez rien perdu, et vous ne voudriez pas continuer à vous en servir.

Utiliser efficacement l'opposition

Je voudrais souligner que les discussions d'idées opposées représentent l'énergie qui alimente la vie de toute équipe de travail, à la condition qu'elles se déroulent dans une atmosphère bien particulière. Vous devez encadrer le processus d'argumentation pour que les disputes, c'est-à-dire les discussions de propositions contraires, représentent essentiellement divers moyens d'atteindre un objectif que tous les membres du groupe ont déjà accepté.

Voici un exemple qui comporte un contenu. Georges et Henri travaillent pour la même entreprise ; chacun détient la moitié des actions de l'entreprise. Ils font appel à mes services de consultant en développement organisationnel. Nous nous réunissons et Henri nous dit : « Nous devons absolument nous développer. De deux choses l'une : l'entreprise croît ou elle meurt. Autrement dit, cette année, nous devons ouvrir un bureau à Bruxelles, un autre à Genève et un troisième à Québec. » De son côté, Georges nous dit : « Écoute, Henri, tu sais comme moi que l'année dernière nous avons ouvert un bureau à Paris et un bureau à Montréal avec très peu de capitaux. Nous savons aussi que ces deux bureaux ne sont pas encore rentables au point de subvenir à leurs propres besoins. La situation est encore précaire : le commerce est plus ou moins rentable. Je ne suis pas prêt à ouvrir ces trois autres bureaux, je n'ai pas suffisamment confiance. Devrons-nous discuter de cela plusieurs fois encore ? »

Recadrer les divergences au sujet de l'objectif commun

Ces deux personnes diffèrent d'opinion au niveau du contenu ; elles ne s'entendent pas sur la prochaine étape du développement de leur entreprise. Une stratégie produit toujours d'excellents résultats dans une telle situation : il s'agit de recadrer les deux réactions présentées, en faire deux moyens d'atteindre un objectif que les deux personnes concernées jugent acceptable. Vous devez donc tout d'abord identifier l'objectif commun, définir le cadre de travail. Vous leur enseignez ensuite à débattre efficacement leurs propositions parce qu'ils savent que celles-ci représentent deux moyens d'atteindre l'objectif qu'ils partagent.

Voici ce que je leur dirais : « Écoutez, je voudrais vous interrompre et m'assurer que je vous ai bien compris tous les deux. Henri, vous voulez ouvrir d'autres bureaux parce que vous voulez que votre entreprise croisse et vous rapporte davantage. Exact ? » Je regarderais ensuite Georges et je lui dirais : « Georges, si je vous ai bien compris, vous ne voulez pas ouvrir les autres bureaux tout de suite ; vous croyez que les bureaux de Paris et de Montréal ne sont pas encore assez rentables et vous voulez être certain que votre entreprise offre les services appropriés. Vous offrez un produit de bonne qualité et vous voulez maintenir ce niveau parce que s'il n'en était pas ainsi votre entreprise échouerait. » Et il me répondrait : « C'est bien évident ! Pourquoi me posez-vous une telle question ? » Et je poursuivrais : « D'accord, je crois que je vous ai bien compris. Vous êtes *tous les deux* d'accord sur un point : vous voulez ouvrir d'autres bureaux tout en continuant d'offrir un produit de haute qualité. » Et ils me répondraient tous les deux : « Bien sûr ! » Et j'aurais obtenu l'entente dont j'avais besoin ; j'aurais défini le cadre de travail. Et j'ajouterais alors : « Très bien. Nous nous entendons au sujet de l'objectif à atteindre. Tentons maintenant de découvrir le moyen le plus efficace pour y parvenir. Georges, soumettez-nous une proposition précise et détaillée des critères qui vous permettront de déterminer que les bureaux de Paris et Montréal sont stables et offrent un produit d'une qualité satisfaisante, c'est-à-dire des critères qui vous permettront de décider que vous êtes prêts à utiliser vos ressources financières pour ouvrir d'autres bureaux. Henri, je voudrais que vous nous présentiez les arguments précis qui vous portent à croire que vous êtes maintenant prêts à ouvrir de nouveaux bureaux. Que voyez-vous ou qu'entendez-vous qui vous permette de croire que le moment est venu d'ouvrir un nouveau bureau à Bruxelles tout en maintenant le niveau de qualité des services que vous offrez ? »

Ancrer le point d'accord

En premier lieu, j'emploie un langage de généralisation pour définir le cadre de travail. Je lui associe ensuite une ancre solide : « *Vous êtes tous les deux d'accord* sur un point : l'objectif... » Puis je leur lance le défi de transposer au niveau du vécu sensoriel les deux propositions qui faisaient l'objet de leur dispute et sur lesquels maintenant ils s'entendent. Je demande à chacun d'identifier des preuves précises, des éléments démontrant que sa proposition permettra d'atteindre l'objectif commun plus efficacement que la proposition de l'autre. Leurs disputes pourraient ensuite vraiment s'avérer profitables. De mon côté, je contrôlerais l'emploi qu'ils feraient du langage et je m'assurerais qu'ils s'expriment clairement et précisément pour qu'ils puissent ensuite prendre une bonne décision. Vous pouvez toujours découvrir les arguments qui prouvent qu'une proposition serait plus efficace qu'une autre.

Créer le contexte de l'entente

Voici une stratégie qui permettra de faire la preuve de la supériorité de votre proposition. Vous écoutez les plaintes de A et de B. Vous vous demandez ensuite ceci : « Quel exemple me donnent-ils *tous les deux* ? Dans quel groupe ou quelle catégorie pourrais-je les classer ? Quel objectif commun désirent-ils atteindre ? Quel est l'objectif commun sous-jacent à ces deux propositions particulières ? » Lorsque vous l'avez découvert, vous les interrompez et leur présentez ce qui est irréfutable d'une façon ou d'une autre. Vous les amenez à conclure une entente de façon qu'ils puissent commencer à entrer en désaccord de façon profitable *dans* le contexte de leur entente.

Appliquer le même procédé à une personne ou un groupe

Cette démarche a les mêmes caractéristiques que le procédé en six étapes que j'ai employé pour aider Richard. Nous avons identifié un objectif que son conscient et son inconscient pouvaient accepter, un objectif qui pourrait rendre véritablement service à cet individu.

Henri et Georges sont maintenant d'accord : quelle que soit leur décision, qu'ils adoptent l'une ou l'autre des deux propositions ou une troisième option, ils visent tous les deux le même objectif, c'est-à-dire la croissance de leur entreprise. Je ne tiens pas compte des comportements eux-mêmes et j'agis pour aider les deux propriétaires de l'entreprise – ou les deux composantes d'un être humain – à atteindre l'objectif qu'ils partagent. Une fois cette entente conclue, il est très facile de modifier le comportement pour en trouver un qui permettra aux deux personnes impliquées d'obtenir les résultats qu'elles désirent.

Impliquer les observateurs

Lorsque plus de deux personnes sont impliquées, et c'est très souvent le cas, vous pouvez simplifier les choses et donner une structure à la discussion. Vous pouvez par exemple leur dire : « Écoutez, notre façon de discuter de cette situation me confond. Je voudrais vous proposer la structure selon laquelle tous les autres participants seront attentifs. La tâche des observateurs consistera à regarder les deux personnes qui feront une proposition, à les écouter très attentivement et à m'aider à identifier leur objectif commun. » Vous pouvez constituer des groupes de deux que vous aiderez à tour de rôle. Pendant que vous ferez cela, vous enseignerez évidemment aux observateurs à se servir de ce procédé.

Chapitre XIX

CHANGER SANS SOUFFRIR

Les gens ont de drôles d'idées au sujet du changement. Le changement est la seule constante que je puisse identifier si je me reporte à mes quelque trente années d'expérience. J'ai observé un phénomène bizarre parmi d'autres et j'ajouterai qu'il s'agit là d'un excellent exemple d'ancres naturelles : le changement et la souffrance sont intimement liés dans l'idée des gens, en particulier en Occident. Et ce rapprochement ne tient pas debout ! Il n'y a aucun lien intrinsèque entre changer et souffrir. Ai-je raison, Line ? Gisèle ? Richard ?

Les présuppositions des thérapeutes

Il y a un groupe d'êtres humains que vous devrez peut-être amener à souffrir pour les aider à changer : les thérapeutes. La grande majorité des thérapeutes croient, tant au niveau conscient qu'inconscient, que tout changement est par nature lent et douloureux. Je parie que durant nos expériences plusieurs personnes ici présentes se sont dit : « C'est trop simple et trop facile ; ça va trop vite. » Examinez les présuppositions qui sont à l'origine de ces réactions et vous découvrirez qu'elles sont liées à la souffrance, au temps, à l'argent, etc., et quelques-unes de ces questions financières sont importantes et valables. D'autres rapprochements sont insignifiants au même titre que celui qu'on a établi entre changer et souffrir. Il vaudrait donc peut-être la peine que vous examiniez vos convictions personnelles parce que ces idées feront inévitablement surface. Le ton de votre voix, vos gestes et votre hésitation lorsque vous vous pencherez vers votre client pour faire ce type de travail refléteront vos convictions.

Tous les procédés que nous vous présentons sont précis et efficaces. Ils représentent ce que vous avez absolument besoin de faire, quelle que soit la psychothéologie que vous ayez embrassée par le passé.

Deux façons d'échouer

Si vous décidez d'employer ces procédés et d'échouer, il n'en tient qu'à vous ! Voici deux excellents moyens d'échouer. Je crois que vous devez en être informé de façon que vous puissiez choisir de réussir ou d'échouer.

Vous pouvez échouer en étant tout à fait inflexible. Vous pouvez répéter avec précision les étapes des procédés dont nous vous avons fait la démonstration, faire ce que vous nous avez vu et entendu faire, sans être sensible au niveau sensoriel, sans vous occuper des réactions de votre client. Et vous échouerez, je vous le garantis. C'est la façon habituelle.

En deuxième lieu, vous pouvez échouer en étant inconséquent avec vous-même. Si un côté de vous est convaincu que vous ne pouvez pas guérir quelqu'un d'une phobie en trois minutes, cela se manifestera au niveau de vos messages non verbaux et tout ce que vous ferez ne donnera rien.

Toute théorie recouvre une maladie mentale

Toutes les approches psychothérapeutiques que je connais souffrent d'une véritable maladie mentale. Les tenants de chaque approche considèrent leur théorie comme leur chasse gardée. Ils refusent de croire qu'on peut créer quelque chose, en munir un client et l'amener de cette façon à changer. Ils ne se rendent pas compte que ce qu'ils croient a été inventé et reste tout à fait arbitraire. D'accord, leur approche suscite des réactions chez leurs clients et aide parfois à résoudre le problème examiné. Il existe par contre mille et une autres façons de procéder et mille et une autres réactions possibles.

En analyse transactionnelle par exemple, on emploie un procédé qui consiste à « se donner de nouveaux parents ». Le client accomplit cet acte en régressant dans le temps. Lorsqu'on se sert de ce procédé de façon appropriée, on obtient de bons résultats. Les tenants de l'analyse transactionnelle *croient* que les gens ont des problèmes *parce qu'ils* n'ont pas vécu certains types d'expériences lorsqu'ils étaient enfants, et qu'ils *doivent* par conséquent revenir en arrière pour les vivre s'ils espèrent changer. C'est là la théologie de l'analyse transactionnelle et ceux qui partagent cette conviction souffrent de la maladie mentale de l'analyse transactionnelle. Les tenants de cette approche ne se rendent pas compte que vous pouvez atteindre ce même objectif de mille et une autres façons et que certains procédés produisent les mêmes résultats bien plus rapidement que le leur.

Toute conviction devient un outil

Les convictions constituent à la fois un ensemble de ressources qui peuvent vous aider à atteindre un objectif déterminé et un ensemble de facteurs limitatifs qui ne vous permettent pas de tenter autre chose. Les systèmes de croyances personnelles gardent un usage valable : ils vous permettent une certaine harmonie. Et ce fait est très important : il amène les autres à croire en vous. Par contre, il engendre de nombreux facteurs limitatifs. Et *je* crois que vous vous découvrirez des facteurs limitatifs aussi bien dans votre vie personnelle qu'en thérapie. Vos clients deviendront des symboles de votre vie personnelle parce que vous commettez la lourde erreur de croire que vos perceptions constituent une description adéquate de la réalité.

Aller au-delà de ses croyances

Vous pouvez éviter de commettre cette erreur. Il vous suffit de ne pas croire en ce que vous faites. Vous pourrez alors faire des choses qui ne sont pas un reflet de « vous », de « votre univers », etc. Tout récemment, j'ai décidé que je voulais rédiger un volume intitulé : *Lorsque vous vous serez découvert vous-même, achetez ce volume et devenez quelqu'un d'autre.*

Si vous modifiez tout simplement vos convictions personnelles, vous vous découvrirez un nouvel ensemble de ressources et un nouvel ensemble de facteurs limitatifs. Il vaut sûrement mieux pouvoir se servir de plusieurs approches thérapeutiques que de pouvoir se servir d'une seule approche. Si vous croyez en l'une de ces approches, vous demeurerez limité de la même manière que chacune de ces approches est limitée.

Pour résoudre ce problème, vous pouvez modifier votre état de conscience et vous inventer des approches. Lorsque vous aurez compris que l'univers dans lequel vous vivez en ce moment est tout à fait imaginaire et factice, vous pourrez vous fabriquer d'autres univers.

Cerner ses états de conscience

Avant de parler d'états de conscience modifiés, nous devrons parler d'état de conscience. À ce moment précis, vous êtes conscient, vrai ou faux ?

Une participante : Je crois.

D'accord. Qu'est-ce qui vous permet de savoir que vous êtes consciente en ce moment ? Quels éléments de votre expérience vous amènent à croire que vous êtes dans votre état normal de conscience ? Je voudrais savoir quels sont les facteurs de votre état de conscience *actuel* qui vous permettent de savoir que vous êtes ici.

La même participante : Oh, j'entends votre voix.

Vous entendez ma voix ; vous avez donc des indices auditifs extérieurs. Est-ce que quelqu'un dialogue avec lui-même en ce moment dans son for intérieur ?

La même participante : Il y a peut-être des voix qui parlent dans mon for intérieur.

Y en a-t-il ? Lorsque vous m'écoutez parler, est-ce que quelqu'un d'autre parle ? C'est ce que je veux savoir. Pour vous permettre de répondre à ma question, je continuerai de vous parler.

La même participante : Je… oui.

S'agit-il d'une voix féminine, d'une voix masculine ou d'une voix neutre ?

La même participante : Une voix féminine.

D'accord. Votre expérience comporte donc des éléments auditifs intérieurs et extérieurs. C'est l'expérience de tous les gens qui font de l'analyse transactionnelle. Ils ont un « parent critique » qui leur dit : « Est-ce que je procède correctement ? » Les autres gens ne vivent pas ce même type d'expérience, jusqu'au jour où ils vont consulter un thérapeute qui recourt à l'analyse transactionnelle ; ils acquièrent alors un parent critique. C'est le service que l'analyse transactionnelle vous rend. D'accord, avez-vous autre chose ? Voyez-vous des images pendant que je vous parle ?

La même participante : Non, je vous vois, à l'extérieur de moi.

Bien. Votre expérience comporte des éléments visuels extérieurs. Vivez-vous quelque chose au niveau kinesthésique ?

La même participante : Il n'y avait rien mais maintenant que vous le mentionnez…

D'accord. Décrivez-moi ces éléments.

La même participante : Euh... j'ai la sensation que ma mâchoire est tendue.

Pour obtenir ces informations, je pourrais aussi vous poser cette autre question : « De quoi êtes-vous consciente ? » Et vous me décririez votre état de conscience à ce moment précis. Nous avons donc des données auditives, visuelles et kinesthésiques bien définies. Vous ne perceviez aucune odeur, vous n'aviez aucun goût dans la bouche, n'est-ce pas ?

La même participante : Non.

D'accord. J'avais l'impression que c'était cela.

Modifier ses états de conscience

Ma définition de la modification de votre état de conscience est la suivante : remplacer *ceci* par *une combinaison quelconque de ces éléments*. Par exemple, si vous entendiez ma voix sans entendre votre dialogue intérieur, vous seriez dans un état de conscience modifié parce qu'il s'agit de quelque chose que vous ne faites pas habituellement. La plupart du temps, lorsque quelqu'un parle, vous entretenez un dialogue intérieur. Et admettons qu'au lieu de voir les éléments extérieurs, vous voyiez des images intérieures précises, colorées et détaillées, vous seriez aussi dans un état de conscience modifié. Si vous voyez les lettres de l'alphabet ou des nombres, ou une orange, si vous vous voyez assis sur un divan la main sur une oreille en train de recouvrer des indices auditifs, et que vous fassiez un signe de tête...

Les sensations physiques de votre expérience sont kinesthésiques. La tension ressentie dans votre mâchoire est très différente des sensations que vous procurent un divan, la chaleur de votre main qui touche votre joue, la sensation de votre autre main qui vous touche la cuisse, les battements de votre cœur, le gonflement et l'affaissement de votre poitrine lorsque vous respirez profondément, votre poids, les différences d'intonations, l'accommodation de vos yeux sur un point précis, les clignements d'yeux continuels. Vous rendez-vous compte que votre état de conscience change ?

Voilà ce que j'appelle un état de conscience modifié. Pour modifier un état de conscience, vous identifiez tout d'abord les éléments dont votre interlocuteur est conscient et vous faites ensuite une intervention qui l'amène à prendre conscience *d'autres* éléments. Et lorsque vous avez créé un état de conscience modifié, vous pouvez faire des interventions visant à offrir de nouvelles options et de nouveaux choix à votre interlocuteur.

La même participante : Je crois qu'à ce moment-là j'étais consciente de ce qui se produisait et j'aurais pu en interrompre le processus si j'avais voulu, alors…

Mais, *vous ne l'avez pas interrompu.*

La même participante : C'est vrai ; mais je ne suis pas tout à fait d'accord quand vous dites que l'on peut modifier l'état de conscience de quelqu'un. Je ne suis toujours pas…

Modifier un état de conscience malgré la résistance

Ma foi, c'est un argument stupide au fond parce que seules les personnes qui *savent* ce que vous faites vous opposeront de la résistance. Et je peux amener une personne à entrer en transe en même temps qu'elle résiste. En effet, il me suffit de lui ordonner de faire quelque chose pour qu'elle fasse tout à fait le *contraire*. Et son état de conscience se modifiera immédiatement. Voulez-vous un exemple parfait de ce phénomène ? Pensez aux mères de famille qui disent à leurs enfants : « Cesse de rire. » Elles modifient l'état de conscience de leurs enfants en provoquant une réaction d'opposition. Et jusqu'au jour où ils acquièrent la variété requise, les enfants n'ont pas le choix.

Le plus souple l'emporte

Qui amène qui à faire quoi est une fonction de la variété requise. Si votre comportement est plus souple que celui de votre hypnotiseur, vous pouvez entrer en transe ou refuser d'entrer en transe ; tout dépend de ce que vous voulez faire. Henry Hilgard inventa un jour *une* façon d'amener quelqu'un en transe et il s'en servit pour hypnotiser dix mille personnes. Il découvrit évidemment que seulement un certain pourcentage de ces personnes étaient entrées en transe. Les personnes qui étaient entrées en transe s'étaient préalablement adaptées ou étaient souples au point de pouvoir s'adapter à sa méthode d'hypnose. Les autres manquaient de souplesse et elles ne pouvaient pas s'adapter à son approche ; elles n'étaient donc pas entrées en transe.

Adapter la modification au type sensoriel

Modifier son état de conscience n'est pas un phénomène bizarre. *C'est ce que vous faites tous constamment.* Une question importe : vous *servez-vous* de votre état de conscience modifié pour changer, et si oui, *comment* vous en servez-vous ? Il n'est pas difficile de *provoquer* un état de conscience modifié. Il vous suffit de parler de paramètres de l'expérience dont la personne n'est pas consciente. Vous vous posez ensuite cette question : « Comment vais-je procéder avec telle personne ? » Lorsque vous avez un client qui visualise beaucoup, vous faites tout autre chose que lorsque vous avez un client qui, comme cette femme, entretient un dialogue intérieur et se préoccupe de la tension de sa mâchoire. Elle serait dans un état de conscience modifié si je l'amenais à percevoir des images colorées et précises. Par contre, si je faisais la même intervention auprès d'un client qui visualise beaucoup, je ne modifierais pas son état de conscience.

La conscience modifiée favorise le changement

Lorsque cette femme a éprouvé un état de conscience modifié, elle peut compter sur un plus grand nombre d'options lorsqu'elle revient à son état de conscience éveillé normal. Bien des gens croient qu'entrer en transe signifie perdre le contrôle. C'est pourquoi on nous pose très souvent cette question : « Pouvez-vous forcer quelqu'un à entrer en transe ? » Vous amenez quelqu'un à faire une chose : acquérir un état où il aura un plus grand nombre d'options. Et c'est là un paradoxe. Lorsque vous êtes dans un état de conscience modifié, votre conception de l'univers se trouve aussi changée. Vous disposez par conséquent d'un nombre *infini* d'options.

Parce que je peux me représenter ces états en fonction des systèmes de représentation, je peux me servir de cette conception pour déterminer ce qui est à ma portée. Je peux programmer des états de conscience qui n'ont jamais existé et les provoquer. Je n'avais pas cette option lorsque je faisais de la Gestalt ou un autre type de thérapie traditionnelle. Ces approches thérapeutiques ne m'offraient pas ces possibilités.

Se « conscientiser » risque de mener à la confusion

En ce moment, j'ai un étudiant qui a beaucoup de talent à mon avis. Je l'apprécie entre autres choses parce qu'au lieu de « travailler à son développement personnel », il prend le temps de modifier son état de conscience et de se créer de nouvelles réalités. Dans la plupart des cas, il me semble, lorsqu'un thérapeute travaille à son développement personnel, il se *confond* terriblement et totalement, un point c'est tout. Un jour, une femme m'a demandé d'animer un atelier. Trois semaines avant que l'atelier n'ait lieu, elle m'a téléphoné pour m'informer qu'elle avait changé d'avis. J'ai téléphoné à mon avocat et j'ai intenté un procès à cette femme. Elle avait eu l'occasion de se préparer pendant des mois et des mois, elle aurait pu tenir parole et agir. Plutôt, elle a choisi de consacrer tout ce temps à tenter de déterminer si elle était prête à faire cela. Son thérapeute m'a téléphoné et il m'a demandé de ne pas lui intenter ce procès. Il m'a dit : « Écoutez, après tout elle a travaillé ; elle a consacré beaucoup de longs mois à déterminer si elle était prête à mettre cet atelier sur pieds. »

À mon avis, il était bien évident qu'elle aurait pu faire une chose : entrer en communication avec moi plusieurs mois plus tôt pour me faire part de ses hésitations. Au lieu de m'en informer, elle a « travaillé » et elle a « tenté » de résoudre *intérieurement et consciemment* des problèmes extérieurs à son expérience. Je crois que c'est là un paradoxe, comme nous l'avons dit à maintes et maintes reprises. Les gens qui vont consulter un thérapeute ont déjà exploité toutes leurs ressources conscientes ; ils auraient déjà changé s'ils avaient pu le faire consciemment. C'est parce qu'ils ne peuvent pas changer consciemment qu'ils viennent en thérapie. Et vous, les thérapeutes, lorsque vous essayez de changer consciemment, vous prenez des mesures pour devenir encore plus confus, et vous vivez fort probablement des processus intéressants, mais tout compte fait inutiles.

Inventer des alternatives aux dilemmes

L'un de mes étudiants actuels fut d'abord mon client. La première fois qu'il vint me voir, il me dit : « J'ai un problème incroyable. Chaque fois que je rencontre une fille, tout va très bien au début ; elle vient chez moi, couche avec moi et tout se passe très bien. Mais le lendemain matin, lorsque j'ouvre l'œil, je me dis : "De deux choses l'une : soit que je l'épouse, soit que je la mette immédiatement à la porte et que je ne la revoie jamais plus." »

À cette époque, j'étais quelque peu étonné qu'un être humain me raconte une telle histoire ! Je serai toujours étonné de découvrir à quel point les êtres humains limitent l'univers de leur expérience. Son univers lui offrait ces deux seules options !

Je travaillais alors avec John. John l'a regardé et lui a dit : « Avez-vous déjà pensé à lui dire très simplement : "Bonjour" ? » Ce client l'a regardé et lui a répondu : « Ahhhhhh ! » À mon avis, cette intervention thérapeutique était terrible, car qu'allait-il faire par la suite ? Il allait lui dire : « Bonjour » et la mettre ensuite à la porte, ou la demander en mariage. Il y a de nombreuses autres options que ces deux-là ! Lorsqu'il se sentit confus et s'exclama : « Ahhhhhh ! » j'ai tendu le bras et je lui ai dit : « Fermez les yeux. » Et John poursuivit : « Commencez à rêver à toutes les autres options qui existent et vous ne pourrez ouvrir les yeux qu'au moment où vous les aurez *toutes* identifiées. » Notre client est resté assis là *six heures et demie !* Nous sommes allés dans une autre pièce. Il a passé six heures et demie à identifier des options et il ne pouvait pas s'en aller parce qu'il ne pouvait pas ouvrir les yeux. Il s'est levé et il a essayé de marcher, mais il n'a pas trouvé la porte. Il avait toujours eu toutes les options qu'il a identifiées durant ces six heures et demie ; il n'avait cependant jamais tenté de prendre contact avec son côté créateur et de l'exploiter.

Adopter une nouvelle approche

Le recadrage nous permet d'amener les gens à se dire à eux-mêmes : « Écoute, comment pourrais-je faire ceci autrement ? » En fait, c'est l'ultime critique qu'un être humain puisse faire de lui-même : « Arrête-toi un peu et réfléchis à ton comportement, penses-y de la façon suivante : *Adopte une nouvelle approche, ce que tu fais ne te donne rien !* Raconte-toi une histoire, trouve-toi ensuite trois autres façons de te raconter la même histoire et, tout à coup, tu auras de nouvelles options de comportement. »

Les gens sont vraiment étranges : lorsqu'ils réalisent que ce qu'ils font ne leur donne rien, ils s'entêtent à continuer. Allez à une école secondaire, et regardez les jeunes jouer dans la cour de récréation. Un enfant s'approche d'un autre et lui donne une poussée. L'enfant bousculé se gonfle donc la poitrine. Celui qui a bousculé l'autre peut lui donner une deuxième poussée plus forte encore parce qu'il peut appuyer les mains sur une poitrine plus ferme.

Prendre la voie indirecte

Personne n'a encore vraiment compris ce qu'on pourrait réussir à faire si on abordait un problème indirectement au lieu de l'aborder de plein front. Milton Erickson a fait une intervention qui à mon avis produit des résultats plus rapidement que toutes les approches dont j'aie entendu parler. On m'a raconté qu'un jour, en 1957, il était à un hôpital à Palo Alto. Les psychiatres étaient dans le couloir avec les patients ; ceux-ci attendaient leur tour. Une personne entrait dans un cabinet de consultation, Milton Erickson faisait un petit tour de magie. Puis cette personne sortait du cabinet et disait aux autres que Milton Erickson ne faisait rien et qu'il était un charlatan.

Provoquer un changement dès la première intervention

Un jeune docteur en psychologie qui était aussi franc qu'on peut l'être amena un client chez Milton Erickson ; ce jeune homme de dix-sept ans avait poignardé plusieurs personnes et faisait tout ce qui était en son pouvoir pour détruire les autres. Ce jeune homme avait attendu à la queue leu leu dans le corridor durant plusieurs heures et toutes les personnes qui étaient sorties du cabinet de consultation étaient en état de transe somnambulique ; alors le jeune homme s'exclamait : « Oh, que vont-ils me faire ? » Il se demandait quel allait être le traitement : des chocs électriques, ou quoi ? On fit entrer le jeune homme et le psychologue dans le cabinet ; ce dernier avait besoin de deux cannes pour se déplacer. Il y avait aussi plusieurs spectateurs dans la pièce. Le jeune homme s'est approché du bureau et Milton Erickson a demandé au thérapeute : « Pourquoi avez-vous amené ce jeune homme ici ? » Le psychologue lui a décrit la situation et lui a raconté de son mieux l'histoire personnelle de son client. Milton Erickson a regardé le psychologue et lui a demandé de s'asseoir. Il a ensuite regardé le jeune homme et lui a dit : « T'étonneras-tu la semaine prochaine lorsque tu te rendras compte que ton comportement est complètement transformé ? » Le jeune homme l'a regardé et lui a répondu : « Je serai très étonné ! » Et Milton Erickson lui a dit : « Tu peux t'en aller. Et fais sortir tous les autres aussi. »

Le psychologue a conclu que Milton Erickson avait décidé de ne pas travailler avec ce jeune homme. Comme plusieurs psychologues, il n'avait rien compris. La semaine suivante, le jeune homme avait complètement changé. Et le psychologue disait qu'il ne pouvait rien comprendre ; il ignorait ce que Milton Erickson pouvait bien avoir fait. Selon moi, Milton Erickson a fait une seule chose. Il a aidé le jeune homme à recouvrer ses ressources inconscientes. Il lui a dit : « Tu changeras et ton conscient n'y sera pour rien. » Ne sous-estimez jamais l'utilité d'une phrase aussi simple. « Je sais que vous possédez une foule de ressources auxquelles votre conscient n'a jamais pensé. Vous pouvez tous vous étonner vous-mêmes. » Si vous êtes vraiment convaincus et montrez que vous pensez que vos clients ont des ressources qui leur permettront de changer, vous donnerez un bon élan à leur inconscient.

Utiliser l'oubli comme ressource

Lorsque j'ai rencontré Milton Erickson pour la première fois, j'ai remarqué une chose entre autres : il respecte pleinement les processus inconscients. Il essaie toujours d'amener le conscient et l'inconscient à se faire des démonstrations de leurs processus respectifs.

Vous connaissez sans doute l'expression « avoir un mot sur le bout de la langue ». Ce phénomène se produit lorsque vous connaissez un mot, savez que vous connaissez ce mot, et ne pouvez par contre pas le formuler. Même votre conscient sait que votre inconscient connaît la signification de ce mot. J'en parle aux gens pour leur démontrer clairement que leur conscient n'est même pas le « bout » de l'iceberg.

J'ai déjà hypnotisé un professeur de linguistique et j'ai alors donné congé à son conscient. J'ai demandé à son inconscient : « Savez-vous ce qu'est "avoir un mot sur le bout de la langue" ? » Le professeur avait fait la démonstration de ce phénomène à plusieurs reprises durant ses cours. Son inconscient m'a répondu : « Oui, je sais ce que c'est. » Et je lui ai alors dit : « Pourquoi n'expliquez-vous pas le mot à son conscient si vous en savez la signification ? » Et il m'a répondu : « Son conscient est tellement arrogant. »

Lors de notre atelier, nous parlions de stratégies, et nous avons programmé une femme à oublier son nom. Un homme a alors dit : « Je ne pourrais jamais oublier mon nom. C'est impossible. » Je lui ai demandé : « Votre nom s'il vous plaît », et il m'a répondu : « *Je ne sais pas !* » J'ai poursuivi : « Félicitez votre inconscient même si vous n'en avez pas. »

Chapitre XX

L'HYPNOSE SIMPLE

Utilité de l'hypnose

Je suis très étonné qu'on ait systématiquement négligé d'exploiter l'hypnose. Cela est dû à mon avis au fait que le conscient des gens qui pratiquent l'hypnose n'a pas pour autant confiance en cette approche. Pourtant, toutes les approches thérapeutiques que j'ai étudiées peuvent amener un client à entrer en transe. La Gestalt repose sur les hallucinations positives. L'analyse transactionnelle repose sur la dissociation. Elles offrent toutes deux des inductions verbales très intéressantes.

Lors de notre dernier atelier, un participant est demeuré sceptique toute la journée, ou presque. Durant une activité, je suis passé près de lui et je l'ai entendu dire à son partenaire : « Vous autorisez-vous vous-même à voir cette image ? » C'est là une consigne d'hypnose. Un peu plus tôt, il m'avait demandé : « Croyez-vous à l'hypnose ? » Je crois que c'est un mot regrettable, parce qu'on l'attribue à une foule d'expériences et d'états d'esprit très différents.

De l'hypnose au recadrage

Nous avions l'habitude d'hypnotiser nos clients avant de procéder au recadrage. Puis nous avons découvert que nous pouvions les recadrer sans l'aide de cette approche. Alors, nous avons commencé à faire de la programmation neurolinguistique. Nous nous sommes dit : « Si cela est bien vrai, nous devrions pouvoir employer le recadrage pour amener nos clients à vivre tous les phénomènes de transe profonde que nous connaissons. » Nous avons donc réuni une vingtaine de personnes et, en une seule soirée, nous les avons programmées à vivre tous les phénomènes de transe profonde sur lesquels nous étions documentés. Nous avons découvert que nous pouvions provoquer tous ces phénomènes de transe profonde sans suggestion rituelle. Nous avons obtenu divers résultats : amnésie, hallucinations positives, surdité, daltonisme, tout ! Une femme a eu des hallucinations négatives au sujet d'un personnage de bande dessinée du début à la fin de la soirée. Celui-ci s'approchait d'elle et lui prenait la main ; sa main levait et elle n'en comprenait pas la raison. On aurait dit une bande dessinée qui raconte une histoire de fantômes. C'est là la meilleure hallucination négative que nous ayons pu provoquer à l'aide de l'hypnose.

Le pouvoir de l'hallucination positive

Vous êtes en transe profonde lorsque vous appliquez le traitement d'une phobie, lorsque vous vous voyez debout en train de sortir de votre corps pour vous voir en bas âge. Vous devez avoir des hallucinations positives pour pouvoir sortir de votre propre corps. C'est extraordinaire, n'est-ce pas ? Et pourtant, il vous suffit de donner des directives précises et quatre-vingt-quinze pour cent des personnes présentes le feront rapidement et facilement, sauf si vous leur indiquez que c'est difficile à faire. Vous leur montrez par vos gestes que vous les amènerez toujours à faire autre chose de plus difficile ; ils vous suivront, vivront tous les phénomènes de transe profonde et modifieront leur état de conscience.

La programmation neurolinguistique

La programmation neurolinguistique constitue l'étape subséquente à tout ce qui a été fait en hypnose et en thérapie jusqu'à maintenant. Cette étape est plus avancée pour la raison suivante : cette approche vous permet de procéder sûrement et méthodiquement. La programmation neurolinguistique vous permet d'identifier précisément les options dont vous avez besoin pour aider un client à examiner son expérience subjective et obtenir des résultats prédéterminés. La grande majorité des procédés d'hypnose comportent une dimension de hasard : je fais une suggestion hypnotique à une personne et elle doit se trouver un moyen de l'appliquer. En programmation neurolinguistique, même lorsque j'ai recours à l'hypnose, je décris très précisément à mon client ce que je veux qu'il fasse lorsqu'il appliquera ma suggestion. C'est la seule différence importante existant entre notre approche et ce que les hypnotiseurs font depuis plusieurs siècles. Cette différence est cependant de taille puisque notre approche permet de prévoir les résultats exacts de nos interventions et d'éliminer les effets secondaires.

À l'aide du recadrage, des stratégies et des ancres, c'est-à-dire de tous les outils que vous offre la programmation neurolinguistique, vous pouvez obtenir toutes les réactions que vous offre l'hypnose. C'est là un effet parmi tant d'autres. Les procédés traditionnels d'hypnose sont aussi très intéressants. Et c'est encore plus intéressant de combiner la programmation neurolinguistique et l'hypnose.

Le procédé du « bras qui rêve »

Il y a aussi le procédé du « bras qui rêve », lequel s'avère très efficace auprès des enfants ; les adultes aussi l'apprécient. Vous demandez tout d'abord à votre client : « Saviez-vous que vous avez un bras qui rêve ? » Lorsque vous avez attiré son attention, vous lui demandez : « Quelle est votre émission de télévision favorite ? » Pendant qu'il recouvre visuellement, vous remarquez de quel côté il tourne les yeux. Et vous levez son bras du même côté qu'il tourne les yeux et lui dites : « Je lèverai votre bras et votre bras baissera au même rythme que l'émission se déroule ; vous pouvez commencer maintenant. » Et l'enfant regarde son émission de télévision. Vous pouvez même tendre le bras, immobiliser celui de votre client à un moment donné et dire : « Il y aura maintenant une réclame publicitaire » ; vous lui suggérez alors des messages.

Je vous décrirai maintenant les pôles que vous pouvez atteindre à l'aide de ce procédé. L'un de mes clients avait une hallucination dont il ne pouvait absolument pas se défaire. Je n'ai jamais vraiment réussi à la cerner. Il lui donnait un nom, un mot que je ne connaissais pas. Il s'agissait d'une forme géométrique vivante qui le suivait partout. C'était en quelque sorte son démon personnel, mais ce n'est pas le nom qu'il lui donnait. Il pouvait me la montrer du doigt dans la pièce et il avait des interactions avec elle. Lorsque je lui posais une question, il se retournait et il lui demandait : « Qu'est-ce que tu en penses ? » Avant qu'il vienne me voir, un thérapeute l'avait convaincu que cette forme était un côté de lui. J'ignore si elle en était un ou non, mais il était convaincu que son hallucination était un côté de lui qu'il s'était aliéné. J'ai tendu le bras et je lui ai dit : « Je lèverai votre bras et je voudrais que vous le redescendiez au rythme auquel vous intégrerez cette hallucination. » Et je lui ai rabattu le bras d'un seul coup et le problème est disparu. L'intégration s'était opérée. Tout simplement ! Et ce, parce que j'avais associé ces deux éléments à l'aide de mots.

Faire appel au centre personnel de contrôle

Un jour, j'ai demandé à un tenant de l'analyse transactionnelle de me dire quel côté de lui exerçait un contrôle total sur son comportement conscient. J'avais l'impression que cette théorie soutenait que les gens n'avaient pas le choix au sujet

« du parent, de l'adulte et de l'enfant » qu'ils portaient en eux. Il m'a donné le nom d'un de ses côtés ; en analyse transactionnelle, il y a un nom pour tout. Je lui ai dit : « Vous retireriez-vous dans votre for intérieur pour demander à ce côté de vous dire s'il accepterait d'enfermer votre conscient quelques minutes ? » Et il m'a répondu : « Ah, écoutez... » Je lui ai dit : « Retirez-vous dans votre for intérieur, posez-lui cette question et observez ce qui se passe. » Il s'est retiré dans son for intérieur, il lui a posé la question... La tête lui est tombée d'un côté, il n'était plus là ! Le pouvoir du langage est renversant. J'ai l'impression que les gens ne saisissent pas l'impact du langage verbal et non verbal.

Au début d'une séance de thérapie, je dis très souvent à mon client : « Si votre conscient commence à vivre une expérience douloureuse à un point de vue ou un autre, je voudrais dire à votre inconscient qu'à mon avis, il a le *droit*, et c'est même son *devoir*, de protéger votre conscient contre tout ce qui peut être désagréable. Vos ressources inconscientes peuvent vous protéger contre ces expériences et elles devraient le faire : vous empêcher de penser à des choses désagréables dont vous n'avez pas besoin et aider votre conscient à vivre des expériences agréables. Si votre expérience consciente commence à devenir désagréable, votre inconscient vous fera bouger lentement vos yeux fermés, l'une de vos mains se lèvera, votre conscient se mettra tout doucement à penser à un souvenir agréable, et je pourrai alors discuter seul à seul avec votre inconscient. J'ignore quelle a été votre expérience la plus désagréable... »

Le procédé des questions insérées

Je dis à mon client : lorsque X se produira, réagissez comme ceci, et je lui fais penser à X. Je ne lui dis pas : « Pensez à votre expérience passée la plus désagréable. » Je lui dis : « J'ignore... » Ce procédé est identique à celui qu'on appelle « changer la famille » ; c'est le procédé des questions insérées.

Virginia Satir ne dit jamais : « Que voulez-vous ? » Elle dit : « Je me demande bien pourquoi une famille parcourrait 4 000 km pour venir me voir. Je ne comprends vraiment pas et je suis très curieuse. » Lorsque je dis : « J'ignore quelle a été l'expérience la plus douloureuse et la plus tragique de votre vie », mon client en prend immédiatement conscience.

Utiliser les voies inconscientes du langage

Les gens n'utilisent pas consciemment le langage. Ils le font au niveau inconscient. Ils ne peuvent être conscients que d'une partie de leur langage. Dans ce qu'on appelle l'hypnose, il y a une large part consacrée à un usage spécifique du langage.

Modifier l'état de conscience d'une personne et lui donner de nouveaux programmes, de nouveaux apprentissages, de nouvelles options, c'est une chose. C'est une tout autre chose que d'amener cette personne à savoir qu'elle était dans un état de conscience modifié. Les gens emploient différentes stratégies pour se convaincre de quelque chose. Qu'un individu sache ce qu'est l'hypnose, cela ne signifie pas pour autant qu'il en fera un outil dont il pourra se servir. On peut beaucoup plus facilement hypnotiser quelqu'un en thérapie s'il *ne sait pas* qu'il sera en état de transe, parce que vous pouvez communiquer beaucoup plus efficacement avec son inconscient. Si vous réussissez à créer des voies de communication inconscientes chez lui, vous pourrez modifier son état de conscience et il aura davantage tendance à devenir amnésique.

Entrer en transe « à son insu »

Voici un exemple que j'aime bien donner des effets de ce processus : Alain a participé à un atelier que l'une de mes étudiantes avait organisé ; à la dernière minute, elle avait décidé qu'elle était incompétente et elle avait quitté la région. Les autres personnes sont venues et quelqu'un m'a téléphoné : « Toutes les personnes qui s'étaient inscrites sont ici et elles attendent. Que devrais-je faire ? » J'étais dans les environs ; je me suis donc rendu sur les lieux de la rencontre et j'ai dit aux participants : « Je passerai la soirée avec vous. Je ne veux cependant pas vous donner un séminaire. J'aimerais savoir ce que vous espériez retirer de cette soirée. » Alain m'a répondu : « J'ai consulté tous les hypnotiseurs que j'ai pu trouver. J'ai assisté à tous les séminaires portant sur l'hypnose. Je me suis porté volontaire chaque fois et je n'ai jamais été en transe. »

Étant donné qu'il avait échoué à maintes et maintes reprises, j'ai cru qu'il était très dévoué. Je me suis dit : « Sapristi ! Ça c'est intéressant. Ce bonhomme ne peut sans doute pas être hypnotisé ; je pourrais peut-être faire une découverte intéressante. » J'ai décidé d'essayer. Je lui ai fait une suggestion d'hypnose et il a défoncé le plancher ! Il est entré en transe profonde et nous a fait une démonstration de tous les phénomènes d'hypnose les plus complexes. Je l'ai réveillé et je lui ai demandé : « Êtes-vous entré en transe ? » Il m'a répondu : « Non. » Je lui ai demandé : « Que s'est-il passé ? » Et il m'a répondu : « Vous me parliez, j'étais assis ici et je vous écoutais, et j'ai fermé les yeux et je les ai rouverts. » Je lui ai dit : « Avez-vous X ? », et je lui ai nommé un phénomène de transe dont il nous avait fait la démonstration. Et il m'a répondu : « Non. » Et j'ai conclu intérieurement : « C'est à cause de son amnésie. »

Je l'ai hypnotisé une deuxième fois et je lui ai donné l'ordre hypnotique de *se rappeler* tout ce qu'il avait fait. Il ne se rappelait toujours rien. Les autres personnes présentes s'impatientaient évidemment parce qu'elles l'avaient vu faire. J'ai fait plusieurs tentatives. Je leur ai dit : « Dites-lui ce que vous l'avez vu faire », et elles le lui ont dit. Il leur a répondu : « Vous n'y arriverez pas ; je n'ai jamais fait ça. Je le saurais si je l'avais fait. » Phénomène intéressant, il y avait plusieurs Alain en un et ils ne communiquaient pas les uns avec les autres ; il n'y avait aucun lien entre eux. Je me suis donc dit qu'il allait falloir les mélanger un peu. Je lui ai dit : « Je voudrais que vous demeuriez conscient et que votre inconscient vous démontre qu'il peut faire des choses ; je voudrais qu'il vous fasse lever le bras droit et seul votre bras droit sera en transe. » Sans qu'Alain le veuille consciemment, son bras droit a commencé à lever. Et je me suis dit : « Cela le convaincra sûrement. » Rien d'autre que son bras droit n'était en transe. Il m'a regardé dans les yeux et m'a dit : « Mon bras droit est en transe, et le reste de moi ne peut pas entrer en transe. »

Incidemment, je me suis forgé une règle personnelle : je dois toujours réussir. J'ai décidé de me servir d'un magnétoscope et de lui projeter ensuite la pellicule. Il ne pouvait pas se voir en état de transe ! Dès qu'il commençait à regarder la pellicule, il entrait en transe. Il ne pouvait pas regarder attentivement. Je lui ai dit qu'il aurait pu voir le film s'il n'avait pas été en transe. Il a essayé à plusieurs reprises, mais il entrait en transe chaque fois. Nous arrêtions l'appareil, et il revenait à lui. Il remettait l'appareil en marche et entrait en transe encore une fois. Il ne pouvait absolument pas regarder le film. Il s'est convaincu graduellement qu'il avait été en transe, sans pour autant comprendre ce qui s'était passé.

Chapitre XXI

RÉALISER CE QU'ON DÉSIRE

Changer sans savoir comment

J'ai tiré une leçon de l'expérience précédente. J'ai cessé de me préoccuper que les gens sachent ou ignorent qu'ils étaient entrés en transe ; je veux maintenant tout simplement qu'ils se rendent compte qu'ils changent, que je peux obtenir des résultats. Les hypnotiseurs se rendent un très mauvais service. Ils se soucient toujours de convaincre les gens qu'ils ont été en transe alors que cela n'a aucune importance. Pour changer, les gens n'ont pas besoin de savoir cela ; ils n'en ont jamais besoin, peu importe la situation. Ce qui est important, c'est qu'ils se rendront bien compte qu'ils ont changé.

Il en va de même lorsque vous employez les ancres ou le recadrage. Il suffit que vous vérifiiez que vous avez bien fait votre travail, peu importe que vos clients croient qu'ils ont changé. Leurs expériences futures le leur démontreront bien, s'ils prennent le temps d'y penser.

Des procédés aux usages illimités

Les informations et les procédés que nous vous avons présentés sont des formes de communication systématiques qui n'ont pas de contenu. *Vous pouvez vous en servir dans toutes les situations de communication ou de comportement humains.*

Nous n'avons d'ailleurs même pas commencé à examiner les façons d'exploiter ces procédés. Nous sommes très très sérieux lorsque nous disons cela. En ce moment, nous faisons des expériences dans le but de découvrir des moyens d'utiliser ces informations. Nous n'avons pas encore réussi à mettre au point l'éventail complet des moyens d'organiser ces informations et de les utiliser, et nous ne connaissons aucune limite ; il existe un nombre illimité de façons d'exploiter ces informations. Durant ce stage de formation, nous vous en avons mentionné des douzaines avec preuves à l'appui. L'expérimentation est à la base de tout. Lorsqu'on s'en sert de façon systématique, on obtient une stratégie complète de modification de n'importe quel comportement.

Transformer ce qu'on ne veut pas en ce qu'on veut

Nous raffinons graduellement notre enseignement ainsi que notre intervention thérapeutique parce que dans le domaine de la psychologie clinique, les thérapeutes acceptent une présupposition que nous rejetons : ils croient que changer est un phénomène curatif. Vous identifiez ce qui ne tourne pas rond et vous réparez le tout. Interrogez cent personnes et posez-leur cette question : « Qu'est-ce que vous aimeriez faire ? » Quatre-vingt-dix-neuf d'entre elles vous répondront : « Je voudrais ne plus faire ou être X. »

Vous pouvez envisager tout changement sous un autre jour. C'est ce que nous appelons l'approche constructive et épanouissante. Au lieu d'identifier ce qui ne tourne pas rond et de réparer le tout, vous pouvez tenter d'identifier des moyens de vous épanouir : « Qu'est-ce qu'il serait agréable de faire ? Qu'est-ce que je pourrais trouver intéressant de faire ? Quelles nouvelles aptitudes ou quels nouveaux talents pourrais-je m'inventer ? Comment pourrais-je rendre ma vie vraiment stimulante ? »

Des outils pour aider ceux qui veulent construire

Je faisais de la thérapie depuis très peu de temps lorsqu'un homme est venu me voir et m'a dit : « J'aimerais entretenir de meilleures relations personnelles avec les autres. » Je lui ai répliqué : « Oh, vous avez de la difficulté à entrer en relation avec les autres ? » Et il m'a répondu : « Mais non. Je m'entends *très bien* avec les autres. Je *jouis* vraiment de mes relations personnelles. Je voudrais tout simplement les rendre encore *meilleures*. » J'ai jeté un coup d'œil dans mon coffre d'outils de thérapie ; je voulais trouver ce que je devrais faire pour l'aider, et il n'y avait rien.

Rares sont les clients qui entrent et me disent : « J'ai confiance en moi, mais dites, si j'avais deux fois plus confiance en moi, tout serait *vraiment* merveilleux ! » Non, les gens me disent : « Je n'ai *jamais* confiance en moi. » Et je leur dis : « Êtes-vous certain de ce que vous dites là ? » Et ils me répondent : « *Absolument* certain ! »

Nous avons beaucoup de difficulté à faire accepter le changement constructif. Toutefois, les gens d'affaires sont plus intéressés parce qu'ils sont mieux disposés et acceptent plus volontiers de payer pour apprendre.

Mentalité d'entreprise ou de thérapie

Nous traitons très souvent avec des groupes qui se composent à cinquante pour cent de gens d'affaires et à cinquante pour cent de thérapeutes. Je dis aux participants : « Je voudrais maintenant que vous vous retiriez dans votre for intérieur et que vous pensiez à trois situations différentes. » Les gens d'affaires se retirent dans leur for intérieur, ils vendent une voiture, gagnent un procès et rencontrent des gens qu'ils aiment. Les thérapeutes se retirent dans leur for intérieur et ils voient un enfant qu'on bat, ils divorcent ou vivent l'expérience professionnelle la plus humiliante de leur vie.

Nous étudions en ce moment ce que nous appelons les personnalités constructives. Nous découvrons des gens qui sont de véritables génies, qui peuvent identifier toutes les étapes de leur démarche inconsciente, qui peuvent amener d'autres personnes à employer leur démarche pour qu'ils puissent savoir à quel point leurs processus les aident à accomplir une tâche. Vous vous rappelez l'exemple de l'agence de publicité ; c'est exactement ce que nous avons fait au niveau de l'entreprise entière.

Les problèmes : des façons de souffrir ou d'évoluer ?

Lorsque nous empruntons cette approche, les problèmes que l'on aurait cru bon d'examiner en thérapie s'estompent. Nous ne travaillons pas à partir des problèmes ; nous contournons ce phénomène parce que tout change lorsque nous changeons la structure. Et en fait, les problèmes sont fonction de la structure.

Un participant : Est-ce que de nouveaux problèmes peuvent ensuite se présenter ?

Oui. Par contre, ces nouveaux problèmes sont intéressants ; ce sont des problèmes « évolutifs ». Tout pose des problèmes ; les nouveaux problèmes sont cependant plus intéressants. Lorsque vous vous demandez : « Quelle sera mon évolution aujourd'hui, que deviendrai-je ? » vous abordez la question du changement sous un tout autre jour que lorsque vous vous dites : « Qu'est-ce qui ne va pas ? » ou « Pourquoi suis-je incompétent ? » Un jour, j'ai fait de la thérapie de groupe ; le thérapeute était un gestaltiste et il nous a dit : « Qui veut travailler aujourd'hui ? » Personne n'a levé la main. Et il a ajouté : « Personne n'a un problème pressant ? » Les participants se sont regardés les uns les autres, ils ont secoué la tête et ont répondu : « Non. » Le thérapeute nous a regardés et nous a dit : « Qu'est-ce que vous avez ? Ça ne va pas ? Si personne ne souffre, c'est dire que personne n'est conscient de ce qu'il vit en ce moment. » Il a vraiment fait cette affirmation. J'étais ahuri. Tout à coup, tous les membres du groupe ont commencé à avoir mal. Ils lui ont tous dit : « Vous avez raison ! Si je ne souffre pas, je ne suis pas authentique. » Et vlan ! Ils se sont tous mis à souffrir et, à partir de ce moment-là, le thérapeute a pu faire de la thérapie.

Ce processus de changement n'engendre pas des êtres humains à l'esprit vraiment créateur. Je veux développer des structures qui stimulent vraiment les gens à se créer des expériences. À mon avis, ceux-ci seraient alors beaucoup plus intéressants. À la suite d'une thérapie, les gens sont toutes sortes de choses, mais ils ne sont pas intéressants. Je ne pense pas qu'on puisse en jeter le blâme sur qui que ce soit. Je pense que c'est le système dans son ensemble et les présuppositions sur lesquelles repose le système de la psychothérapie et du counselling qui pose problème. Et la plupart des gens sont inconscients de ces présuppositions.

Sortir de sa routine et de ses limites

Lorsque je circulais dans la pièce pour vous regarder et vous écouter vous entraîner au recadrage, j'ai remarqué que plusieurs participants revenaient à des procédés qui reflétaient, j'en suis convaincu, leur comportement habituel en thérapie ; ces participants ne faisaient pas l'expérience de nouvelles formes. Et j'ai alors pensé à une histoire :

Il y a environ quinze ans, on a fait de grandes rénovations au zoo de Denver. Et dans ce zoo, il y avait un ours polaire qui était arrivé avant qu'on ait pu lui préparer un milieu de vie naturel. Soit dit en passant, l'ours polaire est l'un de mes animaux préférés. Il aime beaucoup s'amuser ; il est énorme et très gracieux, et il sait faire toutes sortes de choses. Dans la cage où il avait dû résider durant quelque temps, il avait juste assez d'espace pour faire trois pas en se balançant ; puis il devait se lever sur ses deux pattes arrière, faire demi-tour et faire trois pas dans l'autre direction, et ainsi de suite. L'ours polaire résida plusieurs mois dans cette cage, derrière ces barreaux qui limitaient considérablement son comportement. Un beau jour, on prépara autour de cette cage l'environnement naturel dans lequel l'ours polaire serait mis en liberté. Lorsque l'environnement fut prêt, on enleva la cage qui renfermait l'ours polaire. Et devinez ce qui s'est passé ? Évidemment ! Malgré l'agrandissement de son territoire l'ours a continué la routine de ses déplacements limités.

Et devinez combien d'étudiants traversent et retraversent encore le labyrinthe de cette université à la recherche de leur billet de cinq dollars ? Ils se faufilent à l'intérieur du laboratoire la nuit sans que personne les voie et ils traversent le labyrinthe ; ils regardent et regardent. « Et s'il y *en* avait un cette fois ! » se disent-ils !

Accomplir tout geste comme si c'était le dernier

Nous vous avons donné une tonne d'informations durant trois jours et nous avons totalement surchargé vos ressources conscientes. Et nous voudrions vous présenter deux alliés, car nous avons découvert que plusieurs personnes bénéficient de leur collaboration lorsqu'elles font ce processus. Lisez-vous les ouvrages de Carlos Castaneda ? C'est un homme étrange qui a de multiples personnalités et qui a un ami indien. À un moment dans un de ses livres, Don Juan donne un conseil à Carlos. Nous ne vous donnerions jamais ce conseil, mais nous le répéterons et vous verrez quelle en est la valeur.

Don Juan voulait faire quelque chose pour Carlos, quelque chose que nous n'oserions jamais vous faire. Il voulait lui donner un moyen de rendre son comportement harmonieux et riche en tout temps, un moyen d'être aussi créateur qu'un être humain peut l'être. Il voulait mobiliser ses ressources de façon que chaque geste de Carlos soit une représentation optimale de son potentiel, de tout le pouvoir personnel dont il disposait à ce moment précis.

Plus précisément, Juan a dit à Carlos : « Chaque fois que tu te sentiras hésitant, ou chaque fois que tu te rendras compte que tu remets au lendemain l'expérience d'un nouveau comportement, alors que tu pourrais très bien en faire l'expérience la journée même, ou chaque fois que tu hésiteras à faire quelque chose que tu n'as encore jamais fait, il te suffira de jeter un coup d'œil au-dessus de ton épaule gauche et tu apercevras une ombre. Cette ombre représente ta mort ; elle pourra s'avancer à tout moment, te poser la main sur l'épaule et te retirer ton souffle de vie. Tout geste que tu poses pourra être le dernier, et il représente par conséquent tout ce que tu es, le dernier geste que tu auras posé sur cette planète. »

Par-delà l'hésitation

Vous pouvez vous servir de ce procédé de plusieurs façons qui soient constructives ; vous pouvez entre autres comprendre qu'hésiter, c'est agir avec mollesse.

Lorsque vous hésitez, vous faites comme si vous étiez immortel. Et vous *n'êtes pas* immortels, mesdames, messieurs.

Vous ignorez même le jour et l'heure de votre mort.

Il y a une chose que vous pouvez faire, vous dire et vous redire qu'écarter l'hésitation n'équivaut pas à agir avec manque d'esprit professionnel ; c'est tout simplement jeter un coup d'œil au-dessus de votre épaule gauche, vous rappeler que la mort est là tout près de vous, et demander à la mort d'être votre conseillère. Elle vous dira toujours de poser des gestes qui reflètent tout votre potentiel humain. Vous ne pouvez pas vous permettre de faire moins que cela.

D'accord, cette pensée est exigeante. C'est pourquoi nous ne vous y forcerons jamais. Nous avons signalé ce que Juan disait à Carlos. Nous vous offrons une option.

Si vous vous rendez compte un jour que vous hésitez, que vous êtes partagé, ou que vous remettez au lendemain ce que vous pouvez essayer de faire au moment même, ou que vous avez besoin de nouvelles options, ou que vous vous ennuyez, vous jetterez un coup d'œil au-dessus de votre épaule droite et vous verrez deux truands assis sur leurs tabourets en train de vous insulter.

Et lorsque nous aurons épuisé nos insultes, vous pourrez nous poser toutes les questions qui vous viendront à l'esprit.

C'est là un moyen que votre inconscient peut employer pour vous présenter ce qu'il a appris durant ces trois jours et qu'il se représente maintenant.

Il ne nous reste plus qu'une chose à faire, une chose que nous aimons faire à la fin d'un stage : vous dire…

Table des matières

Préface 5

Un défi lancé aux lecteurs 10

Remarque 13

PREMIÈRE PARTIE
Observer. « Capter » :
le vécu sensoriel par les systèmes de représentation

Chapitre I
Secrets récemment découverts 17

Chapitre II
Les formes cachées du langage 31

Chapitre III
Capter l'autre 63

Chapitre IV
Réalité intérieure et réalité extérieure 89

Chapitre V
Démanteler le problème... 111

Chapitre VI
S'entraîner à intervenir 123

345

DEUXIÈME PARTIE
Changer. « Ancrer » :
modifier l'histoire et la structure personnelles

Chapitre VII
Établir un rapport avec l'autre 137

Chapitre VIII
Ancrer pour changer 142

Chapitre IX
Employer les ancres 157

Chapitre X
Varier l'emploi des ancres 174

Chapitre XI
Modifier son histoire personnelle 184

Chapitre XII
Se défaire d'une phobie 191

Chapitre XIII
Orienter le changement 209

Chapitre XIV
Intégrer les multiples personnalités 226

TROISIÈME PARTIE
Se transformer. « Se recadrer » :
découvrir de nouvelles avenues

Chapitre XV
S'allier avec son inconscient 243

Chapitre XVI
Franchir les obstacles au changement 264

Chapitre XVII
Découvrir ses ressources cachées.............................. 282

Chapitre XVIII
Transformer un désavantage en avantage.................... 296

Chapitre XIX
Changer sans souffrir... 315

Chapitre XX
L'hypnose simple.. 329

Chapitre XXI
Réaliser ce qu'on désire.. 337

NOTES

NOTES

NOTES

NOTES

9527

Composition
NORD COMPO

*Achevé d'imprimer en Slovaquie
par* NOVOPRINT
le 24 juillet 2015.

1ᵉʳ dépôt légal dans la collection mars 2011.
EAN 9782290028735

Éditions J'ai lu
87, quai Panhard-et-Levassor, 75013 Paris
Diffusion France et étranger : Flammarion